Renate Valtin/Reinhard Fatke

Freundschaft und Liebe

Autoren:

Renate Valtin, Dr. phil., ist Professorin für Grundschulpädagogik an der Humboldt-Universität in Berlin.

Reinhard Fatke, Dr. rer. soc., ist Professor für Pädagogik mit besonderer Berücksichtigung der Sozialpädagogik an der Universität Zürich.

Renate Valtin/Reinhard Fatke

Freundschaft und Liebe

Persönliche Beziehungen im Ost/West- und im Geschlechtervergleich

1997

Auer Verlag GmbH

Gedruckt auf umweltbewußt gefertigtem,
chlorfrei gebleichtem und alterungsbeständigem Papier.

1. Auflage. 1997

Gesamtherstellung: Ludwig Auer GmbH, Donauwörth
ISBN 3-403-0**2944**-1

Inhaltsverzeichnis

Danksagung

Die Untersuchung, über die im folgenden berichtet wird, wurde ermöglicht durch Mittel des Fachbereichs Erziehungswissenschaft der Freien Universität Berlin sowie durch eine Sachbeihilfe der Deutschen Forschungsgemeinschaft. Beiden Institutionen sei an dieser Stelle herzlich gedankt. Bedanken möchten wir uns auch bei Dipl.-Päd. Martina Gmerek, die die Interviews durchführte, sowie bei Dipl.-Psych. Andrea Derscheid, welche die Daten aufbereitete, und bei Dipl.-Psych. Christoph Wisser, der beim Codieren der Daten sowie bei den statistischen Berechnungen geholfen hat. Für die Schreibarbeiten danken wir unseren Sekretärinnen Christel Schnee (Berlin) und Karin Müller (Zürich).

Unser besonderer Dank gilt den 64 Frauen und Männern aus beiden Teilen Berlins, die durch ihre Bereitschaft zur Teilnahme an dieser Untersuchung und ihre Offenheit in den Interviews diese Studie überhaupt erst ermöglichten und auf diese Weise neue Einsichten in die Bedeutung von Freundschaften vermittelten.

Berlin und Zürich

Dezember 1996

Renate Valtin und Reinhard Fatke

1. Einleitung

Das Thema „Freundschaft" hat in den letzten Jahren regelrecht Konjunktur gehabt, so daß es geradezu ein Modethema geworden ist. Einerseits läßt sich dies ablesen an der ständig wachsenden Zahl von Werbesprüchen, die sich auf Freundschaft beziehen: „Der kleine Freund" (ein Auto), „Freunde fürs Kleben" (ein sekundenschneller Alleskleber), „Der beste Freund der Geschäftsfrau" (ein Anrufbeantworter), „Aus Technik wird Freundschaft" (ein zuverlässiger Rasenmäher), „Eine Busenfreundschaft besonderer Art" (ein Büstenpflegemittel), „Laufend Freunde gewinnen" (mit neuen Laufschuhen), „Kleine Bücher erhalten die Freundschaft". Das ist nur eine kleine Auswahl von Anzeigentexten, in denen Freundschaft als ein hoher Wert offenbar wird, der vom Konsumenten gefühlsmäßig auf die angepriesenen Produkte übertragen werden soll. Die Werbestrategen, die schon immer die geheimen Sehnsüchte der Menschen anzusprechen und auszunutzen wußten, haben ein neues Bedürfnis entdeckt: Auf die Lust nach Freiheit und Abenteuer in der großen weiten Welt, auf das Streben nach Attraktivität und Schönheit folgt nun der Wunsch nach Sicherheit, Zuverlässigkeit und Wärme. Es scheint durchaus dem Zeitgeist zu entsprechen, daß dieser Wunsch von Konsumgütern befriedigt werden soll.

Andererseits dokumentiert sich die gewachsene Aufmerksamkeit, die der Freundschaft entgegengebracht wird, auch in der zunehmenden Zahl (populär-)wissenschaftlicher Bücher und Zeitschriftenartikel, zunächst in den Vereinigten Staaten und jetzt auch im deutschsprachigen Raum. Eine solche Entwicklung, in der ein bestimmtes Thema sowohl im öffentlichen Bewußtsein als auch in der Wissenschaft Konjunktur hat, reflektiert Entwicklungs- und Wandlungsprozesse an der Basis der Gesellschaft und erfordert deshalb eine sozialwissenschaftliche Erklärung.

Gesellschaftstheoretiker verweisen darauf, daß die Menschen durch den Modernisierungsprozeß, der spätestens mit der industriellen Revolution Mitte des 19. Jahrhunderts einsetzte, aus traditionalen Lebensformen und den damit vorgegebenen Sinnorientierungen freigesetzt und auf sich selbst und ihre individuelle Lebensplanung gestellt worden sind. Dieser Individualisierungsschub, zusammen mit den Unsicherheiten der „Risikogesellschaft" (BECK 1986), wie sie durch atomare Bedrohung, ökologische Gefährdungen und Katastrophen gegeben sind, bestärkt offensichtlich den Wunsch des einzelnen nach vertrauten Nahräumen und Stabilität in seinen zwischenmenschlichen Beziehungen, insbesondere in der Partnerschaft. Doch auch Partnerschaft und Familienzusammenhalt sind lockerer oder sogar brüchig geworden (Auflösung der Großfamilie, steigende Scheidungsraten, wachsende Anzahl von alleinlebenden bzw. alleinerziehenden Personen), und dauerhafte Liebesbeziehungen sind seltener geworden, denn sie sind zunehmend bedroht von der „Hauptgefahr intimer Beziehungen: ihrer Instabilität" (LUHMANN 1982, S. 199). Diese Tendenzen machen plausibel, daß das Bedürfnis nach *verläßlichen Beziehungen,* insbesondere *Freundschaften*, unter Erwachsenen tatsächlich gestiegen ist. Ob dies allerdings für alle, zum Beispiel für Frauen und Männer oder Personen aus unterschiedlichen gesellschaftlichen Systemen, gleichermaßen der Fall ist, wurde bislang noch nicht eingehend erforscht.

Die vorliegenden deutschen Untersuchungen zum Thema „Freundschaft" betreffen vor allem *Kinderfreundschaften* (z. B. VON SALISCH 1991; VALTIN 1991; WAGNER 1991; KRAPPMANN/OSWALD 1995). In der Tradition von PIAGET und im Anschluß an YOUNISS (1980) wird die Freundschaftsbeziehung als eine spezifische Sozialisationsinstanz betrachtet, weil die besondere Struktur dieser Beziehung auch besondere Herausforderungen an das Kind stellt. Während die Beziehung des Kindes zu seinen Eltern durch Über- und Unterordnung, durch Autorität und Gehorsam charakterisiert ist, sind Freundschaftsbeziehungen - in denen sich in der Regel Gleichaltrige des gleichen Geschlechts zusammenfinden - eher durch Gleichheit, Gleichrangigkeit und Gegenseitigkeit gekennzeichnet und bieten deshalb einen günstigen Rahmen für das Erlernen sozialer Kompetenzen. Psychologen, Soziologen und Pädagogen sind sich darin einig, daß Freundschaft für die kognitive, soziale und moralische Entwicklung des Kindes eine wichtige Rolle spielt (s. auch Z. RUBIN 1981; YOUNISS 1982; HARTUP/RUBIN 1986).

Die genannten wie auch weitere in- und ausländische Untersuchungen zur Entwicklung von Freundschaftskonzepten bei Kindern haben vor allem mit Interviewmethoden gearbeitet und sind zu relativ einheitlichen Ergebnissen - auch bei Kindern unterschiedlicher Nationalitäten - gelangt, und zwar vor allem in bezug auf eine bestimmte *Stufenfolge* verschiedener Freundschaftskonzepte (so z. B. KON 1979; SELMAN 1984; KELLER/WOOD 1987; HOPPE-GRAFF/KELLER 1988; VALTIN 1991).

Eine Untersuchung, die gleichermaßen die Freundschaftskonzepte von *Kindern, Jugendlichen und Erwachsenen* einbezieht, liegt bislang nur von dem in der Tradition PIAGETs stehenden amerikanischen Entwicklungspsychologen SELMAN (1984) vor. Seine Befragungen beziehen sich auf verschiedene Dimensionen des Freundschaftskonzepts: Motive für das Eingehen einer Freundschaft, Vorstellungen über den idealen Freund, Vertrauen und Nähe, Streit und Konfliktlösung. Die von SELMAN für Jugendliche und Erwachsene vorgelegten Ergebnisse sind allerdings nicht sehr ausführlich, was möglicherweise auch damit zusammenhängt, daß seine Stichproben in diesen Altersgruppen - im Gegensatz zu denen der Kinder - relativ klein sind; sie sind zudem nur auf eine strukturtheoretische Interpretation bezogen, d. h. auf eine invariante Folge von Entwicklungsstufen unterschiedlicher (kognitionsbestimmter) Struktur. Vor allem aber hat SELMAN keine Hinweise auf interindividuelle Unterschiede gegeben.

In dem von uns durchgeführten Projekt ging es darum, anstelle strukturtheoretischer Auswertungen des Freundschaftsinterviews im Sinne von SELMAN - die insgesamt wenig ergiebig sind, da sie bei Erwachsenen nur eine Differenzierung nach zwei Niveaustufen des Freundschaftskonzepts erbringen - differenzierende Analysen nach Geschlecht und gesellschaftlicher Herkunft (BRD und DDR) vorzunehmen. Das Projekt knüpft an die erwähnte Untersuchung von VALTIN (1991) an.

1.1 Fragestellung

Das Projekt befaßte sich mit folgenden Fragen:

(1) Welche Konzepte haben Erwachsene im Hinblick auf folgende Dimensionen von Freundschaft: Motive der Freundschaft, Entstehen von Freundschaft, Vorstellungen vom idealen Freund, Höflichkeit und Vertrauen in der Freundschaft, Streit und Konfliktlösung unter Freunden, Ursachen für die Beendigung einer Freundschaft, Verhältnis von Liebe und Freundschaft?

(2) Indem Personen aus dem Westteil und dem Ostteil (ehemals DDR) von Berlin in die Untersuchung einbezogen wurden, soll nach Unterschieden zwischen diesen Gruppen geforscht werden. Die Annahme, daß solche Unterschiede tatsächlich auffindbar seien, läßt sich damit begründen, daß die Interviews im Ostteil der Stadt relativ kurz nach dem politischen Umbruch stattfanden. Deshalb ist damit zu rechnen, daß die Freundschaftsvorstellungen der Befragten noch nicht allzu stark von den gesellschaftlichen und politischen Veränderungen, welche die sogenannte „Wende“ mit sich gebracht hat, geprägt gewesen sind. Es wird also der Frage nachgegangen, ob unter eher restriktiven gesellschaftlichen und politischen Bedingungen, wie sie in der DDR geherrscht haben, den Freundschaftsbeziehungen eine

andere Funktion und Qualität zugemessen wird als unter den andersartigen Bedingungen im Westen.

(3) Gibt es Unterschiede zwischen verschiedenen Gruppen (männlichen und weiblichen Personen, verheirateten bzw. in festen Partnerbeziehungen lebenden und unverheirateten Personen)? Eine Pilotuntersuchung (FATKE/VALTIN 1988) ergab z. B. deutliche geschlechtsspezifische Unterschiede in bezug auf die Bedeutung von Freundschaft, das Bedürfnis nach Emotionalität und Intimität, das Verhalten in Streitsituationen und die Einstellung zu Vertrauen und Treue.

(4) Gibt es unter Erwachsenen unterschiedliche Freundschaftstypen, die sich im Hinblick auf die genannten Dimensionen und Funktionen von Freundschaft differenzieren lassen? Es kann vermutet werden, daß gesellige Menschen mit einem großen Freundeskreis andere Freundschaftskonzepte haben als z. B. Menschen mit einer eher exklusiven Freundschaftsbeziehung.

1.2 Theoretischer Rahmen der Fragestellung

Vorstellungen von Kindern, Jugendlichen und Erwachsenen in bezug auf Freundschaft sind in der bisherigen Forschung vor allem unter zwei Gesichtspunkten erhoben und analysiert worden: erstens in *inhaltsorientierter* Hinsicht, wobei die Äußerungen der zumeist schriftlich, seltener mündlich Befragten in deskriptiven *ad hoc*-Kategorien zusammengefaßt wurden, und zweitens, wie bereits erwähnt, in *strukturtheoretischer* Hinsicht. Während SELMAN (1984) bekanntlich das Altersspektrum von fünf Jahren bis zum Erwachsenenalter erfaßt, berücksichtigt YOUNISS (1982) nur die Sechs- bis Vierzehnjährigen.

Für SELMAN (1984) spielt bei den qualitativen Veränderungen des kindlichen Denkens der soziale Perspektivenwechsel bzw. die Fähigkeit, die Perspektiven verschiedener Personen zu differenzieren und zu koordinieren, die zentrale Rolle. Je nach dem Niveau dieser Perspektivendifferenzierung und -koordinierung lassen sich fünf qualitativ unterschiedliche Stufen des Freundschaftskonzepts charakterisieren. Auf *Stufe 0* wird Freundschaft als momentane Begegnung von Spielkameraden angesehen. Dem Kind gelingt es noch nicht, sich aus seiner egozentrischen Perspektive zu lösen, und es vermag nicht zwischen geistig-seelischen und körperlichen Merkmalen und Qualitäten einer Person zu unterscheiden. Auf *Stufe 1* wird Freundschaft als einseitige Unterstützung gesehen. Das Kind versteht nun, daß die eigene Perspektive und die Perspektive des anderen als unabhängig voneinander, d. h. differenziert, zu sehen sind. Jedoch kann es die Beziehung zwischen diesen beiden Perspektiven nur jeweils einseitig wahrnehmen. Freundschaft wird als eine zweckorientierte Unterstützung gesehen und derjenige als Freund betrachtet, der sich den eigenen Wünschen, Handlungszielen und Vorstellungen fügt. Auf *Stufe 2* betrachten die Kinder Freundschaft als eine Art „Gut-Wetter-Beziehung". Auf dieser Stufe erkennen sie die wechselseitige Beziehung zwischen zwei individuellen Perspektiven. Als wichtig für die Freundschaft wird nun die Koordinierung der Interessen, Bedürfnisse und Wünsche angesehen. Diese Wechselseitigkeit und Abstimmung bezieht sich jedoch nur auf Zeiten, in denen die Freundschaft reibungslos verläuft; wenn dagegen zwei Personen sich nicht einigen können, sind sie keine Freunde mehr. Allerdings können sie sich aber auch schnell wieder anfreunden, wenn die Konflikte vergeben oder vergessen sind. *Stufe 3* charakterisiert ein Freundschaftskonzept, das durch ein intimes, wechselseitiges Sich-Mitteilen gekennzeichnet ist. Freundschaft wird nun als eine stabile Beziehung gesehen, die auch Stürme überstehen kann, und als eine Zusammenarbeit im gegenseitigen Interesse, die auf Loyalität, Vertrauen und Verläßlichkeit beruht. Auf *Stufe 4*, die bestenfalls von Erwachsenen erreicht werden kann, wird Freundschaft als autonome Wechselseitigkeit gesehen. Die Freunde erkennen wechselseitig ihre Bedürfnisse nach Autonomie und nach Abhängigkeit an. Freundschaften werden als offene Beziehungssysteme betrachtet, die sich ebenso wie Personen in ihrer Entwicklung ändern können.

Motor der Entwicklung ist für SELMAN also die sich entwickelnde Fähigkeit, soziale Perspektiven zu unterscheiden und zu koordinieren. SELMANs Modell ist in diesem Sinne stark kognitivistisch-strukturtheoretisch ausgerichtet. Einerseits berücksichtigt es zu wenig die tatsächlichen sozialen Erfahrungen, die ihrerseits Freundschaftskonzepte beeinflussen können; dies ist jedoch kein prinzipielles Manko, denn in SELMANs interaktionistischem Ansatz werden Freundschaftskonzepte als subjektive Verarbeitungen von Sozialisationserfahrungen gedeutet, wobei die Verarbeitungsform an das Vorhandensein bzw. die Entwicklung kognitiver Strukturen gebunden ist. Andererseits berücksichtigt SELMANs Modell auch zu wenig die affektiven Komponenten von Freundschaft. Folgt man WAGNER (1991), so ist gerade die gegenseitige Zuneigung das Antriebsmoment von Freundschaft; Gefühle des Wohlbefindens und der Zufriedenheit begleiten die Freundschaft und tragen - sofern sie befriedigt werden - zur Erhaltung der Freundschaft bei.

SELMANs Ansatz vermag jedoch zu belegen, daß die Freundschaftsvorstellungen von Kindern sehr stark von ihrem allgemeinen kognitiven Niveau abhängen, und auch Verhaltensunterschiede zwischen Kindern zu erklären. Bedeutsam an diesem Ansatz - und dies wird von den inhaltsorientierten Forschern häufig übersehen - ist, daß die Verwendung bestimmter sprachlicher Ausdrücke, für sich genommen, noch kein Indiz für das Verständnis des Begriffs ist, da hier große Differenzen zwischen den Kindern bestehen können.

Wir sind der Meinung, daß SELMANs Modell vor allem für die unteren Stufen von Freundschaftsvorstellungen erklärungskräftig ist, auf denen die Konzepte noch sehr stark von den kognitiven Voraussetzungen der Kinder abhängen. Auf den höheren Stufen 3 und 4, wenn die allgemeine kognitive Voraussetzung der Perspektivenkoordination gegeben ist, erwarten wir stärkere individuelle Differenzen, die vor allem auf unterschiedliche Erfahrungen im weiteren sozialen und gesellschaftlichen Kontext zurückzuführen sein dürften.

Um dieser Annahme nachzugehen und die Bedeutung sozialer und gesellschaftlicher Faktoren genauer zu untersuchen, bietet sich ein Vergleich von Erwachsenen aus der DDR und der BRD an. Hier sind ein gemeinsamer kultureller Hintergrund und eine gemeinsame Sprache gegeben - was aus dem Grunde sehr wichtig ist, weil bei kulturvergleichenden Untersuchungen (sog. *„cross-cultural studies“*) durch Übersetzungen in der Regel Sprachnuancen verlorengehen und unterschiedliche Bedeutungszusammenhänge anklingen. Allerdings ist andererseits nicht auszuschließen, sondern vielmehr sogar zu erwarten, daß auch die Deutschen in West und Ost mit bestimmten Begriffen unterschiedliche Bedeutungshöfe verbinden. Denn in den gesellschaftlichen und politischen Systemen bestanden immerhin große Unterschiede: *auf der einen Seite* Wertepluralismus, Demokratie, kapitalistisches Wirtschaftssystem, Konsumgesellschaft mit großen Freiheiten, aber auch Unsicherheiten für die einzelnen, die einem großen „Individualisierungszwang“ unterliegen, insofern sie als Gestalter ihrer eigenen Biographie weitgehend selbstverantwortlich sind für ihre Schul- und Berufsausbildung, ihre Karriere, ihren Arbeitsplatz, ihre privaten und familialen Lebensentwürfe; *auf der anderen Seite* Einheitsideologie, „demokratischer Zentralismus“, sozialistisches Wirtschaftssystem und Mangelwirtschaft mit starker Lenkung in bezug auf Schul- und Berufslaufbahn, eingeschränkte individuelle Rechte, aber gleichzeitig große soziale Sicherheit bei entsprechender Anpassung an die Verhältnisse.

Da wir in unserem Projekt Ost- und Westberliner untersuchen, konnte zusätzlich der Faktor Großstadt konstant gehalten werden. Es ist zu vermuten, daß zwischen ländlichen, kleinstädtischen und großstädtischen Bereichen ein großer Unterschied besteht in bezug auf Erfahrungen der Anonymität und Entfremdung sowie der nachbarschaftlichen oder verwandtschaftlichen Nähe und

Unterstützung - Faktoren, die für Freundschaftskonzepte bedeutungsvoll sein dürften.

Generell betrachten wir *Freundschaftskonzepte als subjektive Verarbeitungen von Sozialisationserfahrungen*. Dabei ist zunächst danach zu fragen, welche derartigen Erfahrungen bedeutsam für Freundschaft sein können.

Eine theoretische Perspektive, die geeignet erscheint, Differenzen zwischen unterschiedlichen Gruppen von Erwachsenen vorzunehmen, hat TENBRUCK (1964) entwickelt. Die hohe Bedeutung von Freundschaft, wie sie sich zu Beginn des 19. Jahrhunderts vor allem in Deutschland herausgebildet habe, sei auf den Verlust traditionaler Bindungen und Lebensentwürfe zurückzuführen: „Der Mangel an zuverlässigen, gesamtgesellschaftlichen Identifikationsgruppen zwang die deutsche Entwicklung in jene eigenartige ... Intensität der persönlichen Beziehungen" (op. cit., S. 448). TENBRUCK bezieht sich ausdrücklich auf Deutschland, denn in anderen Ländern seien zu jener Zeit noch gesellschaftliche Gruppen, Vereine, Parteien und Klassen vorhanden gewesen, welche der Stabilisierung des individuellen Daseins dienten. Die dadurch für die Individuen entstandene Orientierungsunsicherheit würde in verläßlichen sozialen Beziehungen wie Freundschaften überwunden. - Ferner beschränkt TENBRUCK seine Erklärungen auf Männer, da Frauen weiterhin in traditionalen Beziehungsmustern (Ehe, Mutterschaft) eingebunden waren und somit stabile Identifikationsmöglichkeiten hatten (siehe relativierend dazu FADERMAN 1981; RAYMOND 1990; MAUSER/BECKER-CANTARINO 1991).

Diese sozialhistorischen Überlegungen sind von BECK/BECK-GERNSHEIM (1990) weitergeführt worden. Sie stellen fest, daß die Individualisierung des weiblichen Lebenslaufs aufgrund der Herauslösung der Frau aus der Einbindung in die Familie erst Ende des 19. Jahrhunderts begann und sich erst seit den sechziger Jahren unseres Jahrhunderts beschleunigt fortsetzte. Entscheidend dabei waren Veränderungen in den Bereichen Bildung (mit der Bildungsexpansion stiegen die Bildungs-Chancen von Mädchen), Beruf (Anstieg der Erwerbsquote von Frauen), Familienzyklus (Senkung der Kinderzahlen, verlängerte Phase des „leeren Nestes") und Gesetzgebung (Gleichstellung der Frauen). Frauen können sich in der Gegenwart immer weniger auf die Versorgung durch einen Mann verlassen oder sich nur als „Anhängsel" der Familie begreifen und sind auf Selbständigkeit und Selbstversorgung angewiesen. BECK/BECK-GERNSHEIM arbeiten heraus, daß der einzelne „der zur Wahlfreiheit verdammte Inszenator seines Lebenslaufs" wird (1990, S. 58). Der Verlust traditionaler Bindungen und Orientierungsmuster, die zunehmende Säkularisierung und die Pluralisierung der Lebenswelten werden vom einzelnen als tiefgreifender Verlust an innerer Stabilität und als emotionale und soziale Heimatlosigkeit erlebt.

Als Antwort auf diese Entfremdung und Entwurzelung suchen die Individuen - so BECK/BECK-GERNSHEIM - nach einer personenbezogenen Stabilität: „Je mehr die traditionellen Bindungen an Bedeutung verlieren, desto mehr werden die unmittelbar nahen Personen wichtig für das Bewußtsein und Selbstbewußtsein des Menschen, für seinen inneren Platz in der Welt, ja für sein körperliches und seelisches Wohlbefinden" (op. cit., S. 70). Die beiden Autoren untersuchen vor allem Liebe und Ehe als Anker der Identität und sehen in der Ehe eine wichtige Instanz „im biographischen Weltentwurf und Selbstentwurf" - allerdings behaftet mit großen Risiken und Konfliktpotentialen. Die Liebe und das Ehemodell erhalten von BECK/BECK-GERNSHEIM schlechte Zensuren - vor allem aufgrund der Unlösbarkeit struktureller Widersprüche -, und so verweisen sie auf die Notwendigkeit, auch Freundschaftsbeziehungen zu berücksichtigen: „Zu entdecken und auszufüllen gibt es hier so langweilige [sic!] Begriffe wie *Freundschaft* - als gewählte Vertrauenspartnerschaft im rücksichtslosen Offenlegen, die dennoch nicht denselben Höhenflügen und Gefährdungen wie die Liebe unterliegt, aber dadurch beständig ist oder gemacht, gewoben werden kann im Überdauern verschiedener Lieben." (op. cit., S. 217)

Bezieht man diese Überlegungen: mangelnde Identitätsentwürfe führen zu Orientierungsunsicherheit und zu einem hohen Bedarf an Emotionalisierung und Intimisierung von sozialen Beziehungen, auf unseren Ost/West-Vergleich und den Geschlechtervergleich, so lassen sich daraus Fragestellungen ableiten, die für die Analyse unserer Interviews relevant sein können: In der DDR lagen relativ stabile Lebensentwürfe für Männer und Frauen vor. Im „demokratischen Zentralismus" waren das Familienleben, die öffentlichen Institutionen der Kinderbetreuung, der Schule und der Ausbildung, die Bindung an die Partei, das gesellschaftliche und politische Leben stark reglementiert. Das System duldete keine Abweichler oder Oppositionelle. Bei entsprechender Konformität, die allerdings nur durch eine Beschneidung der Rechte des Individuums möglich war, konnte eine hohe soziale Sicherheit erlebt werden (nach dem Motto „eng, aber gemütlich").

Für den *Vergleich DDR - BRD* scheinen folgende Überlegungen relevant: Im Vergleich zur Risikogesellschaft des Westens unterlagen alle biographisch bedeutsamen Aspekte der Lebensplanung (berufliche Karriere, Familiengründung, Wohnort, Wohnung) staatlicher Reglementierung und Lenkung. Soziologen sprechen von einem institutionellen Ablaufmuster der DDR-Normalbiographie, das den einzelnen weitgehend von individueller Verantwortung für biographische Entscheidungen entband, allerdings auch die Möglichkeiten individueller oder nicht-konformer Handlungsspielräume stark einschränkte (WENSIERSKI 1994) bzw. Handlungsspielräume nur unterhalb der normierten Lebensmuster erlaubte (TRAPPE 1995). Aufgrund der sozialistischen Rundumversorgung gab es für den einzelnen ein hohes Maß an sozialer Sicherheit: Jeder hatte Anspruch auf eine Berufsausbildung, einen gesicherten Arbeitsplatz und eine (preiswerte) Wohnung. Auch das soziale Netzwerk war insgesamt stabiler: Frühe Eheschließungen und frühes Kinderbekommen schafften frühe Partnerbeziehungen (das durchschnittliche Alter bei der Erstheirat lag bei Frauen bei 23, bei Männern bei 25 Jahren; 70% der Frauen bekamen ihre Kinder vor dem 25. Lebensjahr; damit lagen die Werte etwa drei bis vier Jahre unter denen der BRD; vgl. BERTRAM 1993, S. 32). Auch das Arbeitskollektiv sorgte für verläßliche Bindungen und gesellschaftliche Kontakte (vgl. BÖCKMANN-SCHEWE et al. 1994). Gerade angesichts der frühen Heiraten ist zu vermuten, daß Freundschaftsbeziehungen zumindest in jungen Jahren (bzw. vor der in der DDR sehr häufigen Scheidung) einen geringeren Stellenwert einnahmen und die Identitätsabstützung über den Arbeitsplatz und auch besonders über die Familie erfolgte.

Für unsere Studie, in der auch nach der Bedeutung von Freundschaft und Liebe/Partnerschaft gefragt wird, ist der *Stellenwert der Familie* in der DDR relevant. Die DDR wird als stark familienorientiert beschrieben. Typisch war die vollständige Zwei-Generationenfamilie. 1981 waren etwa 82% aller Familien vollständig und ca. 18% Ein-Eltern-Familien. Alternative Lebensformen ließen die zentralstaatlich gelenkten institutionalisierten Lebensläufe nicht zu, allenfalls waren Spielarten der tradierten Kleinfamilie möglich: Alleinerziehende, Ehen ohne Trauschein und hohe Scheidungsquoten. Die Soziologen bescheinigen der Familie der DDR - im Vergleich mit der in der BRD - eine dominante Rolle als „Notgemeinschaft und Fluchtburg gegenüber den Zumutungen allgegenwärtiger staatlicher Reglementierung, Bevormundung und Kontrolle“ (WENSIERSKI 1994, S. 48).

Allgemein wird die große Familienorientierung der Menschen in der DDR hervorgehoben und auch darauf verwiesen, daß gerade in den letzten Jahren der DDR angesichts der Erosion der ideologischen Werte und des zunehmenden Bewußtseins der Menschen von den Widersprüchen zwischen der Parteipropaganda (Gerechtigkeit, Gleichheit, Wohlstand) und der gesellschaftlichen Realität die Bedeutung der Familie als privater Nische und Gegenstruktur zum bevormundenden Staat noch gestiegen ist (NICKEL 1992b). „So hatte eine allmähliche

Werteverschiebung zugunsten der Familie, also des privaten Lebens, aber auch des privaten Arbeitens (Zweitjob) stattgefunden. Die Familie war mehr und mehr zum Synonym für Freizeit und Privatsein, für eine breite Palette individueller Lebenstätigkeiten außerhalb der gesellschaftlichen Aktivitätsformen geworden. Das Ergebnis war ein ausgesprochen familienzentriertes Verhalten großer Teile der Bevölkerung, ein Rückzug aus dem öffentlichen Leben, eine familiale Abkapselung und Verhäuslichung der Lebensweisen. Der Volksmund faßte diesen Prozeß bündig zusammen: ‚Privat geht vor Katastrophe'." (GYSI/MEYER 1993, S. 162f.)

Auffällig ist, daß bei diesen soziologischen Analysen, die den Rückzug in private Nischen beschreiben, nur die Familie berücksichtigt wird. Aussagen und Untersuchungen zum Bereich der Freundschaft sind uns nicht bekannt. Von TRAPPE (1995) wird jedoch darauf hingewiesen, daß die mangelnde Verfügbarkeit von Waren und Dienstleistungen die Bindekraft von Familien, Freundschaften und anderen Solidargemeinschaften gestärkt habe.

Für den *Geschlechter-Vergleich* scheinen folgende Überlegungen relevant: Für Frauen in der DDR gab es klare einheitliche Lebensentwürfe: Ehe, Mutterschaft und Berufstätigkeit. Eine Vielzahl sozialpolitischer Maßnahmen und Institutionen (Kinderbetreuungsangebote), die Möglichkeit, Urlaub zu nehmen zwecks Betreuung kranker Kinder, sowie das Abtreibungsrecht erlaubten die Vereinbarkeit von Beruf und Familie (wenn auch um den Preis der - öffentlich nicht eingestandenen - Dreifachbelastung der Frauen). Die Kosten für ein Kind waren niedriger als im Westen. In der DDR wurden rund zwei Drittel der Kosten für den Unterhalt und die Erziehung der Kinder vom Staat und ein Drittel von den Eltern getragen, in der BRD ist dies umgekehrt (KISTLER et al. 1993). Berufstätigkeit war ein wichtiger und selbstverständlicher Bestandteil weiblicher Lebensentwürfe in der DDR. Die Erwerbsquote der Frauen lag bei 91% (im Vergleich zu 54% in Westdeutschland). 1989 hatten im Durchschnitt 68% der berufstätigen Mütter Kinder unter 18 Jahren. Wie BERTRAM (1993) berichtet, bezogen Frauen ihre Identität aus Familie und Beruf. Die Berufsarbeit hatte einen hohen Stellenwert und sicherte persönliche Selbständigkeit, finanzielle Unabhängigkeit, fachliche Selbstbestätigung und Anerkennung. Das Qualifikationsniveau war hoch: 58% hatten mindestens einen Facharbeiterinnenabschluß; zudem genoß im „Arbeiter-und-Bauern-Staat" handwerklich-körperliche Arbeit gegenüber der Arbeit der „Intelligenz" ein größeres Ansehen als in der BRD. Auch der Mythos von der Gleichstellung der Frau verhalf ihr zu einem starken Selbstbewußtsein. Mit der Berufstätigkeit war insgesamt - im Vergleich zu den Frauen der BRD - eine stärkere Partizipation am öffentlichen Leben mit den entsprechenden Kontakt- und Kommunikationsmöglichkeiten gegeben.

In westlichen Gesellschaften wie der BRD ist die Lebensführung sehr viel schwieriger, denn der einzelne hat die Verpflichtung zur Gestaltung seiner individuellen Lebensentwürfe. Dies ist für beide Geschlechter risikoreich, aber für Frauen noch etwas unsicherer, denn für Männer liegen idealtypische Lebensentwürfe und Biographien bereit: Berufstätigkeit, die ganz selbstverständlich mit einer Familienbindung verknüpft wird, während für Frauen die Vereinbarkeit von Familie und Berufstätigkeit nach wie vor problematisch ist. Für Frauen gibt es kein Muster einer einheitlichen weiblichen Biographie. Mehrere Möglichkeiten, mit unterschiedlicher sozialer Anerkennung, existieren nebeneinander: Hausfrauenrolle (mit starker ökonomischer Abhängigkeit vom Ehemann und angesichts der hohen Scheidungsraten auch eine riskante Option), unterschiedliche Modelle der Vereinbarung von Beruf und Familie (Drei-Phasen-Modell, Voll- oder Teilzeitbeschäftigung neben der Familie) oder der bewußte Verzicht auf Ehe und/oder Kinder (Karrierefrau). Die Gewinnung einer Identität stellt sich für Frauen in der BRD ungleich schwieriger dar, woraus zu folgern ist, daß Freundschaften für sie einen höheren Stellenwert als für Männer haben und mit höheren Ansprüchen und Erwartungen verknüpft sind.

Bislang wurden eher makrostrukturelle Faktoren (Differenziertheit der sozialen Strukturen, Heterogenität der Daseinsformen und Arbeitsteilung) betrachtet. Weitere Sozialisationsfaktoren, welche für Freundschaftskonzepte bedeutsam sein können, sind *gesellschaftliche Normen*, welche zwischenmenschliche Beziehungen betreffen, wie z. B. Wertvorstellungen und Erziehungsziele in Schule und Familie. Die Befragten unserer Studie, die mehrheitlich zwischen Anfang 20 und Ende 40 sind, gehören einer Generation an, die - folgt man der offiziellen historischen Einteilung (TRAPPE 1995, S. 36) - während der Phase des umfassenden Aufbaus des Sozialismus bzw. der Gestaltung der entwickelten sozialistischen Gesellschaft ihre Kindheit und Jugend erlebten. Sie haben schon von frühestem Alter an eine umfassende und ideologisch geprägte öffentliche Erziehung genossen, wobei der moralisch-sittlichen Erziehung innerhalb des Lehrplans der Schule eine große Bedeutung zukam. Die Kinder sollten nicht nur begreifen lernen, daß sie „in ihrer sozialistischen Heimat sicher und geborgen leben" konnten, sondern wurden auch in bezug auf Werte erzogen, die im Interesse des Kollektivs lagen, wie gegenseitige Achtung, Rücksichtnahme, Aufmerksamkeit und Höflichkeit (WENSIERSKI 1994, S. 31).

Derartige Wertvorstellungen spiegeln sich auch in elterlichen Erziehungszielen wider. Eine Studie von STURZBECHER/KALB (1993), die im Jahre 1990 elterliche Erziehungsziele in der DDR untersuchte und mit vergleichbaren BRD-Daten in Beziehung setzte, ergab folgendes: Das „Wunschkind“ der DDR war im Vergleich zum westdeutschen Pendant „eher höflich, sauber, ordentlich, hilfsbereit, verantwortungsbewußt, gehorsam, ehrgeizig, familienbezogen und lieb“ (S. 146). Die Autoren folgern, daß die höhere Wertschätzung traditioneller Tugenden in der DDR dadurch begründet ist, daß die Eltern mehr als die BRD-Eltern die erfolgreiche Bewährung und das individuelle Glück des Kindes in der „Auseinandersetzung mit den gesellschaftlichen Anforderungen“ sähen, während im Westen das individuelle Glück in der „Selbsterfüllung“ gesehen werde, wobei Selbstbestimmung, Selbstdarstellung und Stärkung der Individualität betont würden. In der DDR sei die familiale Erziehung deshalb stärker auf Konformität mit gesellschaftlichen Anforderungen ausgerichtet gewesen.

Weitere wichtige Sozialisationsfaktoren sind *geschlechtsspezifische Orientierungen* und *mit dem Geschlecht verbundene Rollenerwartungen und Stereotype*. „Geschlecht“ wird in der neueren Literatur nicht nur als biologische, sondern vor allem als soziale Kategorie gefaßt (im Englischen existiert dazu die Unterscheidung „sex“ und „gender“). Damit wird deutlich gemacht, daß die Zugehörigkeit zu einem der beiden Geschlechter eine bestimmte Geschlechtsrolle konstituiert. Mit dem Merkmal „Geschlecht“ sind in jeder Kultur Idealvorstellungen von Weiblichkeit und Männlichkeit verbunden, die festlegen, was als wünschenswertes, angemessenes, typisches, aber auch abweichendes Verhalten gilt. In ihrer verdinglichten Form sind dies die Stereotypen des Weiblichen und Männlichen. Sie bieten einerseits Orientierungs- und Verhaltenssicherheit, andererseits beschränken sie aber auch individuelle Handlungsmöglichkeiten. Diese Stereotypen stellen soziale Identitäten bereit, mit denen sich das Individuum im Prozeß seiner Selbstwerdung auseinandersetzen muß. Die kulturelle Definition von Weiblichkeit hat in der Geschichte zahlreiche Wandlungen erfahren, enthält jedoch eine meist negativ gefärbte Sicht der Frau, wobei es durchaus gravierende Unterschiede zwischen den Kulturen gab und gibt. Die gesamte abendländische Kulturgeschichte ist jedoch geprägt von Vorstellungen über die intellektuelle Minderwertigkeit der Frau.

KLAUS E. MÜLLER, dessen Buch „Die bessere und die schlechtere Hälfte. Ethnologie des Geschlechterkonflikts“ (1989) aufschlußreiche Hinweise auf Ausprägung und Entstehung von Geschlechtsrollenstereotypen gibt, faßt bündig zusammen: „Frauen sind also ärmer an geistigen Gaben, dafür aber stärker mit

Gefühlskräften gesegnet, die sie indessen, mangels der Disziplin, die allein vernünftige Einsicht gewährt, nicht immer und voll unter Kontrolle zu halten vermögen. Sie bedürfen daher der männlichen Führung. Sich dieser Notwendigkeit willig zu fügen, kann ihnen nur zum Wohle gereichen. ‚Dienen', so Goethe, ‚lerne beizeiten das Weib nach ihrer Bestimmung'." (MÜLLER 1989, S. 23) Die heute noch herrschenden Geschlechterstereotype sind geprägt von überkommenen Ideologien, welche die Arbeitsteilung in der bürgerlichen Gesellschaft und die zunehmende Trennung in Öffentlichkeit und Privatheit legitimieren sollten. Mit Schillers Worten: „Der Mann muß hinaus ins feindliche Leben, muß wirken und streben - und drinnen waltet die züchtige Hausfrau, die Mutter der Kinder, und schaltet weise im häuslichen Kreise."

Diese Geschlechtsstereotype sind den heutigen gesellschaftspolitischen Vorstellungen, die der Frau einen gleichberechtigten Platz auch in der Arbeitswelt und der Öffentlichkeit versprechen, nicht mehr angemessen. Das gängige Männlichkeitsstereotyp ist jedoch nach wie vor fokussiert auf Dominanz, Prestige und Kompetenz, das Weiblichkeitsstereotyp auf Attraktivität und Fürsorglichkeit. Mit diesen Geschlechtsrollenstereotypen müssen sich Kinder ebenso wie Erwachsene in ihrem Prozeß der Selbstwerdung auseinandersetzen. Spätestens im Alter von acht bis zehn Jahren, so kann aus den bisher vorliegenden Untersuchungen gefolgert werden, haben die Geschlechtsrollenstereotypen einen Einfluß auf das Selbstbild, d.h. auf die Art und Weise, wie Mädchen und Jungen sich wahrnehmen und bewerten (VALTIN/KLOPFFLEISCH 1996).

Viele Autoren machen darauf aufmerksam, daß der Prozeß der Geschlechtsrollenübernahme konflikthaft verläuft und sowohl bei Jungen als auch bei Mädchen durch Ambivalenzen und Widersprüche gekennzeichnet ist. Da aber die Verhaltensweisen und Eigenschaften, die als typisch „männlich" eingestuft werden, sowohl bei Männern als auch bei Frauen eine höhere Wertschätzung als die weiblichen erfahren, ist die Chance zum Erwerb von Selbstvertrauen in unserer Gesellschaft geschlechtsspezifisch verteilt. Richtet eine Frau ihr Verhalten nach typischen weiblichen Eigenschaften aus, erfährt sie stärker als der Mann eine Beschränkung ihrer individuellen Enwicklungsmöglichkeiten und eine Unterforderung ihrer kognitiven und kommunikativen Fähigkeiten („erlernte Hilflosigkeit"). Tatsächlich haben Untersuchungen (z.B. PFANNENSCHWARZ 1992) ergeben, daß Frauen, deren Selbstbild sehr stark von traditionellen weiblichen Stereotypen geprägt ist, ein niedrigeres Selbstwertgefühl aufweisen und daß die Identifikation mit männlichen Werten sich günstig auf ihr Selbstbild auswirkt. Höhere Werte auf der Männlichkeitsskala (hier handelt es sich um Eigenschaften, die von den Versuchspersonen als wünschenswert für einen idealen Mann angegeben wurden) korrelieren unabhängig vom Geschlecht mit günstigem Selbstwertgefühl. Das höchste Selbstwertgefühl haben die „Androgynen" (so bezeichnet man Personen, die gleichermaßen starke Ausprägungen von männlichen und weiblichen Merkmalen aufweisen).

Als problematisch für die Entwicklung der Identität und eines starken Selbstkonzepts bei Frauen erweist sich ferner, daß das Geschlechtsrollenstereotyp von Frauen neben expressiven Eigenschaften wie Fürsorglichkeit und Einfühlungsvermögen durch Attraktivität und körperliche Schönheit geprägt ist, wobei die meisten Frauen die Diskrepanz zwischen Idealnorm und Realität schmerzlich verspüren. Bei Frauen, so konstatiert FLAAKE (1992), findet die Weiblichkeit erst Bestätigung durch das Begehren der Männer, weniger über eigene Leistungen und Fähigkeiten: „Dazu trägt zum einen die Definition von Weiblichkeit über die sexuelle Attraktivität für Männer bei, zudem aber auch das in den gesellschaftlichen Bestimmungen von Weiblichkeit enthaltene Liebesversprechen und die Verführung zur Regression (und Unterordnung), die darin angelegt ist." Zwar sind beruflicher Erfolg und Unabhängigkeit für beide Geschlechter wichtig, daneben aber spielt für Frauen die Liebesbeziehung zu einem Mann eine ganz wesentliche Rolle. Das Streben nach Liebe macht einen wichtigen Kern ihrer Identität aus, während Männer sich eher über ihren Beruf definieren. Wie es LUHMANN (1982, S. 204) formuliert: „Wenn eine Frau liebt, sagt man, liebt sie immer. Ein Mann hat zwischendurch zu tun."

Insgesamt deuten diese Ergebnisse darauf hin, daß die Auseinandersetzung mit den Geschlechtsrollenstereotypen für Frauen konflikthafter als für Männer verläuft. Passen sie sich den traditionellen Stereotypen an, dann fehlen ihnen die Fähigkeiten, die in unserer Gesellschaft für beruflichen Erfolg notwendig sind. Passen sie sich nicht an, wird ihre Entwicklung krisenhaft und konfliktreich sein.

In der Sozialpsychologie wird in den letzten Jahren zwar eine stärkere Angleichung der Geschlechtsrollen konstatiert, doch von einer „androgynen Revolution", wie sie von BADINTER (1987) beschrieben wurde, kann keine Rede sein. Nach wie vor trägt die Internalisierung der Geschlechtsrollenstereotype in den westlichen Industrieländern wesentlich zu einer Reproduktion der Geschlechterhierarchie bei, wie sie sich in der geschlechtsspezifischen Arbeitsteilung, dem geschlechtsspezifischen Erwerbsarbeitsmarkt und den unterschiedlichen Lebenszusammenhängen von Frauen und Männern zeigt. Frauen sind dabei als „Beziehungsarbeiterinnen" definiert, was sich auch in ihren Konzepten von

Freundschaften niederschlagen dürfte. All diese Überlegungen gelten auch für die DDR.

In der öffentlichen Meinung der DDR war die volle Gleichberechtigung der Geschlechter erreicht, und die „Frauenfrage" galt offiziell als gelöst, da in der marxistisch-leninistischen Ideologie die Benachteiligung der Frau als „Nebenwiderspruch" angesehen wurde, der sich mit der Lösung des Hauptwiderspruchs, der Befreiung der Arbeiterklasse von kapitalistischer Ausbeutung und Unterdrükkung, gleichfalls aufgelöst hatte. Eine öffentliche Diskussion der Diskriminierung von Frauen sowie Forschungen zur geschlechtsspezifischen Sozialisation konnte es aus ideologischen Gründen nicht geben, da jeder eine optimale Förderung seiner Entwicklungschancen erhielt. Unterschiede in den Geschlechterverhältnissen wurden deshalb ignoriert oder - wie NICKEL (1992a) es formuliert - „als unabänderlicher, biologisch begründeter ‚kleiner' Unterschied gefeiert". Aus heutiger Perspektive weisen aber viele DDR-Wissenschaftlerinnen darauf hin, daß trotz der guten Ausbildung der Frauen und ihrer fast vollzähligen Einbindung in die Erwerbsarbeit weiterhin ein nach Geschlechtern getrennter Arbeitsmarkt in einer insgesamt patriarchal geprägten Gesellschaft bestand (TRAPPE 1995; NICKEL 1992a). Für Frauen gab es in dem für unsere Befragten relevanten Zeitraum der 70er und 80er Jahre aufgrund der sozialpolitischen Intentionen der Frauen- und Familienpolitik ein klares Leitbild der werktätigen Frau und Mutter bzw. das der „unbegrenzt belastungsfähigen Multifunktionsfrau, die mit Disziplin und Organisation Familie, Beruf und Politik unter einen Hut bringt" (TRAPPE 1995, S. 33). Für Männer, so beklagen Sozialwissenschaftlerinnen, folgte aus dem neuen Frauenleitbild jedoch kein neues Männerleitbild. TRAPPE spricht vom „vaterlosen Patriarchat", da „in einer insgesamt patriarchal geprägten Gesellschaft kein Leitbild geschaffen wurde, in dem Männer sich positiv fühlen und bestimmen konnten. Aufgrund der partiellen wirtschaftlichen Selbständigkeit der Frauen wurde die ‚Ernährerrolle' der Männer sukzessive destabilisiert. Es folgte aber keine ‚Neudefinition' in Richtung auf Fürsorge für die Familie und Engagement im Haushalt" (TRAPPE 1995, S. 33). DÖLLING (1993) bringt das Leitbild der neuen DDR-Frau auf den Punkt: „Unsere Muttis arbeiten wie ein Mann, aber sie sind im übrigen richtige Frauen geblieben."

Die sozialpolitischen und arbeitsrechtlichen Vorgaben und Regelungen erleichterten es der Frau, das „Vereinbarkeitsdilemma" von Familie und Beruf erträglicher zu machen, und garantierten ihr Überschaubarkeit und Verläßlichkeit ihrer Lebensplanung. Nach Meinung von Soziologinnen führte diese Politik der DDR aber zur Festschreibung traditioneller Rollenzuweisungen und zur Zementierung der geschlechtsspezifischen Arbeitsteilung, da Männer nicht in komplementärer Weise in die Familienarbeit einbezogen wurden. Die Frau war nach wie vor - sieht man von der Entlastung durch staatliche Institutionen ab - zuständig für den Reproduktionsbereich, d. h. für die Familie, die Kinder und den Haushalt. „Die Familie war zwar auch für Männer der DDR nicht unbedeutend. Im Gegenteil, sie war ganz wesentlicher, ja fast unersetzlicher Rahmen männlicher Regeneration, aber selten gleichermaßen Arbeit für Männer und Frauen", wie die DDR-Soziologin NICKEL (1992b, S. 6) schreibt. Diese Form der innerfamilialen Arbeitsteilung reproduzierte ihrer Meinung nach die alten, patriarchalischen Strukturen der gesellschaftlichen Arbeit, und sie verweist auf Unterschiede zwischen Frauen und Männern in bezug auf das Zeitbudget, das finanzielle Einkommen, die sozialen Positionen (Leitungsfunktionen) und die Arbeitsinhalte. Zu einer vergleichbaren Einschätzung gelangt TRAPPE (1995) aufgrund einer Analyse umfangreicher empirischer Daten: Statt einer Annäherung der Lebensläufe von Frauen und Männern förderte die Sozialpolitik der DDR einseitige Anpassungsleistungen von Frauen, welche „die von ihnen verlangte permanente Herstellung der Balance von Berufs- und Familienarbeit häufig nur auf Kosten ihrer eigenen beruflichen Entwicklung, ihrer Interessen oder ihrer physischen bzw. psychischen Regeneration realisieren konnten" (TRAPPE 1995, S. 214).

Angesichts dieser weiterhin geschlechtsspezifischen Arbeitsteilung in Beruf und Familie überrascht es nicht, daß die traditionellen Geschlechtsrollenstereotype auch in der DDR fortbestanden. Dies zeigen Äußerungen von Romanschriftstellerinnen wie IRMTRAUD MORGNER, SARAH KIRSCH und CHRISTA WOLF (s. dazu LENNOX 1992) ebenso wie Interviews mit DDR-Frauen (WANDER 1979). Aufgrund einer Auswertung von Heiratsannoncen in der BRD und der DDR stellten PFISTER/VOIGT (1982) in bezug auf den Wunschpartner fest: Frauen sollen anschmiegsam, anpassungsfähig, charmant, temperamentvoll und häuslich sein; von Männern wird Verantwortungsbewußtsein, Lebenserfahrung, die Fähigkeit, zu beschützen und zu verwöhnen, sowie - nur in der DDR - handwerkliches Geschick gewünscht, wobei letzteres auf den in der DDR notorischen Mangel an Handwerkern und Ersatzteilen verweist.

Auch in der DDR sind deshalb in bezug auf Freundschaftskonzepte und Verhalten in Freundschaftsbeziehungen ähnliche Geschlechterunterschiede, wenn auch nicht in derartig starker Ausprägung, zu erwarten wie in westlichen Industriegesellschaften. Aus der amerikanischen Forschung liegen dazu umfangreiche, meist aus Fragebogenerhebungen gewonnene Daten vor, die sich im wesentlichen auf Stichproben von Mittelschichtangehörigen bzw. College-Studenten beziehen. Dabei ist allerdings zu beachten, daß *„friend"* und *„friendship"* im Amerikanischen eine umfassendere Bedeutung als im Deutschen hat. So werden beispielsweise auch Bekannte und sogar Amtskollegen als *„friends"* bezeichnet. Aus diesem Grunde werden hier nur Ergebnisse aus solchen Studien berichtet, die sich auf die eingegrenzte Beziehung *„close friendship"* beziehen.

Hinsichtlich zahlreicher Aspekte und Dimensionen sind u. a. folgende Unterschiede zwischen den Geschlechtern festgestellt worden (REISMAN 1981; WRIGHT 1982; 1989; L. RUBIN 1985):

Anzahl der Freunde: Frauen haben eher wenige und dafür engere Freundschaften, Männer häufiger einen ausgedehnteren Kreis von - nicht so engen - Freunden.

Geschlecht der Freunde: Frauen haben eher gleichgeschlechtliche, Männer häufiger gemischtgeschlechtliche Freunde. In einer Studie von CRAWFORD (1977; zit. n. REISMAN 1981), in der verheiratete Paare befragt wurden, nannte die Mehrzahl der Männer andere verheiratete Paare als enge Freunde, Frauen nannten in der Mehrzahl Einzelpersonen.

Qualität der Freundschaft: Für Frauen sind Vertrautheit und emotionale Nähe in der Freundschaft wichtig. Freundinnen werden als Hilfe bei der Selbsterkenntnis und dem persönlichen Wachstum angesehen. Männer betonen gemeinsame Aktivitäten, Spaß und Unterhaltung. In der amerikanischen Forschung wird die Dimension der Intimität als bedeutsamstes Unterscheidungskriterium von Männer- und Frauenfreundschaften angesehen.

Stellenwert von Freundschaft: Für Männer, die traditionell auf die Rolle des Hauptеrnährers der Familie festgelegt werden, sind Karriere und Familie bedeutsamer als Freundschaftsbeziehungen; für Frauen ist die Karriere nicht so wichtig, wohl aber traditionsgemäß die Orientierung auf andere Menschen.

In den meisten Fällen begnügen sich die Forscher mit dem bloßen Aufweis dieser Unterschiede zwischen Männern und Frauen. Nur selten wird die Frage erörtert, wie diese Unterschiede zu erklären seien. Falls dies doch geschieht, werden in der Regel kulturelle und gesellschaftliche Faktoren herangezogen. REISMAN (1981) nennt mehrere mögliche Erklärungen dafür, daß Männer seltener intime, auf Selbstenthüllung gegründete Freundschaften eingehen:

- der Stellenwert von Beruf und Familie sei ein anderer, wobei dem Beruf eindeutig der Vorrang eingeräumt werde;

- Konkurrenz und Wettbewerb seien nicht zuträglich für Beziehungen, in denen Schwächen, Schwierigkeiten und Probleme offen dargelegt werden können;
- das Eingestehen von Fehlern und Schwächen könnte Zweifel am herrschenden Bild von Männlichkeit, das an Stärke, Kontrolle und Beherrschung orientiert ist, wecken;
- die Angst, als homosexuell angesehen zu werden, verhindere enge Kontakte zu anderen Männern.

Aus den vorangehenden Überlegungen und Annahmen lassen sich nunmehr folgende *Hypothesen* ableiten:

Freundschaft hat für die *Westdeutschen im Vergleich zu den Ostdeutschen*

- unter *personalem* Aspekt eine größere Bedeutung für die Bestätigung und Sicherung ihrer Individualität, wobei dies für Westberliner Frauen in stärkerem Maße als für Westberliner Männer gilt, da jene bei der Validierung ihres Selbstbildes stärker auf die Anerkennung anderer angewiesen sind;
- unter *pragmatischem* Aspekt einen geringeren Stellenwert im Hinblick auf praktische Hilfe in Notlagen, da diese in der Überflußgesellschaft seltener auftreten.
- Werte, die auf individuelle Selbstverwirklichung ausgerichtet sind, dürften für die Westdeutschen eine größere Bedeutung in der Freundschaft haben als traditionelle Tugenden, wie Höflichkeit und Zuverlässigkeit.

In bezug auf den *Geschlechtervergleich* ist anzunehmen:

- Frauen thematisieren Freundschaft in stärkerem Maße als Männer unter emotionalen Aspekten und erwarten in stärkerem Maße emotionale Unterstützung durch die Freundin;
- Frauen sind eher als Männer bereit zur Selbstenthüllung und betonen diesen Aspekt, der auf ein größeres Intimitätsbedürfnis zurückgeht, auch in der Freundschaft stärker.

1.3 Stichprobe

Die Stichprobe unserer Untersuchung besteht aus 64 Erwachsenen (jeweils zur Hälfte Studierende und Berufstätige, Männer und Frauen, aus West- und Ostberlin). Bei der Zusammenstellung der Stichprobe wurde so vorgegangen, daß zunächst (1988) in Westberlin Studierende des Fachbereichs Erziehungswissenschaft der Freien Universität angesprochen und dann im „Schneeballsystem“ weitere Personen hinzugewonnen wurden. Dieses Verfahren führte dazu, daß relativ viele Personen aus den sozial- und erziehungswissenschaftlichen Studiengängen bzw. Berufszweigen stammen.

Nach der politischen Wende 1989 ergab sich die Gelegenheit, Ostberliner Personen in die Stichprobe einzubeziehen. Diese wurden (im Frühjahr 1991) so ausgewählt, daß sie den befragten Westberliner Personen in bezug auf Geschlecht sowie Studien- und Berufsrichtung möglichst ähnlich waren. Die Studierenden stammen von der Humboldt-Universität.

Die im Anhang wiedergegebenen Übersichten (S. 213ff.) enthalten die wichtigsten demographischen Merkmale der beiden Ost- und Westberliner Stichproben, getrennt nach Frauen und Männern.

Wie die Übersichten zeigen, sind die beiden Stichproben aus Ost- und Westberlin in vielfältiger Hinsicht vergleichbar, und zwar in bezug auf

- das Verhältnis *Männer : Frauen;*
- den *beruflichen Status:* Jede Stichprobe enthält 16 Studierende und 16 Berufstätige, unter denen sich je etwa gleich viele Akademiker (Abitur mit abgeschlossenem Universitätsstudium) befinden (je vier Frauen sowie fünf Ostberliner Männer und sieben Westberliner Männer);
- die Art der *Studiengänge* bei den Studierenden: Aus erziehungs- und sozialwissenschaftlichen Studiengängen kommen sieben Studentinnen und fünf Studenten in Westberlin und sechs Studentinnen und vier Studenten in Ostberlin;
- den *Familienstand:* In jeder Stichprobe finden sich 16 ledige Personen (Singles) und 16 verheiratete bzw. in einer festen Beziehung lebende Personen;
- den Anteil der Personen, die *Kinder* haben: sieben Westberlinerinnen (fünf Berufstätige, zwei Studentinnen), acht Westberliner, sechs Ostberlinerinnen und sieben Ostberliner haben Kinder;
- das *Alter* der Berufstätigen, das im Durchschnitt knapp 40 Jahre beträgt (bei einer Streubreite von 24 bis 52 Jahren).

Unterschiede ergeben sich lediglich in bezug auf das Alter der Studierenden. Die Studierenden der Humboldt-Universität, die gewohnt waren, die Regelstudienzeiten strikt einzuhalten, sind im Durchschnitt deutlich jünger (Studentinnen 22 Jahre, Studenten 24 Jahre) als die Studierenden der Freien Universität (Studentinnen und Studenten 28 Jahre).[1]

Da bei einigen Auswertungen unsere Gesamtstichprobe in Untergruppen nach Geschlecht und Herkunft (Ost - West) differenziert werden soll, ist es erfreulich, daß diese Untergruppen - mit Ausnahme der erwähnten Altersunterschiede - in allen wichtigen Merkmalen vergleichbar sind. Dennoch sind die vier Untergruppen natürlich keineswegs repräsentativ. In der Stichprobe überwiegen, wie bereits erwähnt, akademisch ausgebildete Personen, die zum großen Teil aus erziehungs- und sozialwissenschaftlichen Bereichen kommen. Es kann also vermutet werden, daß es sich um einen Personenkreis handelt, der sich im Rahmen der Ausbildung oder der beruflichen Tätigkeit mit Fragen der sozialen Beziehungen befaßt und - verglichen mit der Gesamtbevölkerung - ein höheres Niveau in bezug auf soziales Reflexionsvermögen aufweist.

Zwischen der Befragung und der jetzigen Präsentation und Diskussion der Ergebnisse liegt ein relativ langer Zeitraum. Dieser hat für uns aber den Vorteil gehabt, daß in der Zwischenzeit eine ganze Reihe von fundierten Ost/West-Vergleichen zu verschiedenen psychologischen und sozialwissenschaftlichen Fragestellungen vorgenommen worden ist, von deren Ergebnissen unsere Analyse und Interpretation sehr bereichert worden ist. Daß die Lebenswelten von Westdeutschen und Ostdeutschen seit der politischen Wende immer noch weit davon entfernt sind, in den wesentlichen Merkmalen übereinzustimmen, wird in den täglichen Berichterstattungen der Medien wie auch in der allgemeinen gesellschaftspolitischen Diskussion deutlich. Aus diesem Grunde können unsere Befunde auch sechs bis sieben Jahre nach der Vereinigung Anspruch auf Gültigkeit erheben.

1.4 Methodisches Vorgehen

Daß die sozial- und erziehungswissenschaftliche Erforschung von Freundschaften erst in jüngerer Zeit in Gang gekommen ist und auch jetzt noch als recht spärlich bezeichnet werden muß, jedenfalls im Vergleich zur Erforschung vieler anderer Aspekte menschlichen Sozialverhaltens, hängt gewiß zum einen damit zusammen, daß es sich bei der Freundschaft um eine Erscheinung des sozialen

---

1 Zwar enthält die Westberliner Stichprobe bei Männern und Frauen jeweils 2 Personen mit einem Zweitstudium; aber auch wenn man diese nicht berücksichtigt, verbleibt ein höheres Durchschnittsalter von 25 Jahren bei den Studentinnen und 26 Jahren bei den Studenten.

Lebens handelt, die als genauso unauffällig und unproblematisch erscheint, wie sie ubiquitär ist; zum anderen hängt dieser Tatbestand damit zusammen, daß das Phänomen „Freundschaft“ nicht eindeutig definiert ist und deshalb auch für die Forschung große Operationalisierungsprobleme bietet. So leidet denn auch die bislang vorliegende Freundschaftsforschung u.a. darunter, daß die Forscherinnen und Forscher oftmals unabhängig voneinander Entscheidungen hinsichtlich Definition, Operationalisierung und Messung getroffen haben, so daß es nur schwer möglich ist, die vorliegenden Freundschaftsstudien in eine Typologie zu bringen, die eine noch vertretbare Anzahl von Parametern aufweist. Um die Freundschaftsuntersuchungen zu rezipieren, müßte man entweder jede einzeln diskutieren (was sich aber schon aus Umfangsgründen verbietet) oder aber einzelne ausgewählte Studien heranziehen, die für das eigene Forschungsinteresse von besonderer Bedeutung sind. Wir haben in unserem Fall den zweiten Weg gewählt.

Der Begriff „Freundschaft“ wird im Alltagssprachgebrauch in verschiedenen Zusammenhängen sehr unterschiedlich verwendet. Zwar läßt sich annehmen - und in unserer Alltagskommunikation bauen wir auch darauf -, daß jeder ungefähr weiß, was mit dem Begriff inhaltlich gemeint ist; aber während beispielsweise der eine Freundschaft mit bloßer Bekanntschaft gleichsetzt, reserviert die andere diesen Begriff nur für wirklich enge, intime Freunde.

Die Unterschiedlichkeiten und Unklarheiten - oft genug auch die Quelle von Mißverständnissen - sind nicht nur mit dem Begriff als solchem („Freundschaft“, „Freund/Freundin“) verbunden, sondern werden durch seine Einbindung in den Aussagezusammenhang und die Sprechsituation oft noch verstärkt statt vermindert. „Mein Freund“ bedeutet etwas ganz Unterschiedliches, je nachdem ob diese Aussage von einem Kind oder von einem Erwachsenen - und auch, ob sie von einem Mann oder einer Frau - gemacht wird. Für ein Kind ist „mein Freund“ ganz unverfänglich ein Spielkamerad, mit dem es oft und gern zusammen ist. Für eine erwachsene Frau ist „mein Freund“ in der Regel eine nichteheliche „Beziehung“; soll dagegen eine unverfängliche Beziehung zu einem Mann bezeichnet werden, wird dies in der Regel mit „ein Freund von mir“ (oder „einer meiner Freunde“) umschrieben. In ähnlicher Weise drücken sich auch erwachsene Männer aus, wenn sie eine Freundschaftsbeziehung unverfänglicher Art zu einem anderen Mann bezeichnen wollen, denn „mein Freund“ enthält in unserem sprachlich-kulturellen Zusammenhang allzu leicht die Assoziation von Homosexualität. - Letzteres ist im Falle von Frauen, die von „meiner Freundin“

sprechen, sehr viel seltener der Fall, so daß unter Frauen der Ausdruck „eine Freundin von mir" auch seltener anzutreffen ist.

Um enge Freundschaften von eher lockeren Freundschaften oder Bekanntschaften zu unterscheiden, verwenden wir in unserem sprachlich-kulturellen Zsammenhang häufig den Ausdruck „guter Freund" oder „bester Freund". Durch diesen eher verstärkenden Zusatz werden interessanterweise die erotisch-sexuellen Assoziationen, auch und gerade in gegengeschlechtlichen Freundschaftsbeziehungen, eliminiert statt gefördert. Zugleich hebt der Zusatz eine besondere Dimension der Beziehung hervor, nämlich das Vertrauen, die Intimität und die Verläßlichkeit, die sie von einer anderen Dimension unterscheidet, nämlich der der reinen Häufigkeit bzw. Regelmäßigkeit sozialen Kontaktes. Mit anderen Worten: „Freunde" sind solche Menschen, mit denen man häufig Geselligkeit pflegt, „gute Freunde" bzw. „der beste Freund" sind diejenigen, mit denen man - unabhängig von der Regelmäßigkeit oder Häufigkeit des Zusammenseins - intime Gedanken und Gefühle austauscht und durch eine ganz besondere emotionale Qualität verbunden ist.

Neben dieser kulturellen Nicht-Festgelegtheit des Freundschaftsbegriffs ist noch die strukturelle Nicht-Festgelegtheit zu erwähnen. Freundschaften sind weder durch Blutsbande bestimmt (wie im Fall von Verwandten) noch durch Alltagsnähe (wie im Fall von Nachbarn), so daß, zumindest in unserer Gesellschaft, Freundschaften sich auch über unterschiedliche Altersstufen, Bildungsgrade, Religions- und Geschlechtszugehörigkeiten, soziale Herkünfte und geographische Nähe bzw. Ferne hinweg bilden können; zumindest verlangen unsere gesellschaftlichen Konventionen keine Gleichheit in diesen Punkten. - Dagegen ist allerdings festzuhalten, daß der größte Teil von Freundschaften durch eine strukturelle Ähnlichkeit der Freunde/Freundinnen hinsichtlich der genannten Faktoren bestimmt wird. Das Sprichwort „Gleich und Gleich gesellt sich gern" bringt diese Erfahrungstatsache zum Ausdruck. Die andere Tatsache dagegen, die in dem Sprichwort „Gegensätze ziehen sich an" festgehalten ist, bezieht sich eben nicht auf die genannten strukturellen Faktoren, sondern auf Unterschiede im Empfinden und in der Lebensorientierung und hat somit ebenfalls Gültigkeit für die Freundschaftsbeziehung.

Angesichts der genannten Schwierigkeiten und Alltagsmißverständisse, die mit den Begriffen „Freundschaft" und „Freund/Freundin" verknüpft sind, ist es nicht überraschend, daß auch für die Forschung Schwierigkeiten vor allem methodischer Art entstehen. Um diese zu bewältigen, sind vor allem drei verschiedene Wege eingeschlagen worden (vgl. hierzu ADAMS 1989): (1) Die Verantwortung für die inhaltliche Ausfüllung des Freundschaftsbegriffs wird den Mitgliedern der untersuchten Stichprobe überlassen. (2) Die Definition von Freundschaft wird im vorhinein von den Forschern eingeschränkt. (3) Es werden induktive Verfahren verwendet, um herauszufinden, welchen Begriff von „Freundschaft" diejenigen Personen haben, die untersucht werden.

Der erste der drei Wege ist gewiß der unbefriedigendste. Hierbei werden eher globale Fragen über ausgewählte Aspekte von Verhalten in Freundschaftsbeziehungen gestellt, z. B. Zahl und Häufigkeit von bestimmten Aktivitäten. Die Problematik der Interpretation der Ergebnisse besteht vor allem darin, daß nicht klar ist, ob die Antworten tatsächliches Verhalten oder hauptsächlich die (implizit bleibende) Freundschaftsdefinition der Befragten reflektieren. ADAMS (1989, S. 20) weist anhand dreier konkreter Freundschaftsstudien zu Recht darauf hin, daß man tatsächlich nicht annehmen dürfe, daß Personen aus einem Arbeiterviertel im amerikanischen Mittelwesten, Mittelschichtangehörige aus San Francisco und Kleinstädter aus dem amerikanischen Süden die gleichen Vorstellungen von Freundschaften zugrunde legen, wenn sie Fragen zum Verhalten unter Freunden beantworten.

Den zweiten Weg haben Studien eingeschlagen, die im vorhinein die Bedeutung von „Freund/Freundin" einschränken auf „engen Freund", „intimen Freund", „guten Freund", „besten Freund" oder auf „zwischen einem und fünf Freunden", auf eine bestimmte Häufigkeit von Kontakten oder auf Freunde außerhalb des beruflichen Zusammenhangs. Zwar werden mit diesem Vorgehen Probleme vermieden, die beim ersten Weg entstehen, aber es entstehen auch neue. ADAMS (1989, S. 21f.) führt als Beispiel an, daß ein Forscher die Definition von „Freund" auf diejenigen einschränken kann, mit denen der Befragte „häufige Kontakte" hat, wobei solche „Freunde" immer noch stark variieren können hinsichtlich emotionaler Nähe, geographischer Nähe bzw. Distanz und anderer Merkmale. - Hieran wird auch deutlich, welche Forschungsprobleme dadurch entstehen, daß die meisten Mitglieder in unserer Gesellschaft Freundschaft eher nach sozialpsychologischen als nach strukturellen Gesichtspunkten definieren, d. h., daß eher die emotionale als die geographische Nähe als ein die Freundschaft bestimmender Faktor betrachtet wird.

Die dritte Möglichkeit besteht darin, in der Erforschung von Freundschaftsbeziehungen selbst zu untersuchen, wie die befragten Personen Freundschaft definieren. Genauer gesagt, es werden die spezifischen Merkmale von Beziehungen erforscht, die von den Befragten als Freundschaften beschrieben werden. In den Studien, die diesen Weg eingeschlagen haben (z. B. FISCHER 1982; MATTHEWS

1983; ADAMS 1985) ergab sich stets, daß die Befragten selbst Freundschaften, wie bereits oben erwähnt, unter sozialpsychologischen Gesichtspunkten definierten, indem sie auf die emotionale Nähe und die Bereitschaft, dem anderen in jeder Lebenslage und unter allen Umständen zu helfen, abhoben, statt daß strukturelle Gesichtspunkte eine wesentliche Rolle spielten. - Die Hauptschwierigkeit, die mit diesem Vorgehen verbunden ist, liegt darin, daß es zeitaufwendiger ist als die meisten anderen, eher mit standardisierten Instrumenten arbeitenden Forschungen und daß die durch Interviews gewonnenen qualitativen Daten interpretativ auszuwerten sind. Neben dem zeitlichen Aufwand bedeutet dies natürlich auch, daß die Frage der Gültigkeit der Aussagen beantwortet werden muß.

In unserer Untersuchung haben wir diesen dritten Weg gewählt, weil die Erforschung der (möglicherweise) verschiedenen Konzepte von Freundschaft, die Angehörige unterschiedlicher sozialer Systeme, Berufe, Lebenslagen und Geschlechtsgruppen haben, zu Erkenntnissen über den Zusammenhang von strukturellen und kulturellen Faktoren einerseits und individuellen Überzeugungssystemen andererseits beitragen kann.

Die mit den Erwachsenen durchgeführten Einzelinterviews orientierten sich an einem Leitfaden, der sich zum Teil an SELMAN (1984) anlehnt. Da es uns nicht um eine strukturtheoretische Analyse der Daten geht, sondern darum, ob Unterschiede in den Freundschaftsvorstellungen und Freundschaftstypen zwischen unseren Gruppen, vor allem im Hinblick auf Geschlecht und Ost- vs. West-Herkunft, vorhanden sind, wurde in den Interviews nicht nur, wie bei SELMAN, nach Konzepten gefragt, sondern auch nach tatsächlichem Verhalten. Die Befragung erfolgte durch eine speziell eingearbeitete und mit der Interviewtechnik vertraute Diplompädagogin. - Im folgenden ist der Interviewleitfaden abgedruckt:

Freundschaftsinterview

- Haben Sie einen besten Freund/eine beste Freundin?
- Aus welchen Gründen sind Sie Freunde?
- Warum finden Sie es wichtig, Freunde zu haben?

- Woran können Sie erkennen, ob Ihnen jemand ein guter Freund sein wird?
- Was muß man tun, um einen Freund zu bekommen?
- Ist es leicht oder schwer, einen Freund zu finden?

- Warum ist es manchmal leicht?
- Warum ist es manchmal schwer?

- Wie stellen Sie sich den idealen Freund vor?
- Welche bestimmten Eigenschaften oder Fähigkeiten sollte er haben?
- Ist Höflichkeit wichtig?
- Was bedeutet Höflichkeit für Sie?
- Was tun gute Freunde füreinander?
- Was bedeutet Vertrauen für Sie?
- Warum vertrauen Sie Ihrem besten Freund?

- Streiten Sie sich? Haben Sie sich schon mal mit einem besten Freund gestritten?
- Wie sieht das aus, wenn Sie sich ernsthaft streiten?
- Was sind die Gründe?
- Was muß man tun, um so einen ernsthaften Streit zu beenden? Was würden Sie tun? Was erwarten Sie?
- Kann man auch befreundet sein und sich trotzdem streiten?

- Warum gehen manchmal Freundschaften auseinander? Aus welchen Gründen hört eine Freundschaft auf?
- Kann es auch andere Gründe geben außer Streit, warum jemand nicht mehr Ihr Freund ist?
- Gibt es auch Freunde, die Sie mal hatten, mit denen Sie aber heute nicht mehr zusammen sind?

- Worin besteht der Unterschied zwischen einer Freundschaft und einer Liebesbeziehung?
- Machen Sie einen Unterschied zwischen Verliebtsein und Liebe?
- Was bedeutet Treue für Sie?

Die Interviews wurden in der überwiegenden Mehrzahl bei den Befragten zu Hause durchgeführt, auf Tonband aufgenommen und anschließend transkribiert.

Was die *Länge der transkribierten Interviews* betrifft, so ergab sich eine durchschnittliche Zeilenanzahl von 700 (Ostberliner Frauen), 705 (Westberliner Frauen), 820 (Westberliner Männer) und 848 (Ostberliner Männer), wobei der geringste Umfang bei 511, der stärkste bei 1112 Zeilen lag. Die ursprüngliche Erwartung, daß Frauen insgesamt mehr reden, wurde nicht bestätigt. Im Gegenteil, die Redebeiträge der Männer aus Ost- und Westberlin sind umfangreicher. Dies unterstreicht die Erfahrung aus anderen Interviewstudien, daß Männer durchaus bereit sind, gegenüber einer Frau als Interviewerin ausführliche Auskünfte persönlicher Art zu geben. Auch die Befürchtung, daß die Ostberliner sich gegenüber einer Westberliner Interviewerin zurückhaltender und wortkarger äußern würden, erwies sich als grundlos. Die Bereitschaft, sich auf die Fragen des Interviews einzulassen, war also in den vier Untergruppen insgesamt sehr groß.

Was den Charakter der Antworten betrifft, so ist gewiß mit einem starken Anteil von Antworten im Sinne der *sozialen Erwünschtheit* zu rechnen. Über viele Fragen haben die Personen vermutlich noch nie nachgedacht, so daß es sich bei ihren Antworten auch um *ad hoc*-Konstruktionen handelt, in die eigene Erfahrungen, Vorstellungen, Werte und auch kulturelle Deutungsmuster eingehen und wobei die Selbstdarstellung eine große Rolle spielt. Falls die Personen sich gescheut haben sollten, über ganz persönliche Vorstellungen zu sprechen (obwohl sich dieser Eindruck aufgrund der Interviewäußerungen nicht einstellt), und eher auf sicherem Terrain geblieben sind, kann vermutet werden, daß sie sich auf kulturelle Deutungsmuster beziehen und darauf, was sie als sozial erwünscht betrachten. Dieser Effekt kann für unsere Fragestellung, die vor allem auf die Aufdeckung von Unterschieden im Ost/West- und im Geschlechtervergleich abzielt, als durchaus positiv eingeschätzt werden, da durch ihn gesellschaftlich geprägte Normen oder Wertvorstellungen akzentuiert werden.

1.5 Zur Auswertung und zur Wahl der Kategorien

Nach mehrmaliger Durchsicht der Interviewtexte wurden für die einzelnen Dimensionen Antwortkategorien gebildet und die Daten mit Hilfe des Textanalysesystems MAX (KUCKARTZ 1992) kodiert und ausgewertet.

Die Ergebnisse zu den einzelnen Freundschaftsthemen ergaben bereits interessante Gruppenunterschiede. Trotzdem war diese Einzelauswertung nicht befriedigend, da sich einerseits bei vielen Fragen zu einzelnen Freundschaftsthemen Überschneidungen ergaben bzw. - was als sehr viel gravierender erschien - manche relevanten Aspekte von den Befragten erst bei später im Interview auftauchenden Themen angesprochen wurden. Um diesen „Verspätungseffekt" in den Antworten auszugleichen, wurden in einem zweiten Schritt übergeordnete Kategorien, die sich auf die Funktionen von Freundschaft beziehen, bestimmt, und zwar einerseits unter möglichst umfassender Berücksichtigung aller Antworten der Befragten, andererseits im Hinblick auf die in der bisherigen Forschung identifizierten relevanten Funktionen.

Aus der *Personal Relations*-Forschung liegen einige Klassifikationssysteme vor, die aufgrund einer Kategorisierung der Antworten von mündlich oder schriftlich befragten Personen auf deskriptivem Wege gewonnen wurden. Diese Kategorien beziehen sich im wesentlichen darauf, welche Funktionen der Freundschaft zugewiesen werden. Diese Ebene der Typisierung von Funktionen zu wählen erscheint sinnvoll, zumal sich aus SELMANs Modell ebenfalls derartige Funktionen ableiten lassen. Es scheint, als ob auf allen Entwicklungsstufen Kinder, Jugendliche und Erwachsene der Freundschaft die gleichen Funktionen zuweisen, sie aber - je nach kognitivem Niveau - unterschiedlich interpretieren. Funktionen erscheinen als Analyseebene ferner aus dem Grunde als sinnvoll, weil sie auf Bedürfnisse verweisen und weil Freundschaften als auf Freiwilligkeit gegründete Beziehungen vor allem bedürfnisorientiert sind.

Aus SELMANs Ergebnissen lassen sich folgende Funktionen von Freundschaft bestimmen: 1. Geselligkeit und Austausch, 2. Hilfe und Unterstützung, 3. (erst bei Jugendlichen und Erwachsenen) Bestätigung und Sicherung der Individualität.[2]

Die folgende Übersicht enthält die schließlich nach mehreren Durchgängen durch die Daten bestimmten Kategorien zu den Funktionen von Freundschaft. Diese Kategorien erlauben eine grobe analytische Unterscheidung, wenngleich sie sich im einzelnen auch überlappen und ineinander übergehen können.

FUNKTIONEN VON FREUNDSCHAFT		
Lebensbewältigung		**Selbstverwirklichung**
Unterstützung und Hilfe	Austausch und Geselligkeit	Personale Selbstentfaltung
emotionaler Beistand	gemeinsame Aktivitäten	Selbst-sein-Können
praktische Hilfe	Gespräche	Entwicklung und Lernen
		Sicherheit

2 Derartige Funktionen finden sich, wenn auch in unterschiedlicher Konfiguration, auch bei WRIGHT 1977; KON 1979; ARGYLE/HENDERSON 1985; FATKE/VALTIN 1988; AUHAGEN 1991; VALTIN 1991.

In einem weiteren Auswertungsgang, der im 3. Kapitel, das der Analyse und Diskussion gewidmet ist, dargestellt wird, gingen wir hypothesentestend vor und überprüften die sozialhistorische These TENBRUCKs, daß sich Ost- und Westberliner Personen in ihren Auffassungen von Funktionen und Qualität der Freundschaft unterscheiden. Diese statistische Auswertung erfolgte mit dem Programmpaket SPSS. Alle Unterschiede wurden mit Hilfe des chi^2-Tests auf ihre Signifikanz geprüft.

Eine weitere, diese Auswertungsschritte ergänzende Untersuchung galt einzelnen Begriffen bzw. wichtigen „Schlüsselwörtern". Bei der Durchsicht der Interviews stellte sich nämlich heraus, daß bestimmte Ausdrücke eine besondere Bedeutung für einzelne unserer Gruppen, vor allem im Ost/West-Vergleich, hatten (z. B. „Offenheit", „Sicherheit"). Diese Schlüsselwörter, die auf bedeutsame Themen zu verweisen scheinen, wurden gesondert analysiert, und zwar sowohl auf quantitativem als auch auf qualitativem Wege: Zum einen wurde - mit Hilfe eines Suchbefehls aus dem Textanalysesystem MAX - ausgezählt, mit welcher Häufigkeit und in welchen Kontexten diese Wörter in den Untergruppen auftauchten. Zum anderen wurden sie aufgrund des Sinnzusammenhangs, in dem sie auftauchten, inhaltlich ausgewertet.

Manche Autoren (z. B. MAYRING 1993) empfehlen, die Gesamtinterviews zunächst zusammenzufassen und einzelne Äußerungen zu paraphrasieren. Dieses Verfahren ist zwar zeitsparend, aber gegen die Zusammenfassung ist einzuwenden, daß dadurch möglicherweise wichtige Themen wegfallen, deren Bedeutsamkeit man erst im nachhinein entdeckt. Gegen die Paraphrasierung ist ferner einzuwenden, daß Unterschiede im Sprachgebrauch, die auch auf unterschiedliche Bedeutungszusammenhänge verweisen, eingeebnet werden und daß sich letztlich der Bedeutungshorizont des Paraphrasierers durchsetzt. Die Fülle unseres „unbereinigten" Materials machte es gerade möglich, Bedeutungsnuancen im Sprachgebrauch von Ost- und Westdeutschen nachzuspüren und die „Schlüsselwörter" zu analysieren.

2. Ergebnisse

In der Darstellung der Ergebnisse schlagen wir folgenden Weg ein: Zunächst werden die Antworten, die zu den einzelnen Fragen des Interviews gegeben werden, nacheinander ausgewertet. Dies Vorgehen gewährleistet, daß die Ergebnisse in ihrer inhaltlichen Reichhaltigkeit zur Sprache kommen und außerdem die anschließend im 3. Kapitel vorgenommenen zusammenfassenden Analysen hier eine anschauliche und zugleich überprüfbare Basis erhalten.

Dem Verlauf des Interviews entsprechend, geht es nachfolgend also um Anzahl und Geschlecht der Freunde (2.1), um die Gründe und Motive der Freundschaftsbildung (2.2), dann vor allem um die Bedeutung der Freundschaft für verschiedene Lebensbezüge (2.3) und die Vorstellungen vom idealen Freund (2.4), ferner um die Rolle von Höflichkeit (2.5) und die Bedeutung von Vertrauen in der Freundschaft (2.6), schließlich um die Rolle des Streits und Formen der Konfliktlösung (2.7) sowie um Gründe für die Beendigung einer Freundschaftsbeziehung (2.8). Abschließend werden das Verhältnis von Freundschaft und Liebe (2.9) sowie die besondere Rolle der Treue in der Liebesbeziehung (2.10) untersucht.

Damit die Personen im Text identifizierbar sind, werden jeweils die Vornamen zur Kennzeichnung des Geschlechts sowie die Herkunft angegeben, sofern dies nicht aus dem Kontext hervorgeht. Weitere Angaben zu den Personen finden sich in den Übersichten im Anhang (S. 213ff.).

2.1 Anzahl und Geschlecht der Freunde

Das Interview begann mit der Frage: „Haben Sie einen besten Freund bzw. eine beste Freundin?“, wobei die Betonung auf *beste(r)* Freund(in) lag. Wurde diese Frage verneint, wurde nach Freunden allgemein gefragt und zusätzlich nach dem Geschlecht dieser Freunde. Dabei ergab sich die in Tabelle 1 dargestellte Verteilung.

Es zeigt sich also, daß etwas mehr als ein Drittel der Befragten angibt, einen oder zwei *beste* gleichgeschlechtliche Freunde zu haben. Die übrigen geben an, drei und mehr Freunde zu haben. Ohne zur Zeit feste Freundschaftsbeziehung sind zwei Westberliner Studenten, die angeben, daß sie kürzlich erst nach Berlin gezogen sind, um ihr Studium aufzunehmen, und bislang noch keine feste Freundschaftsbeziehung am neuen Ort aufbauen konnten. Offenbar haben sie auch den Kontakt zu den Freunden oder dem Freund aus ihrer Schulzeit abgebrochen.

Tabelle 1: Anzahl und Geschlecht der Freunde

	Westberlin		Ostberlin		Gesamt			
	W-♀	W-♂	O-♀	O-♂	♀	♂	West	Ost
z. Zt. keinen besten Freund	0	2	0	0	0	2	2	0
1 beste/n Freund bzw. Freundin	5	5	4	2	9	7	10	6
2 beste gleichgeschlechtl. Freunde	1	2	4	2	5	4	3	6
2 gemischtgeschl. Freunde	1	0	1	0	2	0	1	1
3 und mehr gleichgeschl. Freunde	6	0	3	1	9	1	6	4
3 und mehr Freunde beiderlei Geschlechts	3	7	4	11	7	18	10	15

Im *Ost/West-Vergleich* ergeben sich keine Unterschiede zwischen den Befragten, wohl aber im *Geschlechtervergleich:* Während etwas mehr als die Hälfte der Männer (nämlich 18) Frauen zu ihren Freunden zählen, bezeichnen nur neun Frauen (fünf von ihnen verheiratet) Männer als ihre Freunde.

Freundschaften mit Personen des anderen *Geschlechts* sind viel häufiger bei denjenigen zu beobachten, die verheiratet sind bzw. in fester Beziehung zusammenleben.

Zwischen *Familienstand* und *Anzahl der Freunde* zeichnet sich folgende Tendenz ab: Zehn verheiratete und 17 alleinstehende Personen haben ein und zwei Freunde. 16 verheiratete und zehn alleinstehende Personen haben drei und mehr Freunde beiderlei Geschlechts. Es wird zwar deutlich, daß alleinlebende Personen häufiger eine geringere Anzahl von Personen als Freunde bezeichnen und partnergebundene Personen häufiger drei und mehr Freunde nennen, aber der Unterschied ist nicht signifikant.

Im *Altersvergleich* zeigt sich die Tendenz, daß die *jüngeren* Personen häufiger nur *einen* besten Freund nennen, *ältere* etwas häufiger *mehrere* Freunde, die jeweils in unterschiedlichen Lebensabschnitten hinzugewonnen werden.

In unserer Stichprobe zeigen sich *vier Freundschaftsmuster*:

(1) eine beste Freundschaft mit nur einer oder zwei Personen desselben Geschlechts; dies trifft auf etwa ein Drittel unserer Befragten zu, wobei die Mehrzahl dieser Personen alleinstehend ist;

(2) eine Freundschaft mit mehreren Personen desselben Geschlechts, was in unserer Stichprobe bei acht Frauen und einem Mann vorkommt;

(3) eine Freundschaft mit mehreren Personen beiderlei Geschlechts, die vorwiegend von Männern und von verheirateten bzw. in festen Beziehungen lebenden Personen genannt wird. In Ostberlin haben auch die beiden ledigen Väter freundschaftliche Beziehungen zu Männern und Frauen. Soweit es sich aus den Interviews rekonstruieren läßt, handelt es sich sehr häufig um Paar-Freundschaften, d. h., daß (Ehe-)Paare gemeinsam mit anderen Personen, auch Paaren, befreundet sind. So antwortet Klaus aus Ostberlin auf die Frage nach der Anzahl der Freunde: „Wir haben sehr gute Beziehungen zu Einzelpersonen, sowohl Frauen als auch Männern, auch zu Ehepaaren, meine Frau und ich. Also, wir sind immer zu zweit." Einige der Männer heben hervor, daß die Knüpfung und Pflege der freundschaftlichen Bande von den Ehefrauen ausging;

(4) eine enge Freundschaft zwischen Frauen und Männern, die allerdings eher eine Ausnahme zu sein scheint, vor allem wenn es sich um Alleinstehende handelt. Daß Männer Frauen und Frauen Männer zu ihren engsten Freunden zählen, kommt in unserer Stichprobe selten vor. Nur die Ostberliner Studentin Berit und die Westberliner Lehrerin Michaela bezeichnen jeweils einen Mann und eine Frau als ihre besten Freunde, wobei diese Beziehung zum Freund neben der Liebesbeziehung besteht. Michaela hatte mit ihrem Freund jedoch einige Jahre zuvor eine sexuelle Beziehung.

Das letztgenannte Freundschaftsmuster ist allerdings von einigen mehr oder weniger starken Ambivalenzen oder gar Spannungen gekennzeichnet, wie die folgenden Beispiele veranschaulichen:

Mögliche erotische Probleme mit Freundinnen thematisiert Klaus aus Ostberlin. Er verweist darauf, daß er seit 28 Jahren verheiratet ist und seine Frau auch sein „Kumpel" sei. Er spricht von Schwierigkeiten, bei einer freundschaftlichen Beziehung zu einer Frau die Grenze zu wahren, und meint: „Ich bin der Meinung, beim Küßchen hört's auf." Als die Interviewerin nach seinen Gefühlen fragt, sagt er: „Vom Gefühl her muß man wahrscheinlich auch den inneren Schweinehund, den jeder Mensch hat, besänftigen." Man müsse die Stärke aufbringen, eine klare Grenze zu ziehen, und die Freundin „nicht benutzen oder vernaschen". „Man kann auch sagen: Ich würde gern mit dir schlafen, Ursula, du bist meine beste Freundin, aber du weißt, wir sind verbunden in freundschaftlichen Beziehungen zu Monika" (seiner Ehefrau). Er spricht auch über die Schwierigkeiten dieser Abgrenzung: „Da kann sogar mal eine Situation sein, wo man 80% wirklich Sexgedanken hat und 20% der Schweinehund [sic!] sagt, oder der Gute ... Verzeihung, der Gute in Gedanken sagt: Paß auf, Klaus, halt dich zurück! Aber die 80%, die drücken eben wie verrückt, ja, das ist klar. Also, das kommt vor. Aber hier ist die Stärke des einzelnen im Vordergrund zu sehen."

Auf seiten der Frauen ist dies Problem nicht in gleicher Weise ausgeprägt: Die Westberliner Studentin Carola nennt zwei beste Freundinnen, aber rechnet zu ihrem Freundeskreis noch einige Männer, zu denen sie früher eine Liebesbeziehung hatte. Sie erklärt: „Die Freundschaft mit den Männern hat sich eigentlich daraus entwickelt, daß ich irgendwann mal mit ihnen eine Beziehung oder ein Verhältnis hatte. Das ist einfach eine ziemlich stabile und feste, eine unhinterfragte Freundschaftsbeziehung. Es ist auch nicht wichtig, daß man sich sehr oft oder regelmäßig sieht, da ist einfach so ein Konsens da, der aus einer Vertrautheit herrührt."

Freundschaften zwischen Männern und Frauen - so zeigen unsere Ergebnisse - sind offenbar nur dann möglich, wenn die Sexualität einigermaßen unter Kontrolle gebracht worden ist. Dies kann z. B. der Fall sein, wenn es sich um eine Freundschaft zu einem Paar oder wenn es sich um „verflossene" Liebschaften handelt.

Diese vier genannten Freundschaftsmuster finden sich annähernd gleich häufig in der Westberliner und der Ostberliner Stichprobe. In beiden Stichproben zeichnet sich derselbe geschlechtsspezifische Unterschied ab, daß verheiratete oder fest gebundene Männer zusammen mit ihrer Ehepartnerin eher Freundschaften zu anderen Paaren als zu Einzelpersonen haben und daß Frauen, sofern sie mehrere Personen als Freunde bezeichnen, sich damit häufiger ausschließlich auf Frauen beziehen.

Männer, so läßt sich aus unseren Befunden folgern, lassen sich in ihren Freundschaftsbeziehungen häufiger von Frauen versorgen, sei es, daß diese selbst die

Funktion eines Freundes haben, sei es, daß die Initiative zur Freundschaft oder die Pflege der Freundschaftskontakte von den Frauen ausgehen.

Da wir in unserem Interview keine Definition von Freundschaft vorgegeben, sondern diejenige der Befragten übernommen haben, ist aus den unterschiedlichen Angaben zu den Freundschaftsmustern von Männern und Frauen zu folgern, daß diese möglicherweise unterschiedliche Bedeutungen oder Erwartungen mit Freundschaft verbinden, z. B. in bezug auf Vertrautheit, Intimität oder Intensität. Darauf verweist auch ein weiteres Ergebnis: Fünf Männer nennen jeweils eine Person als besten Freund, wobei sich im Verlauf des Interviews herausstellt, daß zu diesen nur ein ganz seltener Kontakt besteht, z. B. nur ein- oder zweimal im Jahr, und daß drei der als beste Freunde genannten Personen weit entfernt wohnen.

Es wird bei den weiteren Auswertungen zu fragen sein, ob sich die Gruppen, deren Freundschaftsbeziehungen unterschiedliche Muster aufweisen, in ihren Ansprüchen an Freundschaft unterscheiden.

2.2 Gründe und Motive der Freundschaftsbildung

Um zunächst einen Eindruck von dem Duktus und der Reichhaltigkeit der Antworten zu vermitteln, die auf die Frage: „Warum seid ihr befreundet?“, gegeben wurden, beginnen wir mit der Wiedergabe einiger ausgewählter Äußerungen:

Elisabeth aus Westberlin sagt mit Bezug auf ihre allerbeste Freundin: „Wir sind Freundinnen, weil sich im Laufe der Jahre gezeigt hat, daß diese Freundschaft zu einer Stütze im Leben geworden ist und zu einer unentbehrlichen Hilfe, um das Leben zu meistern. Sekundär ist sie meine beste Freundin, weil ich sehr gerne mit ihr zusammen bin, weil wir sehr viele gemeinsame Interessen haben, weil wir vor allen Dingen sehr gerne und viel miteinander lachen, ja, weil's mir eben sehr viel Spaß macht, mit ihr zusammen zu sein.“

Alfons aus Westberlin begründet die Freundschaft, die ihn mit mehreren Männern und Frauen verbindet, folgendermaßen: „Ja, weil ich Vertrauen zu ihnen habe, weil ich das Gefühl habe, daß sie mich verstehen. Ja, ich fühle mich mit ihnen verbunden, eng verbunden.“

Rolf aus Westberlin nennt folgende Gründe: „Gemeinsame Geschichte, gemeinsames Erleben, Leiden und Freuden. Das Gefühl, daß sie mich brauchen und daß ich von ihnen gebraucht werde.“

Christine aus Westberlin hat drei Freundinnen und nennt für jede jeweils andere Beweggründe für die Freundschaft: „Die eine kenne ich seit meiner Kindheit. Über Jahre hinweg waren wir nur brieflich in Kontakt und haben uns nach 20 Jahren wiedergetroffen. Wir sind deswegen beste Freundinnen, weil wir alles voneinander wissen oder kennen. Wenn ich mich mit ihr unterhalte, dann gibt es bestimmte Dinge, von denen ich weiß, daß ich sie ihr nicht zu erklären brauche, denn sie kennt sie aus meiner Lebensgeschichte. Die andere habe ich später, etwa mit 18 Jahren, kennengelernt, ursprünglich über einen beruflichen Kontakt. Das hat sich deswegen zu so einer starken Freundschaft entwickelt, weil ich mit ihr eigentlich die interessantesten Gespräche führen kann. Sie ist übrigens Psychologin und hat mir gerade so Anfang der zwanziger Jahre vieles auch bewußt gemacht, und ich glaube, dadurch ist auch so eine enge Bindung entstanden. Außerdem hat sie eine ähnliche Familiengeschichte wie ich, und es gab da mehrere Anknüpfungspunkte. Und die dritte Freundin kenne ich über meinen Beruf, und mit ihr bin ich zusammengekommen, weil sie eine ähnliche Arbeitseinstellung hatte wie ich. Wir haben sehr viel zusammen beruflich getan, und sie hat mir so einen unheimlichen Grad von Verläßlichkeit vermittelt, auch in anderen Bereichen."

Diese Äußerungen, die auf den ersten Blick beliebig erscheinen mögen, sind charakteristisch für die Erwachsenen unserer Stichprobe. Zum einen werden fast stets mindestens zwei oder drei Gründe für das Entstehen und das Fortdauern der Freundschaft genannt. Zum anderen stehen im Mittelpunkt der Begründungen *Gemeinsamkeiten*; diese freilich betreffen unterschiedliche Lebensbereiche.

Die verschiedenen Untergruppen unterscheiden sich in bezug auf die Gründe, die sie für ihre Freundschaften angeben, nicht wesentlich voneinander. Die am häufigsten genannte Antwortkategorie (50 Nennungen) war: *Erlebnisse, gemeinsame Interessen und Aktivitäten* bzw. *gemeinsame Lebenserfahrungen.* - *Sich gut verstehen und sich gut bzw. lange kennen*, das mit der erstgenannten Kategorie in engem Zusammenhang steht, ist mit 46 Nennungen die am zweithäufigsten genannte Antwortkategorie. Auch die dritthäufigste Kategorie betrifft Gemeinsamkeiten: *Gleiche Lebensanschauungen und (Wert-)Vorstellungen* werden von insgesamt 41 Personen genannt, davon sprechen zehn explizit von „gleicher Wellenlänge", und elf betonen „Übereinstimmung in politischer Hinsicht"; von letzteren stammen neun aus Ostberlin (fünf Frauen und vier Männer); die beiden Westberliner sind Männer.

Zur Veranschaulichung des letztgenannten Punkts diene ein Ausschnitt aus dem Interview mit Helga aus Ostberlin: „Nun, in der ehemaligen DDR war das sehr wichtig, daß wir Gleichgesinnte hatten; zum Beispiel, daß das keine Genossen waren, daß sie den christlichen Glauben hatten und auch mit ähnlichen Punkten zu kämpfen hatten wie wir. Daß wir uns gegenseitig austauschen konnten und eventuell auch mal Erfahrungen, z. B. Probleme der Kinder in der Schule, wenn sie zum Konfirmandenunterricht gingen, dann die Probleme im Dienst, mit denen wir zu tun hatten, das war das eine. Das andere war, daß wir dann zusammen unsere Freizeit verlebten, gemeinsam das Wochenende verlebten, gemeinsam irgendwo hinfuhren."

Die *Möglichkeit offener, vertraulicher Kommunikation* wird von insgesamt 36 Personen thematisiert, dabei signifikant häufiger (23 Mal) von den Frauen. Während Frauen es eher als wichtig und auch als selbstverständlich zu betrachten scheinen, daß ein offener, intimer Austausch mit der Freundin besteht, wird von einigen Männern diese Art der Kommunikation unter Freunden als etwas besonderes dargestellt. Jörg aus Westberlin ist ausdrücklich der Meinung, daß er die Selbstenthüllung in Gesprächen mit seinem Freund als für Männer untypisch empfindet: „... daß wir auch 'ne Art von Gesprächen geführt haben, die normalerweise unter Männern, sagen wir mal, eher unüblich waren. Also nicht nur so La-la-Gespräche oder irgendwelche Äußerlichkeiten eben, sondern, daß wir halt schon über außerordentliche Gefühle oder auch intimere Erfahrungen uns ausgetauscht haben, was ich bei männlichen Freundschaften eben als sehr untypisch empfand."

Paul und Knut (beide ebenfalls aus Westberlin) thematisieren in diesem Zusammenhang Selbstwertprobleme: Paul verweist auf Machtgesichtspunkte, die in der Freundschaft keine Rolle spielen: „Wir konnten darüber (über unsere Probleme) auch miteinander reden, wahrscheinlich, weil wir uns doch sehr ähnlich waren und gegenseitig nicht so das Gefühl von Unterlegenheit hatten oder so, und ich glaube, das ist ganz wichtig." - Ähnlich verweist Knut darauf, daß er sich nur von seinem Freund kritisieren lassen mag: „Also, da bin ich vielleicht auch bereit, mich kritisieren zu lassen. Also, wenn ich was falsch gemacht hab', ja, was wirklich 'n etwas dickerer Hund ist, möcht' ich mal sagen, dann laß ich mir das auch von ihm sagen, von anderen wahrscheinlich nicht so gerne."

Die Selbstenthüllung in Gesprächen und die Intimität werden noch in anderen Interviewteilen eine Rolle spielen. Dabei wird sich zeigen, daß der intime Austausch für Frauen, insbesondere für die Westberlinerinnen, einen besonderen Stellenwert einnimmt.

Von je etwas mehr als einem Viertel der Befragten werden die *Verläßlichkeit und Stabilität* der Beziehung betont sowie die gegenseitige *Bereitschaft zu Hilfe, Unterstützung und Engagement.*

Die emotionale Verbundenheit wird nur von wenigen thematisiert, und zwar von 13 Personen, davon neun aus Westberlin.

Zusammenfassung: Insgesamt ist in den vier Untergruppen eine große Übereinstimmung in den Aussagen zu finden: Gemeinsamkeiten der Lebenserfahrung und der Interessen, der Weltanschauungen und der Einstellungen begründen eine Freundschaft; solche Gemeinsamkeiten führen zum gegenseitigen guten Verstehen und zur Möglichkeit, sich frei auszutauschen.

Unterschiede zeichnen sich nur dahingehend ab, daß die Frauen die Möglichkeit des intimen Austauschs stärker hervorheben und die Ostberliner (Männer wie Frauen) häufiger die politische Übereinstimmung nennen. Gleichartigkeit in der politischen Einstellung, vor allem wenn sie nicht regimekonform war, hatte in der DDR verständlicherweise eine besondere Bedeutung, während dies in der alten BRD ein ungefährlicheres Terrain darstellte, so daß auch politische Differenzen in einer Freundschaft aufgefangen werden konnten. Betrachtet man jedoch die Gesamtinterviews, so zeigt sich, daß politische Fragen auch bei einem kleinen Teil der Westberliner durchaus eine Rolle spielen, sei es als Gesprächsthemen, als Anlaß zu Streitigkeiten oder gar als Grund für die Beendigung einer Freundschaft.

2.3 Zur Bedeutung von Freundschaft für Erwachsene

Beim näheren Betrachten der Gesamtinterviews stellte sich heraus, daß nicht nur die Antworten auf die direkt gestellte Frage: „Warum sind Freunde wichtig?“, sondern auch weitere, zu anderen Fragen gehörende Äußerungen Hinweise darauf gaben, welche Bedeutung die Befragten der Freundschaft zumessen. Aus diesem Grunde beziehen sich die im folgenden dargestellten Ergebnisse auf das Gesamtinterview. - Zunächst aber sollen wieder einige charakteristische Zitate einen allgemeinen Eindruck von der Fülle und Vielfalt der thematisierten Gesichtspunkte vermitteln.

Martina aus Ostberlin drückt es so aus: „Das ist für mich eine grundlegende Sache, um mich wohlzufühlen. Ich würde mich völlig einsam fühlen ohne Freunde. Vielleicht spielt dabei auch eine Rolle, daß ich allein lebe. Ich finde das sehr wichtig, einfach sich mit anderen austauschen zu können, mit anderen reden zu können, auch über meine Probleme, Freude zu teilen, emotionale Zuwendung zu spüren, daß jemand sich für einen interessiert, für einen da ist.“

Thomas, ebenfalls aus Ostberlin, erläutert: „Man braucht eben jemanden, wo man hingehen kann, von sich selber erzählen kann und sich etwas erzählen lassen kann, auch für irgendwelche Unternehmungen, wenn man zum Beispiel mal ins Kino oder Theater geht oder zu Jazzabenden. Allein kann man da nicht hingehen, das macht keinen Spaß."

Babette aus Westberlin meint: „Ich brauche das positive Feedback, einfach, daß man weiß, da ist jemand da, auch wenn du jetzt totalen Mist redest, der wird dich immer gerne haben und immer annehmen, daß du da auf jeden Fall einen Punkt hast oder jemanden hast, auf den du dich beziehen kannst, zu dem du immer kommen kannst, vor dem du dich nicht schämen mußt, wenn du irgend etwas machst."

Benjamin, ebenfalls aus Westberlin, sagt: „Das hat vielleicht viel mit Bestätigung zu tun, also eine Sicherheit zu gewinnen, daß ich mich mit jemand anderem austauschen kann, von dem ich weiß, der akzeptiert mich so, wie ich bin. Wo ich auch mal Dinge aussprechen kann, die ich vielleicht bei einem nicht so guten Freund oder einer anderen Person, von der ich nicht so genau weiß, ob sie mich so angenommen hat, wie ich bin, mich nicht so getrauen würde. «Angenommen» wäre ein gutes Wort. ... Ich brauche das, um im Leben von irgend einer Person angenommen zu sein und dadurch so ein Grundvertrauen zu haben, das Leben anzupacken."

Zunächst ist festzustellen, daß nur zwei der Befragten der Freundschaft *keine* große Bedeutung zusprechen. Moritz aus Ostberlin sieht seine beiden Freunde nur etwa einmal im Jahr. Zwar findet er es schön, mit ihnen zusammen zu sein, „wenn es sich ermöglichen läßt, aber nicht um jeden Preis". Er betrachtet es „als Abwechslung gegenüber seinen Arbeitskontakten", daß er sich „mal über was anderes unterhalten kann". Moritz gehört ebenso wie Otto (aus Westberlin) zu denen, die keine sonderlichen Ansprüche an diese Beziehung stellen. Otto läßt in seiner Antwort erkennen, daß Freunde durchaus für die Stabilisierung des Selbstbewußtseins wichtig sein könnten; er allerdings sei nicht darauf angewiesen: „Wichtig - also im Grunde genommen, finde ich das gar nicht wichtig, ich bin da gar nicht so drauf angewiesen, wenn ich es nicht hätte." - Interviewerin: „Du meinst, du bräuchtest eigentlich nicht so gute Freunde?" - Otto: „Nee, also dazu bin ich irgendwie zu sehr in mich selbst verkrochen, also ich brauch' das nicht für mein Selbstbewußtsein. Daß ich sie habe, ist okay; aber nicht, daß mir was fehlt, wenn ich die beiden nicht hätte."

Um die Fülle der Antworten zur Bedeutung der Freundschaft sinnvoll zu ordnen, wurden sie, wie bereits erwähnt, drei Funktionen von Freundschaft zugeordnet, wobei die Funktionen einerseits aus dem Material herausgearbeitet, andererseits aufgrund der in der Freundschaftsliteratur vorliegenden theoretischen Ansätze gebildet wurden. Es handelt sich dabei um folgende drei Funktionen: *(1) Geselligkeit und Austausch, (2) Beistand und Unterstützung, (3) Selbstverwirklichung*. Diese Funktionen gehen zum Teil ineinander über. Sie wurden jedoch als analytische Kategorien gewählt, damit das vielschichtige und fast unüberschaubare Material einigermaßen übersichtlich gegliedert werden kann.

2.3.1 Geselligkeit und Austausch

Diese Funktion von Freundschaft wurde am häufigsten thematisiert. Fast alle Befragten betonen die *Wichtigkeit des Austauschs* mit anderen vertrauten Personen, um persönliche Erfahrungen und Probleme zu besprechen. Dabei verwenden sie Ausdrücke wie „sich austauschen", „teilen", „über Persönliches reden" können, den Freund als „Ansprechpartner bei Problemen" haben (wobei letztgenannter Aspekt schon zur emotionalen und instrumentellen Hilfe überleitet, die wir in die Funktion „Beistand und Unterstützung" eingeordnet haben).

Viele Befragte betonen dabei, daß sie sich gut verstehen; andere verweisen auf die Vertrauensbasis der Freundschaft, die eine Offenheit ermöglicht, oder auf das Sich-lange-Kennen, das eine Vertrautheit bedingt.

Etwa die Hälfte der Befragten nennt Erklärungen dafür, warum ihnen der Austausch mit Freunden so wichtig ist. So verweisen einige darauf, daß der soziale Austausch mit anderen ein menschliches Grundbedürfnis sei. Knut aus Westberlin: „Freunde braucht man, um zu leben, um gesund zu bleiben." Jens aus Westberlin: „Das ist ein Grundbedürfnis des Menschen als Herdentier." Andere nennen als Motiv für den Kontakt und den Austausch mit anderen die soziale Einsamkeit (das Alleinsein) oder die emotionale Einsamkeit (das Sich-einsam-Fühlen). So meint die Westberlinerin Michaela: „Es ist sehr wichtig, einen guten Freund zu haben, um jemanden zu haben, mit dem man seine Ängste, Gefühle, Sorgen und Nöte besprechen kann. Also, daß man einfach nicht allein ist und allein über die Probleme nachdenken muß, sondern daß man eben halt das alles mit jemand anderem teilen kann."

Freundschaft als *Mittel gegen soziale und emotionale Einsamkeit* wird insgesamt von 24 Personen erwähnt. 14 Personen thematisieren die soziale Einsamkeit und ihr Bedürfnis nach Kontakt und Geselligkeit, damit sie der Langeweile entgehen können. Mathias aus Ostberlin sagt: „Ich bin ein sehr geselliger Typ, und für mich ist es überhaupt wichtig, daß ich mit Leuten reden kann ... Also allein könnt' ich gar nicht sein." Einige Befragte verweisen auf die objektive Gegebenheit des Alleinseins bzw. Alleinwohnens, so Beate aus Ostberlin: „Dadurch, daß ich allein wohne, allein lebe, ist es schon wichtig, daß man jemanden hat, 'n Ansprechpartner."

Wie Karin aus Ostberlin („Als Einzelgänger isses langweilig") betonen fünf weitere Personen, daß das Alleinsein mit Langeweile verbunden sei und das Zusammensein mit anderen Spaß und Lebensfreude bringe. Zehn Personen, darunter sieben Frauen, sprechen von emotionaler Einsamkeit bzw. dem Gefühl, ohne Freunde/-innen allein oder verlassen zu sein. Interessanterweise sind vier dieser Frauen verheiratet, bzw. eine lebt in einer festen Beziehung. Die Familienbindung allein scheint ihnen also keinen ausreichenden Schutz vor dem Gefühl der Einsamkeit zu bieten. Dieses Ergebnis entspricht dem in anderen Untersuchungen festgestellten Befund, daß Frauen in ihren Ehe- oder Partnerschaftsbeziehungen weniger emotionale Unterstützung erleben als in ihren Beziehungen zu anderen Frauen und daß diese „Versorgungslücke" häufig von Freundinnen gefüllt wird. Überhaupt thematisieren mehr Frauen als Männer in beiden Teilen Berlins die Bedeutung der Freundschaft als Mittel gegen Alleinsein und Einsamkeit (wegen der geringen Größe dieser Untergruppen läßt sich der Unterschied allerdings statistisch nicht sichern).

Von den Westberliner Männern verweisen nur zwei auf die emotionale Einsamkeit. Von ihnen soll Daniel zitiert werden, der sich kürzlich von seiner Familie getrennt hat: „Besonders jetzt im Moment, wo ich mich getrennt habe von meiner Familie, habe ich das Gefühl, daß ich meine Freunde ganz dringend brauche. Und ohne diese Freunde ginge es mir sehr viel schlechter." - Interviewerin: „Warum geht es einem dann besser?" - Daniel: „Daß man verstanden wird, daß man ein Gefühl bekommt, man ist nicht allein auf dieser Welt, ja, und in dieser Phase braucht man diese Wärme und Zuwendung besonders stark. Freundschaft ist auch 'ne Form von Liebe."

In der Ostberliner Stichprobe bezieht sich nur ein Mann auf emotionale Einsamkeitsgefühle. Andreas hat „keinen speziellen Freund", nennt aber acht Personen, mit denen er eine freundschaftliche Beziehung hat. Er findet Freunde wichtig, „um sich nicht so verlassen vorzukommen. Gerade hier in der Stadt ist man ja nur von Menschen umgeben die ganze Zeit und kennt gar keinen richtig und kommt sich trotz der Fülle an Menschen ziemlich verlassen vor, was die Freunde so'n bißchen auffangen können."

Freundschaft als Mittel gegen Alleinsein und Einsamkeit wird also unter zwei Aspekten begründet: einerseits aus einem Bedürfnis nach Geselligkeit, das vor allem dann entsteht, wenn man allein lebt und wenig Kontakte mit anderen hat, andererseits aus einem Gefühl der Einsamkeit, das sich auch einstellen kann, wenn man in soziale Beziehungen wie Ehe und Familie eingebettet ist. Geht man davon aus, daß Einsamkeit und Sich-allein-Fühlen eine existentielle Grunderfahrung des Menschen ist, dann läßt sich aus unseren Befunden vorsichtig folgern, daß Frauen eher bereit sind, sich und einem Interviewpartner dies einzugestehen.

Wurden bislang *Motive* des Austauschs (grundlegendes menschliches Bedürfnis, Einsamkeit) und *Voraussetzungen* des Austauschs (Verständnis, Vertrautheit) betrachtet, so soll in einem weiteren Auswertungsschritt der *Inhalt* dieses Austauschs untersucht werden. Leider wurde nicht direkt die Frage gestellt, was Freunde zusammen tun und worüber sie sich austauschen, doch lassen sich aus den Interviews einige Hinweise ableiten. Insgesamt entsteht der Eindruck, daß Männer häufiger als Frauen den *gemeinsamen Unternehmungen* einen größeren Stellenwert einräumen. Bei sieben Männern scheinen diese gemeinsamen Aktivitäten den Hauptinhalt der Freundschaft auszumachen: daß man gemeinsam verreist, zu Veranstaltungen geht oder wie Otto, der Freunde für sich nicht so wichtig findet, „bewußt das Erlebnis Ausgehen sucht", wenn sein Freund, der außerhalb von Berlin wohnt, ihn gelegentlich besucht.

Frauen nennen viel häufiger als Männer *Gespräche* und *Reden* als Inhalt des Austauschs und benennen auch die Funktion von Gesprächen. Vor allem eine Antwortkategorie auf die Frage: „Was tun gute Freunde miteinander?", ist hier aufschlußreich: Neben „Da-Sein und Engagement" (s. dazu die Auswertungen zur Kategorie „Beistand und Unterstützung") wurde am häufigsten „Hilfe durch Gespräche" genannt, und zwar von insgesamt 45 Personen (29 Frauen und 16 Männern).

Während einige betonen, allein das Reden und das Zuhören seien wichtig, beziehen sich andere auf besondere *Funktionen des Gesprächs*. So wird thematisiert, daß das Reden Erleichterung und Entlastung schaffe, zumal wenn man auf einen verständnisvollen Zuhörer trifft.

Ralf aus Ostberlin spricht über die quasi-therapeutische Funktion von Gesprächen: „Und mitunter hat der eine oder der andere aufgrund irgendwelcher Ereignisse, Umstände oder Tatsachen oder Begebenheiten Schwierigkeiten, entweder mit sich selber oder mit der Gesellschaft, oder einfach nur Ärger. Und meistens isses schon so, daß es demjenigen hilft, wenn er darüber sprechen kann. Das ist wie beim Psychologen oder so, wenn man was abladen kann und der einem auch zuhört und der das auch versteht. Wo man weiß, das versteht der, was ich sage, weil der ähnlich empfindet oder weiß, was ich damit meine. Dann ist das schon gut."

Von einigen Befragten, vor allem Frauen, wird das Gespräch als „Ventil" gesehen, so daß man „Dampf ablassen kann", und als Möglichkeit, Trost und Anteilnahme zu erfahren. Dabei handelt es sich jedoch nicht um ein gegenseitiges Sich-etwas-Vorjammern, denn viele Frauen verweisen auch darauf, daß das Reden helfe, Probleme in Worte zu fassen und teilweise schon dadurch zu klären.

Bärbel aus Westberlin erläutert: „Wenn du Probleme hast und das ist so verknotet und du weißt nicht, wie du weiterkommst, weil du keine Lösung siehst oder Schwierigkeiten siehst, dann ist es sehr erleichternd, wenn du es einfach erzählen kannst und der andere hört zu. Indem du es artikulierst, löst sich oft ein Knoten. Oder manchmal ist es so, daß dann die Freunde Ratschläge geben, die oft unheimlich gut sind. Also, aus der Distanz. Freunde haben oftmals mehr Distanz zu der Situation, die du selbst nicht hast."

Auch Christine aus Westberlin betont diesen Aspekt, daß Freunde aufgrund der größeren Distanz in der Lage seien, Ratschläge zu geben: „Also die wichtigste Funktion aus meiner Sicht sind Gespräche. Darin sehe ich eigentlich den größten Wert, in Gesprächen über alles mögliche. Von den Freunden erwarte ich auch, daß die mal 'ne Stufe weiter sehen, daß die einfach mal sagen: Na ja, nach außen sieht das ja alles ganz schön aus. Aber wie ist es wirklich? Und den Punkt bespreche ich dann."

Daß man vom Freund oder der Freundin nicht nur Verständnis, Selbstbestätigung und Lob erwartet, sondern auch Hilfe durch Kritik, wird ebenfalls von mehreren Befragten erwähnt. Da dieser Aspekt überleitet zu der Funktion „Personale Selbstentfaltung: Entwicklung und Lernen", wird er später gesondert ausgewertet. Hier soll nur ein Zitat von Carola aus Westberlin den Aspekt illustrieren: „Helfen? Das ist zuzuhören, zu verstehen, was der andere meint, denkt oder fühlt, und dazu Stellung zu nehmen und auch unbedingt kritisch Stellung zu nehmen, also nicht nur irgendwo den anderen bemitleiden bis zum Geht-nicht-mehr und auf die Schulter klopfen und sagen, ach, das kenn' ich auch, du Arme, sondern versuchen, konstruktiv in der Situation zu helfen."

Unter den Befragten finden sich nicht nur Unterschiede in bezug auf die *Bedeutung und die Funktion von Gesprächen*, sondern auch in bezug auf die *Themen* der Gespräche. Nach den Gesprächsinhalten wurde allerdings nicht direkt gefragt. Männer, vor allem die Ostberliner, nennen jedoch häufiger als Frauen sachliche Gesprächsthemen. So antwortet Ralf aus Ostberlin auf die Frage der Interviewerin, was er unter „Austausch" mit seinen Freunden verstehe: „Das geht von Miteinander-Ulk-Machen oder Nur-belanglosen-Kram-Erzählen bis Tiefenpsychologische-Probleme-Wälzen. Also von A bis Z." André, ebenfalls aus

Ostberlin, meint: „Die Gespräche beziehen sich nur so auf Alltag, sind nichts Spezifisches, also so normal. Normale Gespräche, also nichts, was andere Leute nicht verstehen würden." Auf Nachfrage nennt er die „normalen Alltagsthemen": Sorgen über Mieten und wenn man „Probleme hat auf der Arbeit". Nur wenige Ostberliner Männer thematisieren die Bereitschaft, im Gespräch mit Freunden Persönliches von sich preiszugeben, während fast alle Frauen, aber auch einige Westberliner Männer die hohe Intimität der Gespräche hervorheben. Sie sprechen davon, daß sie ihr „Innerstes preisgeben" können und „alles, was sie bewegt". Vor allem die Befragten aus Westberlin betonen die große Emotionalität der Gespräche: daß sie sich austauschen können über Kummer, Sorgen, Ängste und andere Gefühlserfahrungen und daß Freunde „mitweinen und mitlachen können".

Viele der Befragten, vor allem die Frauen, betonen, daß ihnen ein *intimer* Austausch mit Freund oder Freundin wichtig sei. Dabei verwenden sie Ausdrücke wie: „daß ich alles erzählen kann, was mich berührt oder bedrückt"; „in die Privatsphäre, so richtig in das Innerste, was mich bewegt, 'reinzugehen"; „darüber sprechen, wenn mich etwas bewegt, mit dem ich nicht fertig werde"; „rückhaltlos und vorbehaltlos reden"; „Schwächen, Stärken und Unsicherheiten zeigen". (Weitere Ergebnisse zum Bereich „Intimität" finden sich im Kapitel 3.)

2.3.2 Beistand und Unterstützung

Während bei der ersten Funktion von Freundschaft - „Geselligkeit und Austausch" - mehr das alltägliche Zusammensein der Freunde thematisiert wurde, steht hier der Aspekt der Hilfe in Not- und Krisensituationen im Vordergrund. Es geht um lebenspraktische Dinge: der Freund als Helfer in Notlagen und Ratgeber in schwierigen Situationen, wobei es sich um die psychische Unterstützung, aber auch um die konkrete Hilfestellung handeln kann. Gefragt nach der Bedeutung von Freundschaft, verweist etwa ein Drittel der Befragten auf diese Funktion, wobei daran zu erinnern ist, daß auch 18 Personen bei der Frage nach den Gründen für die Freundschaftsbildung auf die gegenseitige Hilfe und Unterstützung hinwiesen.

Im Interviewleitfaden gab es die direkte Frage: „Was tun gute Freunde füreinander?" Die Antwort lautete überwiegend, daß Freunde sich helfen, worauf die Interviewerin nachfragte, wie diese Hilfe aussehe. Diese Antworten liefern gute Aufschlüsse darüber, ob eher die emotionale oder die instrumentelle Hilfe als wichtig erachtet wird. (Der Aspekt „Hilfe durch Gespräche" wurde oben in bezug auf die Funktion des Austauschs schon erörtert und wird hier noch einmal aufgegriffen, nicht nur, um zu verdeutlichen, daß für Frauen offenbar Gespräche eine wichtige Quelle emotionaler Unterstützung bedeuten, sondern auch, um die Antwortkategorien gegenüberzustellen.) Tabelle 2 verdeutlicht die Ergebnisse.

Tabelle 2: Häufigkeit der Antworten auf die Frage: „Was tun gute Freunde füreinander?“

	Gesamt	West-♀	West-♂	Ost-♀	Ost-♂
Da-Sein, Engagement	47	14	16	10	7
praktische Hilfe	38	6	5	14	13
Hilfe durch Gespräche	45	14	7	15	9
Insgesamt	130	34	28	39	29

Am häufigsten wird auf die Kategorie *Da-Sein und Engagement* Bezug genommen. Viele Personen antworten zunächst einfach nur: Freunde „sind da“. 15 West- und sechs Ostberliner verwenden direkt den Ausdruck „Da-Sein“, wobei gelegentlich präzisiert wird: Sie sind füreinander da, gerade in Notfällen. Auf Nachfrage bzw. spontan ergänzen sie dann die Bereitschaft zum Engagement, z. B. Babette aus Westberlin: „Daß man auf jeden Fall, wenn der einen wirklich braucht, alles andere sausen läßt und wirklich da auch 'ne Priorität setzt.“

Auch andere betonen, daß sie „sofort auf der Matte stehen“, wenn der Freund sie braucht, daß sie für den Freund die Hand ins Feuer legen, durch dick und dünn gehen, hohe Einsatzbereitschaft zeigen und eigene Interessen zurückstellen. Viele Befragte heben auch hervor, nicht das tatsächliche Engagement der Freunde sei wichtig, sondern das Gefühl oder die Gewißheit, daß man in problematischen Situationen auf die Unterstützung der Freunde zählen könne. Drei Westberliner betonen, daß ihnen Freunde durch ihr Da-Sein ein Gefühl der Sicherheit und des Rückhalts geben (auf dieses „Sicherheits-Motiv“ werden wir später noch näher eingehen).

Zur Kategorie „Da-Sein und Engagement“ wurden nur die Aussagen gerechnet, die eindeutig auf psychischen Beistand und Unterstützung verweisen. Aussagen wie die, daß Freunde sich „mit Rat und Tat zur Seite zu stehen“, wurden doppelt kodiert und auch zur Kategorie „praktische Hilfe“ gerechnet. Viele Befragte beziehen sich sowohl auf seelische als auch auf praktische Hilfe, wie aus den folgenden Zitaten hervorgeht:

Evelyn aus Ostberlin: „Ja, also (lacht), wenn ich in finanziellen Schwierigkeiten bin, mir da zu helfen. Oder, wenn ich in Problemen bin, daß sie auch da sind und mir zuhören".

Helga aus Ostberlin: „Na, das war ja klar, daß man sich besonders familiär unterstützt. Als die Kinder noch klein waren, haben wir sehr viel gemacht oder auch einkaufsmäßig, daß man öfter mal anruft, wenn man was gefunden hat, oder daß man was besorgt. Da gibt es viele Dinge, die man im täglichen Leben gegenseitig unterstützend machen kann, oder auch Zeit hat für sie, wenn sie den Wunsch hat, mit einem zu sprechen." Helga verweist damit auf den oben schon erörterten Aspekt, daß Frauen in den Gesprächen mit der Freundin emotionale Unterstützung erfahren.

Für einige Männer ist die emotionale Unterstützung nicht mit Gesprächen verbunden, sondern eher mit gemeinsamen Tätigkeiten. So meint Günter aus Westberlin, daß er mit seinem Freund ein Bier trinken würde, wenn es ihm schlecht gehe. Aber auch praktische Hilfe ist für ihn bedeutsam. Auf die Frage: „Und wie kann so eine Hilfe aussehen?", antwortet er: „Das beinhaltet alles ... Also, wenn ich 'n Mann brauche zum Kühlschrank-Tragen, das war letztes Mal so um elf Uhr abends, da hab' ich angerufen, und dann ist er hergekommen, und er hat den dicken Kühlschrank hin- und hergewuchtet. Und ich wüßte nicht, wen ich sonst um elf Uhr anrufen könnte, der darauf abfährt, 'n Kühlschrank zu tragen. Und ob das nun 'n Kühlschrank ist oder ob es mir vielleicht mal nicht gut geht und ich will mit ihm ein Bier trinken oder sonstwas, also, das ist alles offen irgendwo, wie diese Hilfe aussieht."

Praktische Hilfe wird auch von Rolf aus Westberlin angesprochen: „Ja, zum Beispiel, die kleben einem ein Pflaster an die Stelle, an die man nicht selbst hinkommt ... Ich meine das auch ganz wörtlich. Wenn ich am Hintern ein Geschwür habe, wo ich mir selbst kein Pflaster ankleben kann, da kann ich einem Freund sagen, hör mal, ich habe da so ein Geschwür, guck' mal da nach, das tut mir weh, ich kann das nicht sehen. Beschreibe mir das mal. Muß ich damit zum Arzt gehen? Tu mir da ein bißchen Salbe drauf."

Die *praktische Hilfe* als Freundschaftsdienst wird, falls sie überhaupt erwähnt wird, am häufigsten erst an zweiter Stelle genannt. Die Ostberliner geben signifikant mehr Beispiele für praktische Hilfen, wobei vor allem folgende Beispiele angeführt werden: Geld leihen, beim Umzug bzw. Renovieren helfen, Kinderbetreuung, Hilfe bei der Arbeitsuche und bei Einkäufen, das Auto borgen und die Wohnung zur Verfügung stellen. Die wenigen von den Westberlinern genannten konkreten Hilfen beziehen sich darauf, beim Umzug oder bei Besorgungen zu helfen, einen Kühlschrank zu tragen, Pflaster zu kleben und Geld zu leihen.

Je zwei Personen aus Ost- und Westberlin relativieren die Helferfunktion des Freundes: Zwei Frauen aus Ostberlin betonen, daß die praktische Seite im Vergleich zum seelischen Beistand „nicht so wesentlich bzw. nicht so entscheidend" sei. Hans aus Westberlin wendet sich ausdrücklich gegen eine utilitaristische Bedeutung von Freundschaft: „Ich würde nicht sagen, daß Freunde eine Funktion haben in besonders schwierigen Lebenssituationen. Das gilt wahrscheinlich für sehr viele Menschen, die einem helfen. Dieser Mensch [gemeint ist: ein Freund] bedeutet mir viel, ja, aber interesselos. Wenn der Mensch nicht mehr wäre, dann wäre eine Lücke in dem Leben, eine schmerzliche Lücke, die sich auch so leicht nicht wieder ausfüllen läßt."

Auch Jens aus Westberlin betont: „Also, Hilfe ist für mich eigentlich nicht an Freundschaft gebunden." Auf die Frage: „Was wäre Hilfe für dich?", antwortet er: „Hilfe kann sein das Zuhören, wenn einer sich was von der Seele reden will, und das kann sein das Festhalten der Leiter, wenn der andere 'raufklettert, und das kann sein Geld-Leihen oder Geld-Schenken oder Das-Auto-Leihen oder Zusammen-Tee-Trinken, wenn der eine mal das Bedürfnis hat. Es ist wahrscheinlich die Summe all dieser Dinge, die eine Freundschaft ausmacht, weil die einzelnen Punkte auch gegenüber anderen Menschen selbstverständlich wären."

Diese vier Äußerungen, welche die praktische Hilfe relativieren, sind zwar zahlenmäßig sehr gering, sie entsprechen jedoch den Deutungen, daß einerseits für Frauen emotionale Unterstützung sehr bedeutsam ist und daß andererseits die praktische Hilfe bei den Ostberlinern eine größere Rolle spielt. Dabei ist ein signifikanter Ost/West-Unterschied in bezug auf die Häufigkeit der Nennung von psychischer und praktischer Hilfe zu verzeichnen. Verständlicherweise erhält bei knappen Ressourcen an Dienstleistungen und bei schmalem Warenangebot die konkrete Unterstützung durch Freunde einen höheren Stellenwert als in einer „Überflußgesellschaft".

Die Funktion des Freundes als eines praktischen Helfers in schwierigen Lebenssituationen und somit pragmatische Interessen spielen in den Motiven der Freundschaftsbildung insgesamt jedoch eine eher untergeordnete Rolle.

2.3.3 Selbstverwirklichung

Während es bei den ersten beiden Funktionen „Geselligkeit und Austausch" und „Beistand und Unterstützung" eher um die Lebensbewältigung im Alltag geht, steht bei der dritten Funktion die Individualität des einzelnen im Vordergrund. Hier geht es darum, daß Freundschaft eine Intimsphäre schafft, in der intime Gefühle, Gedanken und Probleme offengelegt werden können, ohne daß soziale Sanktionen oder ein Prestigeverlust zu befürchten sind. Dadurch ist Raum gegeben dafür, daß die Personen einerseits sie selbst sein und ihre personalen Besonderheiten dem anderen gegenüber ausdrücken können: Identitätsdarstellung und Identitätssicherung. Andererseits können sie durch den Freund Lernimpulse und Anregungen zur Selbsterkenntnis und Weiterentwicklung erhalten. Ein weiterer wichtiger Aspekt dieser Freundschaftsfunktion ist, daß die Personen durch ihre Freunde ein Gefühl der Sicherheit oder des Rückhalts erleben (in gleicher Weise spricht WRIGHT [1977] vom „security value" der Freundschaft).

Insgesamt unterscheiden wir drei Aspekte: (1) Selbst-sein-Können, (2) Entwicklung der Individualität und Lernen sowie (3) Sicherheit und Rückhalt.

(1) Selbst-sein-Können

Im Vertrauen auf die Unterstützung, die Anteilnahme und das Verständnis des Freundes oder der Freundin, so betonen einige Befragte, können sie sich in einer Freundschaft so geben, wie sie sind, und sich in ihrer ganzen Person zeigen: „Ich kann so sein, wie ich will. Ich bin so, wie ich bin, in deren Gegenwart", meint Bärbel aus Westberlin. Sie hebt, in Übereinstimmung mit vielen anderen Frauen, hervor, daß sie auch ihre negativen Eigenschaften oder Schattenseiten nicht verstecken müsse. Es sei ihr wesentlich, daß „ich quatschen kann, was mir so auf der Seele liegt, wenn es auch das Blödeste ist, ... wo ich schlecht gelaunt sein darf. Ja, wo ich einfach so sein kann, wie ich bin mit meinen Schwächen, mit meinen Fehlern."

Von einigen weiteren Erwachsenen wird betont, wie wichtig es sei, durch die Freundschaftsbeziehung einen Raum für ein Selbst-Sein oder ein Echt-Sein zu haben. So sagt Rolf aus Westberlin: „Ich meine, daß es deswegen wichtig ist, gute Freunde zu haben, um die Rollenerwartung - oder ich nenne das ruhig mal: die Charaktermaske - auch mal ablegen zu können. Wenn ich weiß, jemand kennt mich auch weinend oder jemand kennt mich auch, wenn ich kaputt bin und nicht der strahlende Mensch, der ich nach außen bin, dann ist das für mich wichtig, daß ich mich fallenlassen kann. Das will ich nicht nur in der Familie können, das will ich auch bei Freunden können, schwach sein dürfen." Und Hans, ebenfalls aus Westberlin, meint: „Alle diese Gesten der Fassade, die man oft anderen Leuten gegenüber aufbaut, sind da unwichtig. Man kann sich so zeigen, wie man ist, fassadenlos."

Auch andere sprechen davon, daß sie in der Freundschaftsbeziehung die „Maske" oder „Schale" fallen lassen, sich „fassadenlos" zeigen können. Christine aus Westberlin sagt: „Alles, was mich im Kern betrifft, ob das jetzt positive oder negative Erlebnisse sind, daß ich da jemanden hab', mit dem ich darüber sprechen kann. Also, so nach außen hin spielt man irgendwie eine Rolle", und dies sei bei Freunden nicht nötig. Paul, ebenfalls aus Westberlin, bestätigt: „So eine Freundschaft kann sich nicht entwickeln, wenn man irgendwelche Masken aufbaut, wenn man sich nicht so gibt, wie man wirklich ist."

Diese Erwachsenen teilen offensichtlich die durchaus verbreitete Auffassung, daß durch die Identifizierung mit gesellschaftlichen Rollenvorschriften eine Maske oder eine Fassade entstehe, hinter der man sich im öffentlichen Leben verstecke; hinter dieser Maske vermuten sie ein „wirkliches" oder „echtes" Selbst oder einen „wahren" Charakter, der den Kern des Individuums darstelle, selbst aber nicht gesellschaftlich geformt sei. Vom Freund wird erwartet, daß er diesen „Kern" akzeptiere bzw. helfe, ihn zu erkennen.

22 Westberliner Personen (14 Frauen und acht Männer) thematisieren diesen Aspekt des Selbst-sein-Könnens; acht von ihnen sprechen explizit von „Fassade", „Rolle" oder „Maske", hinter der sie sich im öffentlichen Leben verbergen und die sie in der Freundschaftsbeziehung ablegen können. Von den Ostberlinern sind es nur sieben Personen (drei Frauen und vier Männer), welche dieses Thema ansprechen, allerdings nicht im soziologischen Jargon. Zwei Frauen meinen, sie könnten bei ihrer besten Freundin „natürlich" sein und müßten nicht versuchen, „ein Bild von sich zu machen" bzw. der anderen „etwas vorzumachen". Andreas aus Ostberlin spricht davon, daß man sich bei anderen Menschen „doch irgendwie immer darstellen" müsse; „man muß sich da irgendwie produzieren" - und dieser Zwang sei bei Freunden nicht gegeben. Maro, ebenfalls aus Ostberlin, erläutert, was er während der Armeezeit im Fach Psychologie über die verschiedenen Kontaktkreise des Menschen gehört hat. Familienmitglieder oder engere Freunde seien Menschen, „zu denen man hingehen kann ohne Scheu, denen man alles sagen kann, vorbehaltlos, wo man auch daneben treten kann". Beim zweiten Kontaktkreis, im Kollektiv, „hat man 'ne gewisse größere soziale Verpflichtung. Da ist so'n Rollenverhalten vorgeprägt, hat man 'ne gewisse Position, 'n gewissen Status."

Die Westberliner thematisieren die Freundschaft also häufiger hinsichtlich ihrer Bedeutung für die Sicherung der Individualität („Selbst-sein-Können"), wobei in ihren Alltagstheorien eine Unterscheidung zwischen „Kern der Persönlichkeit" einerseits und gesellschaftlicher Rolle, Maske oder Fassade andererseits zum Ausdruck kommt (vielfach im soziologischen Jargon). Die wenigen Ostberliner, die diesen Aspekt thematisieren, stellen die Natur oder Natürlichkeit einer Person einem Bild oder etwas Gekünsteltem gegenüber. In der signifikant häufigeren Betonung des Selbst-sein-Könnens in der Freundschaft durch die Westberliner kommen möglicherweise, so kann man vermuten, der in unserem Wirtschaftssystem erforderliche Zwang zur positiven Selbstdarstellung, die Notwendigkeit, vielfältige Rollenbeziehungen einzugehen, und die damit verbundenen Entfremdungserfahrungen zum Ausdruck.

(2) Entwicklung der Individualität und Lernen

Der zweite Aspekt der Selbstverwirklichung besteht in der Möglichkeit, vom Freund oder der Freundin Lernimpulse und Anregungen zur Selbsterkenntnis, zur Weiterentwicklung und zum persönlichen Wachstum zu erhalten. Hier wurden nur Äußerungen berücksichtigt, die ausdrücklich auf den Wunsch nach Lernen, Weiterentwicklung und Wachstum verweisen („daß man viel über sich lernen kann", „ich brauche Reflexion", „der Freund kann mich auf den richtigen Weg bringen"), nicht aber solche, die eher unspezifisch lauten, wie z. B., der Freund möge auch Kritik üben.

Auch dieser zweite Aspekt der Selbstverwirklichung findet sich häufiger bei den Westberlinern. Sie sprechen öfter davon, daß die Freundschaft der eigenen Entwicklung und der Identitätsfindung diene. Einige Befragte vertreten die Auffassung, daß eine vertrauensvolle Beziehung zu einem anderen Menschen die Möglichkeit eröffne, über Identitätsprobleme zu sprechen: Wer bin ich eigentlich? Welche Möglichkeiten stecken in mir?

Auf die Frage, was er nur mit ganz engen Freunden teile, antwortet Benjamin aus Westberlin: „Ängste und Unsicherheiten über mich selbst. Angst über mich selbst, wer ich eigentlich bin oder so, oder vor Dingen in mir, wo ich merke: um Gotteswillen, was ist das eigentlich ..., oder wie könnte ich denn noch sein, oder was habe ich für Möglichkeiten in mir, die mir manchmal auch angst machen. Und darüber spreche ich mit ganz wenigen Menschen, und das ist eben ein bester Freund oder die Liebespartnerin."

Auch aus weiteren Äußerungen von Benjamin wird deutlich, daß Freunde bei der Identitätsfindung und -erweiterung behilflich sein können. Er hebt hervor, daß er in einer Situation, „in der ich unsicher bin und ich nicht weiß, wie soll ich mich eigentlich verhalten, zu meinem Freund gehen kann, zum Beispiel, als es mit einer Freundin aus war. Wo ich einfach hingehen konnte, wußte, der kennt mich, der weiß, wie ich mich so verhalte, und jetzt bin ich so kaputt und kenne mich selbst nicht mehr. Da würde er mir auch helfen, zu sagen, wer ich bin, also mir eine Hilfestellung geben, zu mir selbst auch wieder zurückzufinden oder aber auch weiterzugehen."

Vom intimen Austausch mit anderen erwarten sich einige Erwachsene auch ein Feedback oder ein Korrektiv. In der Westberliner Stichprobe sind es insgesamt 18 Personen (sieben Männer und elf Frauen), die sich vom Austausch mit dem Freund eine Möglichkeit der Weiterentwicklung versprechen. So findet Paula es schön, „daß ich neue Ideen kriege und vielleicht auch aus dem Kreislauf, den meine Gedanken gerade drehen, herauskomme, daß ich Denk- und Entwicklungsanstöße bekomme." Andere Frauen betonen, daß ihnen das Gespräch mit der Freundin neue Perspektiven eröffne und daß die Freundin sie auf den richtigen Weg bringe.

Desgleichen betont Paul die konstruktiven Seiten der Kritik, die er von seinem Freund erfährt: „Er äußert Kritik, die einem hilft, Fehlverhalten oder so was abzubauen. Das kann den eigenen Horizont erweitern, neue Perspektiven einbringen, zu Toleranzen führen, die man vorher nicht hatte, und sich über neue Sachen klar werden."

Fritz, von Beruf Therapeut, äußert im Fachjargon: „Es ist notwendig, jemand anderen zu haben, auch als Korrektiv, als Feedback, zum Beispiel, wie die mich wahrnehmen, ja auch als Möglichkeit, als Voraussetzung zum Wachsen und zum Sich-Weiterentwickeln."

Während viele Westberliner ausdrücklich von Lernen und Weiterentwicklung durch Freundschaft reden, äußern sich die zwölf Ostberliner (vier Männer und acht Frauen), die diesen Aspekt thematisieren, zurückhaltender. Berit ist die einzige, die explizit von Lernen spricht: „Daß wir auch vieles voneinander lernen können, uns beraten können gegenseitig." In den anderen Äußerungen ist der Lernaspekt nur implizit enthalten. Helga aus Ostberlin verweist darauf, „daß man auch seinen Standpunkt und seine Stellung zu klären versucht. Daß man Gedanken entweder bestätigt oder widerlegt bekommt." Und Petra meint: „Daß einem jemand sagt, was man falsch gemacht hat, wie er darüber denkt, über bestimmte Sachen, das finde ich unheimlich wichtig." Maro hebt hervor: „Ehrliche Meinungsäußerungen, die einem vielleicht am Anfang unangenehm waren, dann später aber 'ne gewisse Einsicht gegeben haben." Drei weitere Ostberliner

Männer beziehen sich mehr auf die kognitive Anregung: daß man im gemeinsamen Gespräch etwas besser erkennen und sein Wissen erweitern könne bzw. daß der Freund „viele gute Argumente hat, der kann mir da wirklich helfen".

(3) Sicherheit und Rückhalt

Als dritten Aspekt der Selbstverwirklichung haben wir im Sinne von WRIGHTs (1977) „security value" den Verweis auf Sicherheit und Rückhalt bestimmt. Einige Befragte betonen, daß ihnen die Freundschaftsbeziehung deshalb wichtig sei, weil sie ihnen Sicherheit und Rückhalt vermittelte. Benjamin aus Westberlin: „Das hat vielleicht viel mit Bestätigung zu tun, also eine Sicherheit zu gewinnen, daß ich mich mit jemand anderem austauschen kann, von dem ich weiß, der akzeptiert mich so, wie ich bin. Ich brauche das, um im Leben von irgend einer Person angenommen zu sein und dadurch so ein Grundvertrauen zu haben, das Leben anzupacken."

Sabine aus Westberlin: „Sie geben einem einfach Sicherheit, Rückhalt, ja auch eine gewisse Selbstsicherheit." Und sie erläutert: „Also, ich brauche einfach Freunde um mich herum. Ich könnte nicht nur mit einem Partner leben. Das würde mir nicht reichen. Ich brauche einfach Leute um mich herum, bei denen ich mich sicher und wohl fühle. Es läuft soviel Scheiße, zum Beispiel im Dienst, und in der Zeit, wo ich mich im Dienst oder an anderen Stellen nicht akzeptiert fühle, da brauche ich ganz dringend Leute, von denen ich weiß, die finden mich gut, mit denen kann ich über alles quatschen. Da habe ich ganz besonders gemerkt, daß ich die brauche. Das ist so eine Sicherheit, die ich im Hintergrund habe."

Von vielen Befragten - es handelt sich vorwiegend um Westberliner - wird darauf hingewiesen, daß Freunde sich gegenseitig ein Gefühl der Sicherheit geben und einen Rückhalt bieten. Signifikant mehr Westberliner als Ostberliner messen der Freundschaft eine Bedeutung für die Sicherheit des sozialen Nahraums zu. Auch mehr Westberliner als Ostberliner beziehen sich, wie wir in einem späteren Kapitel noch sehen werden, bei der Charakterisierung des Vertrauens in der Freundschaft auf den Aspekt „Sicherheit vor Verrat". - Diesem Motiv der Sicherheit werden wir noch in weiteren Auswertungen nachgehen, z. B. bei der Analyse des Schlüsselwortes „(Un-)Sicherheit".

Zusammenfassung: Insgesamt ist festzustellen, daß beim Nachdenken über die Bedeutung von Freundschaft die Westberliner Befragten insgesamt signifikant häufiger personale Aspekte des Selbst-sein-Könnens, des persönlichen Wachstums und der Sicherheit, die ihnen Freundschaft vermittelt, hervorheben.

Dies steht im Einklang mit TENBRUCKs These, daß sich in westlichen Gesellschaften häufiger ein Typ von sozialer Beziehung bildet, in dem die individuellen einzigartigen Eigenschaften der Person bzw. die Individualität bedeutsam werden, ausgedrückt in Worten wie: „Ich kann sein, wie ich bin".

In der späteren Analyse und Diskussion der Ergebnisse wird die absolute und die relative Bedeutsamkeit unterschiedlicher Funktionen der Freundschaft für unsere vier Untergruppen gesondert behandelt werden. Hier bleibt vorerst nur festzuhalten, daß beim Nachdenken darüber, warum ihnen Freundschaft wichtig sei, die Befragten am häufigsten die Funktionen „Austausch und Geselligkeit" sowie „Unterstützung und Hilfe" ansprechen, während die Selbstverwirklichung vergleichsweise selten und nicht von allen thematisiert wird.

2.4 Vorstellungen vom idealen Freund

Das Interview enthält unter anderem die Frage: „Wie stellen Sie sich den idealen Freund vor?" Während die meisten Befragten darauf sofort eine direkte Antwort geben, kommentieren einige - es sind fast alles Männer - die Art der Frage: einerseits mit dem Hinweis, einen idealen Freund gebe es nicht, andererseits mit Ausführungen darüber, warum es gar nicht gut sei, Vorstellungen von einem idealen Freund zu haben, da dadurch der Blick auf die Realität getrübt würde bzw. man seinen realen Freunden nicht gerecht werden könne.

So antwortet Dietmar aus Westberlin auf die Frage, wie er sich den idealen Freund vorstelle: „O je, ich glaube, ich stelle ihn mir gar nicht vor, weil, das sind immer Maßstäbe, an denen die Realität sich nicht messen kann. Es ist dann irgendwo frustrierend. Das verhindert, glaube ich auch, Entwicklung, weil, man baut sich solche Maßstäbe immer aufgrund eines Denkens im Jetzt auf und weiß gar nicht, ob die Maßstäbe sich weiterentwickeln, oder man entwickelt sich selber weiter, aber vergißt, die Maßstäbe weiterzuentwickeln." Wie Dietmar äußern sich auch einige andere sehr kritisch in bezug auf Ideale, woraus sich insgesamt eine Einstellung ablesen läßt, die Idealen gegenüber skeptisch ist.

Personen, die sich zum idealen Freund nicht äußern konnten, wurden danach gefragt, welche Eigenschaften und Merkmale sie an ihren realen Freunden schätzen. In die Auswertung wurden auch diese Angaben einbezogen, weil sie Aufschlüsse über Präferenzen hinsichtlich der Vorstellungen über die Merkmale von Freunden und die Funktionen von Freundschaft liefern. Hier zunächst eine Auswahl von Antworten, wobei die ganze Spannbreite von Antwortdimensionen wiedergegeben wird.

Volker aus Ostberlin: „Im Idealfall ist es so, da braucht man eigentlich nicht viel zu sagen, da erkennt der andere eben schon, wie es einem geht und was jetzt gut wär', also fast wie 'ne Liebesbeziehung, bloß ohne Sex, würd' ich mir so vorstellen." - Peter aus Ostberlin: „Die Ehrlichkeit ist schon wichtig. Und die Verläßlichkeit finde ich eigentlich am allerwichtigsten." - André aus Ostberlin: „Ehrlich, also vertrauensvoll, witzig, unternehmungslustig, und denn halt auch gleiche Interessen haben." - Berit aus Ostberlin: „Daß sie ehrlich zu mir ist, sagt, was ihr nicht paßt, daß sie meine Interessen weitgehend auch hat, ja, daß sie eben da ist, wenn ich sie brauche. Sowohl in weiblicher oder männlicher Form. Was ich sehr wichtig finde, ist, daß sie zuhören können, wenn ich mit ihnen rede. Daß sie auch darauf wirklich eingehen. Und daß man merkt, daß derjenige für einen durchs Feuer gehen würde. Und das merke ich eben bei meinen Freunden. Die würden mit mir Pferde stehlen." - Heike aus Ostberlin: „Also, ideal isses für mich, wenn man sich eben gegenseitig mag, Sachen miteinander machen kann, die beiden Spaß machen, oder sich auch gegenseitig anregt, daß man in der Freundschaft neue Impulse bekommt, daß man sich vertraut und sich so verbunden fühlt, auch über räumliche oder zeitliche Distanz ... und daß man zusammen ausgelassen sein kann und verrückt, ... daß ich, auch wenn ich überhaupt nicht gut drauf bin, dann dort hinkommen kann und dann Verständnis finde ... oder daß ich auch mal 'ne Kritik finde. Jemand, der mir nicht so nahesteht, sagt meistens nicht so ganz persönliche Kritiken." - Doris aus Westberlin: „Ideal - ja, ich werde mir natürlich nur Freunde suchen, die auch dem Bild, das ich so von jemandem hab', der meinem Wesen entspricht, und insofern wird jemand ideal sein, der sich halt in bestimmten Notsituationen auch für meine Belange einsetzt, der auch für mich da ist, wenn ich ihn benötige, und der halt auch, wenn ich mal stinkig drauf bin und mal vielleicht nicht angemessen reagiere, das dann auch akzeptieren kann und mich trotzdem nicht weniger mag. Wichtig ist, daß der oder die mich so akzeptieren, wie ich bin, und daß ich denjenigen auch so akzeptieren kann, wie er ist." - Michaela aus Westberlin: „Ja, den Idealfall gibt es natürlich nicht. Aber ideal wäre es natürlich, daß man eine gleichwertige Freundschaft hat, das heißt, daß beide Teile sich achten, daß beide Teile Rücksicht aufeinander nehmen, daß beide Teile füreinander da sind, egal, um was es geht, und beide Teile aber auch den anderen leben lassen, das heißt also, auch seine eigenen Interessensbereiche hilft zu wahren, daß also jeder Teil autonom auch für sich etwas machen kann, ohne daß der andere dann gleich denkt, er ist vernachlässigt oder bekommt zu wenig ab. Das heißt also, es ist so ein Balancierakt zwischen Geborgenheit-Geben und Geborgenheit-Fühlen und gleichzeitig trotzdem allein zu sein, also, ja, autonom zu sein." - Hans aus

Westberlin: „Er müßte mich irgendwo lieben, so wie ich bin, und sich selbst lieben. Mich verstehen können, aber nicht unbedingt so sein wie ich, mir gegenüber offen sein ... Alle guten menschlichen Eigenschaften, die man am andern schätzt, sollte er in besonderem Maße haben; also sollte nicht übermäßig mickrig sein oder mißtrauisch oder rechthaberisch oder weinerlich. Sollte seelisch ausgeglichen sein."

Wie aus den Zitaten ersichtlich, wird eine ganze Reihe unterschiedlicher Persönlichkeitsmerkmale, Einstellungen, Charakterzüge, Qualitäten etc. angesprochen. Die Vorstellungen, die zum idealen Freund geäußert werden, hängen eng zusammen mit der Bedeutung und der Funktion, die den Freunden bzw. der Freundschaft zugewiesen werden. Meist werden spontan zwei bis drei Aspekte thematisiert. Die Antworten wurden, soweit möglich, in folgende Kategorien eingeordnet, die den drei oben genannten Funktionen von Freundschaft entsprechen (siehe hierzu die Tabelle 3).

Geselligkeit und Austausch

Diese Funktion wird, entsprechend den empirischen Befunden, in fünf Kategorien aufgeteilt: (1) *Ansprechpartner:* Zu dieser Kategorie werden einerseits alle konkreten Handlungen gezählt, wie z. B.: Er oder sie muß mir „zuhören" (dies kam übrigens am häufigsten vor); ich muß mit ihm/ihr reden können; andererseits Qualitäten des Partners, wie z. B.: (2) *Offenheit*, (3) *Ehrlichkeit*, (4) *Empathie*. Da sich bei den drei zuletzt genannten Merkmalen Unterschiede abzeichnen, werden sie in Tabelle 3 gesondert aufgeführt. Gesondert gewertet wird ebenfalls die Kategorie (5) *Humor und Spaß,* da sie vorwiegend von Frauen genannt wird. Und schließlich (6) *unkomplizierte Verständigung ohne viele Worte.*

Beistand und Unterstützung

Hierzu werden Aussagen gerechnet, wie z. B.: Der Freund/die Freundin soll immer für mich da sein, wenn ich ihn/sie brauche, er/sie muß immer für mich Zeit haben, alles stehen und liegen lassen, sich für mich einsetzen, griffbereit sein, mir mit Rat und Tat zur Seite stehen. Auch Zuverlässigkeit wurde in diese Kategorie gerechnet, da diejenigen Personen, welche Zuverlässigkeit oder Verläßlichkeit erläutern, fast immer hinzusetzen: „Wenn's einem schlecht geht, kann man jederzeit kommen." Oder: „Ich muß mich auf sie verlassen können, wenn ich sie brauche."

Tabelle 3: Vorstellungen vom idealen Freund

	Gesamt	West-♀	West-♂	Ost-♀	Ost-♂
Geselligkeit/Austausch	**87**	**25**	**20**	**22**	**20**
Ansprechpartner	30	10	9	6	5
Offenheit	8	4	4	0	0
Ehrlichkeit	20	0	2	9	9
Empathie	15	7	3	4	1
Humor, Spaß	9	4	1	3	1
Verständigung ohne viele Worte	5	0	1	0	4
Beistand/Unterstützung	**35**	**10**	**7**	**13**	**5**
Selbstverwirklichung	**27**	**11**	**9**	**5**	**2**
Selbstbestätigg./Akzeptanz	11	5	4	2	0
Kritik/Lernimpulse	16	6	5	3	2
Vorbild/Ergänzung	**37**	**6**	**12**	**10**	**9**
Vorbild	25	4	10	7	4
Ergänzung	12	2	2	3	5

Selbstverwirklichung

Diese Funktion wurde in zwei Kategorien gegliedert: (1) Selbstbestätigung und Akzeptanz. Hierzu wurden Äußerungen gezählt wie: „Mich akzeptieren, wie ich bin", „daß man den anderen rundum, mit allen Ecken und Kanten und negativen Eigenschaften mag". - Ferner (2) Kritik und Lernimpulse. Hierzu wurden alle Äußerungen gerechnet, die thematisierten, daß man durch den Freund Kritik erfährt bzw. Lern- oder Entwicklungsimpulse erhält.

Vorbild und Ergänzung

In diese Kategorie fallen einerseits alle Verweise darauf, daß man vom Freund eine Ergänzung oder Kompensation erwartet, und andererseits alle Nennungen besonderer Persönlichkeitseigenschaften oder Charaktermerkmale, die eine starke und attraktive Persönlichkeit auszeichnen, wie Intelligenz, geistige Wachheit und Neugier, Weltoffenheit, Tatkraft, Selbständigkeit und Unabhängigkeit, Großzügigkeit, Flexibilität und Toleranz.

Die häufigsten Nennungen zum Konzept des idealen Freundes gehören zur Funktion *Geselligkeit und Austausch* und fallen in die Kategorie *Ansprechpartner* und auf Eigenschaften oder Qualitäten des Freundes, die sich darauf beziehen, daß er oder sie bereit und fähig ist, in einen Austausch mit dem anderen zu treten. Einerseits werden hier Ausdrücke verwendet wie: „Er/sie soll zuhören können" bzw. „gesprächsbereit" und „für Probleme ansprechbar" sein; andererseits werden Eigenschaften genannt, die man von einem guten Gesprächspartner erwartet, wobei dies ausgedrückt wird in Worten wie: Verständnis aufbringen, gewisse Dinge akzeptieren, den anderen ernst nehmen, sich gegenseitig achten, sich für den anderen interessieren, aufeinander eingehen. Einen besonderen Stellenwert nehmen hier die Kennzeichnungen „ehrlich und offen" ein.

Die Ausdrücke *Ehrlichkeit* und *Offenheit* wurden häufig genannt, und zwar in unterschiedlicher Gewichtung. 18 Ostberliner und zwei Westberliner betonen die *Ehrlichkeit* des Freundes und meinen damit, daß dieser „ehrlich bzw. geradeheraus seine Meinung sagen soll" und „dazu stehen soll". Fünf Mal wird die Kombination „ehrlich und offen" verwendet. Aus einer Nachfrage der Interviewerin wird ersichtlich, daß „offen" und „ehrlich" von den Ostberlinern fast immer als Synonyme verwendet werden. So sagt Elke aus Ostberlin: „Offenheit? Das ist doch dasselbe wie Ehrlichkeit." Die Westberliner dagegen thematisieren häufiger die *Offenheit*, in bezug auf den idealen Freund insgesamt acht Mal, in bezug auf das Gesamtinterview wesentlich häufiger (dieser Aspekt, der sich bei verschiedenen Fragen als sehr bedeutsam für die Westberliner Stichprobe herausgestellt hat, wird bei der Analyse der „Schlüsselwörter" gesondert behandelt).

In bezug auf Offenheit deuten sich schon hier Bedeutungsunterschiede zwischen den Westberlinern und den meisten Ostberlinern an. Während fast alle Ostberliner „offen" als Synonym für „ehrlich" gebrauchen, beziehen die Westberliner *Offenheit* auf „Sich-Öffnen", etwas von sich preisgeben, vor allem in dem Sinne, daß auf die eigenen und die Gefühle des anderen geachtet wird oder, wie Jörg aus Westberlin es ausdrückt, daß man „Interesse an tieferliegenden Beweggründen" hat. Die vom Freund geforderte *Offenheit* kann je nachdem darin bestehen, daß er *tolerant und aufgeschlossen* ist („mir gegenüber offen sein, also auch in dem, was er nicht mag an mir") oder *echt und authen-*

tisch („einfach so sein, wie er ist") oder *spontan* („ohne Hemmungen") oder *gefühlsbetont* („Offenheit und Emotionalität").

In diesem Zusammenhang interessiert, daß die Westberliner „Offenheit" häufiger mit Zugang zu Gefühlen in Verbindung bringen, auch in dem Sinne, daß sie von ihrem Freund als Gesprächspartner häufiger emotionale Anteilnahme (Mitlachen, Mitweinen) erwarten. Zehn West- und fünf Ostberliner sprechen von Empathie im Zusammenhang mit Vorstellungen vom idealen Freund. Sie wünschen sich Einfühlsamkeit, emotionale Anteilnahme, Herzlichkeit, Sensibilität und Warmherzigkeit. Dieses Ergebnis steht im Einklang mit unserer Hypothese einer größeren Emotionalisierung der Freundschaftsbeziehungen der Westberliner.

Eine große Bedeutung haben auch Vorstellungen vom idealen Freund, die sich in die Kategorie *Beistand und Unterstützung* einordnen lassen und von mehr als der Hälfte der Befragten (35 Personen) erwähnt werden. Hierzu finden sich Äußerungen, die einerseits bezogen sind auf das konkrete Da-Sein und Zeit-Haben („der Freund/die Freundin soll immer für mich da sein, wenn ich ihn/sie brauche", „er/sie muß immer für mich Zeit haben", „griffbereit sein", „jederzeit für mich erreichbar sein"), andererseits auf die Bereitschaft zur Unterstützung und das konkrete Engagement für den anderen („alles stehen und liegen lassen", „sich für mich einsetzen", „mir mit Rat und Tat zur Seite stehen", „für mich durchs Feuer gehen", „solidarisch füreinander einstehen").

Mehrheitlich Frauen (zehn aus Westberlin und 13 aus Ostberlin - gegenüber zwölf Männern, sieben aus dem Westteil und fünf aus dem Ostteil) thematisieren Vorstellungen vom idealen Freund, die auf Beistand und Unterstützung ausgerichtet sind.

Eine weitere Erwartung an den idealen Freund bezieht sich auf *Selbstbestätigung und Akzeptanz* als eine Komponente der *Selbstverwirklichung*. Dies wird von den fünf Westberliner Frauen in Worten ausgedrückt wie: „mich akzeptieren, wie ich bin, mit allen meinen Fehlern, Schwächen und Macken"; oder: „auch negative Seiten ertragen können". An weiteren Stellen des Interviews wird von Frauen insgesamt häufiger erwähnt, daß sie mit ihren Freundinnen auch über ihre Fehler und Schwächen sprechen. Dies verdeutlicht, daß Frauen einerseits eher zur Selbstenthüllung bereit sind, andererseits auch weniger Scheu haben, eigene Blößen zuzugeben. Die vier Westberliner Männer, die zu dieser Kategorie gerechnet werden, drücken sich allgemeiner und distanzierter aus: Dietmar spricht von der „Bereitschaft, mit mir umgehen zu können und mich ertragen zu können". Hans erwartet vom Freund, daß er „mich rückhaltlos akzeptiert, so wie ich bin, und das auch zeigt". Daniel fordert, „daß man den anderen rundum, mit allen Ecken und Kanten und negativen Eigenschaften mag". - In der Ostberliner Stichprobe finden sich nur zwei Äußerungen mit dieser Thematik: Berit aus Ostberlin wünscht sich von ihrer Freundin, daß „sie mich akzeptiert, wie ich bin", und Helga aus Ostberlin möchte, daß ihre Freundinnen „Stärken und Schwächen akzeptieren".

Vom Freund erhoffen sich die Befragten aber nicht nur Bestätigung, sondern auch *Kritik* und darüber hinausgehend Lern- und Entwicklungsimpulse. Sechs Befragte erwarten vom idealen Freund kritische Hinweise. Thilo aus Westberlin möchte vom Freund, „daß er mir seine Meinung offenbart und einem auch mal auf die Zehen tritt, selbst wenn es weh tut, sofern es nur nötig ist", aber auch, „daß er Kritik vertragen kann, ohne die Freundschaft zu kündigen". Ralf aus Ostberlin wünscht sich: „Er soll kritikfähig sein, ohne mich gleich totzuschlagen [!]." Interessanterweise verweisen die drei Männer, die von ihrem Freund Kritik erwarten, auch auf die Kosten bzw. das Risiko der Kritik („daß es weh tut"). Auch an einer anderen Interviewstelle waren wir schon auf die Äußerung eines Mannes gestoßen, der meinte, er könne nur von einem Freund Kritik annehmen, nicht aber von anderen Menschen. Kritik verweist demzufolge auf schwache Stellen, und diese sind mit dem stereotypen männlichen Selbstbild offenbar schwer vereinbar.

Während aus den Äußerungen der Befragten nicht hervorgeht, ob die gewünschte Kritik auch beherzigt wird, sprechen einige explizit davon, daß sie von der Freundin oder vom Freund *Lernimpulse* erwarten. Wir finden hier bei fünf Westberlinerinnen Äußerungen wie: „mich beraten, mich auf den richtigen Weg bringen, eigene Probleme von verschiedenen Seiten beleuchten" (Doris), „mir neue Perspektiven eröffnen" (Maria), „Feedback geben, wo ich draus lernen kann für mein Verhalten" (Ute), „mich konstruktiv kritisieren; Freundschaft hilft der Weiterentwicklung" (Elisabeth). Zwei Westberliner Männer formulieren es so: „Von ihm profitieren können, von seinen Einsichten, Hobbys, Vorzügen und Erfahrungen" (Jörg), „von seinen Eigenschaften lernen können" (Benjamin).

Von den fünf Ostberliner Befragten, deren Äußerungen in diese Kategorie *Kritik/Lernimpulse* fallen, beziehen sich zwei auf eine Kritik seitens des Freundes und drei auf Lernimpulse. So wünscht sich Klaus, daß die Freundschaft „persönlichkeitsfördernd" sei. Heike möchte, daß Freunde sich „gegenseitig anregen" und daß sie „neue Impulse bekommt". Elke äußert die Erwartung, daß die ideale Freundin ihr bei der Selbsterkenntnis hilft („die mich anhört und die mir sagt: So bist du").

Zählt man die Kategorien *Selbstbestätigung/Akzeptanz* und *Kritik/Lernimpulse* zusammen zur Dimension *„Selbstverwirklichung"*, so ergibt sich, daß hier signifikant mehr Westberliner (20) als Ostberliner (7) Nennungen abgeben. Dies deutet wiederum darauf hin, daß in den Freundschaftskonzepten der Westberliner die Individualität eine deutlich größere Rolle spielt.

Etwa ein Drittel der Befragten (25 Personen) gibt auf die Frage nach den Vorstellungen vom idealen Freund Angaben in bezug auf Charaktereigenschaften und Einstellungen, die in die Kategorie *Vorbild* eingeordnet werden können. Die Aussagen dieses Typs werden jedoch häufig erst auf Nachfragen der Interviewerin gemacht, haben also keineswegs eine Priorität. Dabei handelt es sich einerseits um Eigenschaften, die man auch an sich selbst schätzt und zu denen man ein Pendant im Freund sucht, andererseits um Eigenschaften, die eine Ergänzung oder Kompensation der eigenen Persönlichkeitsmerkmale darstellen. Aus diesem Grund wurde diese Kategorie erweitert um alle Nennungen, die explizit darauf Bezug nehmen, daß der ideale Freund eine *Ergänzung* darstellt oder Fähigkeiten, die einem selbst fehlen, kompensieren kann. Zwölf Personen betonen, die Ergänzung durch den Freund sei ihnen wichtig, zwei von ihnen erwähnen, daß der Freund eine bei ihnen fehlende Eigenschaft kompensieren solle (Mütterlichkeit bzw. Kontaktfreudigkeit). - Es folgt eine Auflistung der genannten konkreten Merkmale, wobei nach den vier Gruppen unterschieden wird:

Westberliner Frauen: Intelligenz, Selbstbewußtsein, tatkräftig, nicht lahmarschig, großzügig, nicht kleinkariert, Lebensfreude, kein Trauerkloß, Humor, über Macken lachen.

Westberliner Männer: Robert Redford, grundsätzliches Interesse, den Sinn des Lebens zu entdecken, Wachheit, Neugierde, Freude am Denken und Reden, Bereitschaft, über Dinge nachzudenken, die nicht konform sind, über bestimmte Sachen nachdenken, kein Dogmatismus, Intelligenz, Weltoffenheit und Toleranz, Ruhe, Gelassenheit, alle guten menschlichen Eigenschaften, die man am anderen schätzt: ausgeglichen, nicht mickrig, engagiert, tolerant.

Ostberliner Frauen: Ausstrahlung, Persönlichkeit, Intelligenz, ästhetisches Empfinden, aufgeschlossen gegenüber Weltproblemen, Optimismus, Toleranz, Humor, positive Lebenseinstellung, aktiv, Sensibilität und Wachheit, weite Interessen für Gott und die Welt, Einfallsreichtum, Flexibilität.

Ostberliner Männer: eigenes Profil haben, sich nicht anpassen, Selbstvertrauen, selbständig, unabhängig, imponierend vom Wissen, Intellekt, kreativ, keine Ellbogenmentalität.

Es bleiben zwei Antworttypen, die eher selten verwendet werden, aber auf Geschlechterunterschiede verweisen. Fünf Männer, darunter vier Ostberliner, erwarten vom Freund Qualitäten, die eine „unkomplizierte Kommunikation" garantieren („schnell einen Nenner finden, ohne großartig darüber zu diskutieren", „Verständnis ohne viele Worte", „unkompliziert, ohne viele Erklärungen sich verstehen, ohne viel zu reden", „sich auch ohne lange Worte verstehen, ohne lange Reden wissen, was den anderen bedrückt").

Sieben Frauen und zwei Männer betonen die Wichtigkeit von Humor, Spaß, Lebensfreude („kein Trauerkloß") und „rumalbern können". Frauen legen offenbar größeren Wert auf eine entspannte, aufgelockerte Beziehung, in der auch viel gelacht werden kann. Zwei Ostberliner Frauen verweisen in diesem Zusammenhang darauf, daß sie ein „Jammern" der Freundin nicht ausstehen können.

Zusammenfassung: Vergegenwärtigt man sich die Angaben zu den Vorstellungen vom idealen Freund, so fällt auf, daß die große Mehrzahl der Äußerungen selbstbezogen ist; fast alle der geschilderten Fähigkeiten und Eigenschaften haben eine dem eigenen Ich dienliche Funktion.

Betrachtet man die Anzahl der verwendeten Kategorien, so zeigt sich, daß die Westberliner etwas mehr Nennungen aufweisen als die Ostberliner, was man mit aller Vorsicht als ein Anzeichen nicht nur für differenziertere, sondern auch für höhere Ansprüche an Freundschaft interpretieren kann. Ostberliner Männer thematisieren die wenigsten Aspekte, wobei die häufigsten Nennungen zu den Kategorien „Ehrlichkeit" und „Vorbild/Ergänzung" gehören. Zwischen Ost- und Westberlinern ergibt sich ein weiterer Unterschied in bezug auf die Kategorien „Ehrlichkeit" und „Offenheit". Die Westberliner fordern häufiger Offenheit im Sinne von Authentizität, Echtheit und Zeigen von Gefühlen, während die Ostberliner Ehrlichkeit im Sinne von Direktheit in der Meinungsäußerung und Zu-seinem-Worte-Stehen betonen. Bei den Westberlinern sind die Vorstellungen vom idealen Freund also stärker als bei den Ostberlinern auf die Individualität (Selbstentfaltung, Authentizität) bezogen. Als Geschlechterunterschied zeichnet sich der aus der sozialpsychologischen Literatur bekannte Befund ab, daß Frauen häufiger als Männer die Kategorie „Beistand und Unterstützung" nennen.

2.5 Höflichkeit in der Freundschaft

Im Anschluß an die Interviewfrage nach den Vorstellungen vom idealen Freund wurde die Frage gestellt: „Finden Sie Höflichkeit unter Freunden wichtig?" Häufig antworteten die Befragten, sie wüßten nicht, was die Interviewerin mit Höflichkeit meine. Sie wurden dann gebeten, von ihrem persönlichen Verständnis von Höflichkeit auszugehen.

Die Antworten zeigen drei Einstellungen zur Höflichkeit unter Freunden, die jeweils mit unterschiedlichen Konzepten von Höflichkeit zusammenhängen.

1. Uneingeschränkte Bejahung von Höflichkeit unter Freunden

Etwas weniger als die Hälfte der Befragten (insgesamt 28) sind dieser Kategorie zuzuordnen. Sie fassen Höflichkeit so auf, wie die *Brockhaus Enzyklopädie* sie definiert: eine „von Rücksichtnahme bestimmte Form des Umganges mit dem Mitmenschen", die „Dämpfung und Beherrschung heftiger Gefühle" erfordert und „in Spannung mit der Wahrhaftigkeit, ja in die Gefahr des Widerspruchs mit ihr geraten" kann[3]. Sie halten Höflichkeit unter Freunden für wichtig und „natürlich" und betrachten sie als „selbstverständlich" und „logisch".

Höflichkeit wird also im Sinne positiv bewerteter formaler Umgangsformen aufgefaßt. So findet Heidi aus Westberlin Höflichkeit „angenehm", denn sie „erleichtert den Umgang. Das ist ein Anerkennen von Regeln, um sich nicht unnötig Dinge zu erschweren oder Verletzungen zu ersparen." Eva aus Ostberlin erläutert: „Gute Umgangsformen sind für mich selbstverständlich: jemanden ausreden lassen, jemandem in den Mantel helfen oder einen Sitzplatz anbieten und nicht von Ellbogen Gebrauch machen." Klaus aus Ostberlin spricht von einer „Kultur des Umgangs miteinander" und fordert: „Höflichkeit ist eine generelle Grundbedingung, die jedem Menschen obliegen sollte." Andere Befragte beziehen sich mehr auf die dem höflichen Verhalten zugrundeliegende Einstellung der Hochachtung und Wertschätzung dem anderen gegenüber. Elisabeth aus Westberlin meint: „Das ist Achtung vor dem anderen, daß man ihn so behandelt, wie man selbst behandelt werden möchte." Sie definiert damit das als „goldene Regel" bezeichnete Prinzip der Höflichkeit und der sozialen Ordnung. Höfliches Verhalten wird von anderen Befragten umschrieben mit Worten wie: „taktvoll", „Herzenstakt", „sensibel sein", „den anderen nicht verletzen", „den

3 Brockhaus Enzyklopädie in zwanzig Bänden. 17. Auflage. Achter Band. Wiesbaden 1969, S. 587.

anderen wertschätzen", „nett und zuvorkommend" sein. Diese und andere Charakterisierungen von Höflichkeit beziehen sich auf prosoziales Verhalten: „Anstand", „Fairneß", „Rücksichtnahme", „Aufmerksamkeit dem anderen gegenüber" und „Toleranz".

Diese ungeteilte Anerkennung von Höflichkeit findet sich bei 21 Ost- und sieben Westberlinern, wobei sich jeweils mehr Frauen als Männer dafür aussprechen (5:2 im Westen, 12:9 im Osten). Diese Personen haben einen weit gefaßten, positiven Begriff von Höflichkeit, der einerseits Respekt, Achtung und Wertschätzung des anderen und andererseits prosoziale Verhaltensweisen wie Rücksichtnahme, Sensibilität, Takt und Aufmerksamkeit dem anderen gegenüber beinhaltet, wobei sie Höflichkeit gleichermaßen Freunden und Fremden gegenüber gewahrt wissen möchten.

Die von den Befragten genannten konkreten Beispiele, wie höfliches Verhalten gegenüber Freunden realisiert wird, unterstreichen das *breite Bedeutungsspektrum von Höflichkeit*. Vier Aspekte werden angesprochen:

(1) *Einhaltung formaler Regeln des gesellschaftlichen Umgangs:* pünktlich sein; sich bedanken; jemanden vorstellen; sich entschuldigen; aufstehen, wenn die Freundin ins Zimmer kommt; jemandem in den Mantel helfen; ihn ausreden lassen; einen Sitzplatz anbieten. Sieben Personen, sämtlich aus Ostberlin, betonen diesen Aspekt.

(2) *Prosoziale Handlungsweisen:* Dazu zählen Gesten der Anteilnahme (sich nach dem anderen erkundigen, sich gegenseitig anrufen, mal ein Briefchen schreiben); Einbeziehen des anderen (sich erkundigen, ob es ihm recht sei); dem anderen Aufmerksamkeiten entgegenbringen, die ihn erfreuen sollen (bei Einladungen ein Geschenk mitbringen, jemanden umsorgen und verwöhnen, einen Kuchen backen); einem Schwächeren helfen (Hilfe anbieten). Von den elf Personen, die derartige Beispiele liefern, sind neun Frauen. Nur zwei Männer betonen prosoziale Verhaltensweisen (z. B. das schwere Gepäck eines Freundes bei einem Ausflug schleppen) bzw. Gesten der Aufmerksamkeit dem Freund gegenüber. Als Beispiel diene Daniel aus Westberlin: „Höflichkeit ist eine gesellschaftliche Form, die ich immer mehr schätze, zum Beispiel, wenn ich bei meinem Freund eingeladen bin und er den Tisch schön deckt und sich hübsch anzieht." Daniel ist aber insofern untypisch für unsere Stichprobe, als die anderen Männer, die Tischsitten und Bekleidungsvorschriften thematisieren, dies mit einem negativen Beiklang verbinden (s. u.).

(3) *Unterlassung verletzender oder störender Verhaltensweisen:* Sechs dieser Beispiele stammen von Frauen: daß man die andere nicht verletzen oder ihr wehtun will; daß man bei Einladungen nicht sagt, daß es einem nicht gefällt; daß man sich nicht gehen läßt; daß man sich nicht anbrüllt. Drei dieser Frauen, sie stammen aus Westberlin, betonen die damit verbundene Aggressionshemmung, so z. B. Mädy: „daß man seine Schwäche nicht auswalzt und da 'reinhaut", oder Doris: „daß gute Freunde mich nicht in der Öffentlichkeit an meinen schwachen Punkten angreifen". Dieser Aspekt der Aggressionshemmung wird von den Männern viel stärker herausgestrichen. Neun Männer, acht davon Westberliner, betonen die Unterlassung verletzender Verhaltensweisen. Hans führt aus: „Höflichkeit bezeichnet Regeln des sozialen Umgangs, um den anderen nicht zu brüskieren, zu verletzen, zu beleidigen, Angst einzujagen oder zu bedrohen." Knut verwendet Metaphern des Kampfes („den anderen einmachen, in den Boden stampfen, ihm eins 'reinwürgen") ebenso wie Fritz („daß er sich einfühlt in meine Empfindungen und nicht mit Füßen darauf herumtrampelt") und Jens („daß wir über problematische Punkte ohne Kampf sprechen"). Zwei weitere Westberliner Männer sprechen von der Unterlassung verbaler Aggressionen („sich nicht mit Schimpfwörtern nerven" und „sich nicht permanent anschreien und anbrüllen"). Benjamin aus Westberlin verweist auf einen anderen Aspekt der Selbstkontrolle: „daß ich aus Hochachtung dem anderen gegenüber Worte und Verhaltensweisen unterlasse, weil es den anderen stören könnte, zum Beispiel mich dahinflezen oder rülpsen". Wie Benjamin, der eine Kontrolle des Körpers für wichtig hält, thematisieren noch sechs andere Männer *gesittetes Benehmen bei Tisch und das Einhalten von Kleidervorschriften*, wobei dies - mit Ausnahme des oben zitierten Daniel - gegenüber Freunden jedoch als negativ angesehen wird. Benjamin: „Höflichkeit ist, allen nett Guten Tag sagen und anschließend anständig dasitzen." Günter aus Westberlin definiert: „Höflichkeit ist, wenn man nett angezogen ist, sonntags, und man macht so'n Pflichtbesuch bei den Eltern, und dann ist man höflich und kleckert nicht, und man setzt sich schön - das finde ich höflich. Aber wenn ich mit 'nem Menschen 'ne Freundschaft habe, dann brauch' ich mich nicht fein anzuziehen, wenn ich zu dem hingehe, da kann ich kommen, wie ich will, mit dreckigem Hemd, und dann werde ich da akzeptiert, da brauche ich nicht höflich zu sein." Interessanterweise sind es nur Männer, welche das Einhalten von Tischsitten und Bekleidungsvorschriften ansprechen. Frauen, die in ihrer Sozialisation dem Diktat der Gesittetheit und Attraktivität ausgesetzt sind, scheinen es eher als etwas Selbstverständliches anzusehen, sich schön zu kleiden und anständig zu sitzen.

(4) *Den Freiraum und die Autonomie des anderen respektieren:* Dazu finden sich Aussagen wie: „akzeptieren, daß der andere keine Zeit hat", „dem anderen seinen Freiraum lassen", „auch mal Distanz wahren", „auch schlechte Laune des anderen mal akzeptieren," „daß man nicht 'reinplatzt in das Leben des anderen und die Intimsphäre des anderen wahrt", „den anderen lassen, wie er ist", „auch tolerieren, daß der andere keine Zeit hat" und „wissen, wo Grenzen sind". Dieser Aspekt wird von neun Personen betont, am häufigsten, nämlich fünf Mal, von den Ostberliner Frauen.

2. Differenzierte Einschätzung von Höflichkeit

Die Befragten, die dieser Gruppe zuzurechnen sind, differenzieren das Konzept der Höflichkeit hinsichtlich Form und Inhalt sowie der Adressaten. Sie trennen dabei formale Höflichkeit im Sinne einer Befolgung von Benimmregeln von dem Inhalt der Höflichkeit als Ausdruck einer inneren Haltung dem anderen gegenüber, die von Achtung und Respekt getragen ist. Die bloße Wahrung der Form, die konventionelle Höflichkeit, scheint nur Fremden gegenüber angebracht, wobei nicht nur ältere Damen als Adressatinnen von Höflichkeit genannt werden (Jörg aus Westberlin: „'ne aufgesetzte Höflichkeit, die besonders gut ankommt bei älteren Frauen über 60"), sondern auch Statushöhere und Dienstleistende (Petra aus Ostberlin: „daß man den Vorgesetzten grüßt"; Günter aus Westberlin: „Ich bin höflich zum Briefträger"). Freunden gegenüber werden diese formalen Umgangsformen, die als „äußerlich", „förmlich" und „antiquiert" bezeichnet werden, jedoch abgelehnt, denn in der Freundschaft könne „eine gewisse Etikette wegfallen". Zwei Personen beziehen sich auf den „Regelkatalog à la Knigge" (und tun, nebenbei gesagt, dem Freiherrn KNIGGE damit Unrecht, denn diesem ging es mit seinem Klassiker „Über den Umgang mit Menschen" [1788] gerade nicht um seelenlose Regeln, sondern um „Vorschriften, wie der Mensch sich zu verhalten hat, um in dieser Welt und in Gesellschaft mit anderen Menschen glücklich und vergnügt zu leben und seine Nebenmenschen glücklich und froh zu machen").

Carola aus Westberlin erläutert: „Wenn Form anfängt, den Inhalt zu dominieren, dann finde ich das peinlich und unangenehm." Höflichkeit bedeutet für sie „Achtung vor dem anderen". Hans aus Westberlin meint: „Höflichkeit ist die Beherrschung sozialer Spielregeln. Sie sind eher soziales Schmiermittel für Beziehungen mit Fremden. Wo diese Höflichkeit aufhört, fängt Freundschaft an." Unter Freunden und Familienangehörigen erwartet er „Takt". Auch Knut aus Westberlin ist der Ansicht, in der Freundschaft könne man „auf rein formale Geschichten, irgendwelche Floskeln, so'n konventionellen Kram" verzichten, wichtig seien aber Akzeptanz und gegenseitige Toleranz, „daß man den anderen nicht irgendwie einmacht oder in den Boden stampft, nach dem Motto: Jetzt will ich mich profilieren, jetzt würg ich dir einen 'rein. Das wäre ein Fall von leichter Unhöflichkeit." Als positive Aspekte von Höflichkeit werden neben dem Akzeptieren des anderen Einfühlungsvermögen, Takt, Rücksichtnahme und „menschlich miteinander umgehen" genannt.

Insgesamt 26 Personen unserer Stichprobe vertreten diesen differenzierten Höflichkeitsbegriff (16 aus Westberlin, zehn aus Ostberlin, jeweils etwa gleich viele Frauen und Männer). Bei aller Kritik an den formalen Umgangsformen sehen sie doch einen positiven Kern von Höflichkeit, wobei am häufigsten auf die Achtung dem anderen gegenüber verwiesen wird.

3. Entschiedene Ablehnung von Höflichkeit

Die letzte Gruppe (insgesamt zehn Personen) betrachtet Höflichkeit als von allen positiven Aspekten entleert und betont nur die negativen Seiten der von ihnen rein formal gesehenen Höflichkeit.

Bei der Ablehnung spielen zwei Argumente eine Rolle, die ineinander übergehen können. Höflichkeit bedeutet einerseits Zwang und Unterordnung: Dietmar aus Westberlin: „Höflichkeit kommt von Hof, hat was mit Herrscherdienen zu tun. Das ist was unheimlich Negatives aus meiner Erziehung, weil das immer Vergewaltigung meiner selbst war, zwangsweise nett sein müssen. Deshalb habe ich Schwierigkeiten, zu anderen Leuten richtig unheimlich gehässig zu sein. Wenn ich mich selbst verstecken muß mit meiner Denkweise, das will ich in der Freundschaft nicht haben." Ute aus Westberlin kritisiert: „Man macht, was aber nicht ganz in seinem Inneren ist, nicht das, was man gerade will." Rolf aus Westberlin spricht vom „Mauercharakter" der Höflichkeit, hinter dem sich das wahre Ich verberge. In der Freundschaft brauche man aber keine Fassade.

Andererseits wird Höflichkeit mit Unehrlichkeit gleichgesetzt: „Höflichkeit hat für mich immer so'n Touch von Unehrlichkeit. Sie ist so ein Lavieren und im Grunde seine eigene Persönlichkeit dahinter irgendwo verstecken" (Doris aus Westberlin). Paula aus Westberlin moniert: „Höflichkeit ist, sich an einer gesellschaftlichen Norm orientiert zu verhalten, aber nicht das zu machen und zu zeigen, was man gerade wirklich fühlt." Sie verlangt Einfühlsamkeit unter Freunden, faßt dies aber nicht als Höflichkeit.

Zehn Personen unserer Stichprobe, sechs Männer und drei Frauen aus Westberlin sowie ein Mann aus Ostberlin, lehnen Höflichkeit unter Freunden mit dem Argument ab, daß Höflichkeit generell Ausdruck gesellschaftlichen Zwangs sei und nur die konventionelle Forderung nach rollenkonformem Verhalten erfülle, das als eine Hintanstellung bzw. ein Verstecken der eigenen Person erlebt und als Einschränkung der Persönlichkeitsentfaltung gedeutet wird. Der einzige Ostberliner Mann, der Höflichkeit ablehnt, nennt als Begründung, daß er Höflichkeitsformen als eher veraltet ansieht; er nennt jedoch Pünktlichkeit und Sich-für-ein-Versäumnis-Entschuldigen als Beispiele für Umgangsformen, die er unter Freunden erwartet. Von den Westberlinern wird also Höflichkeit mit anderen Argumenten abgelehnt und vor allem auf den Zwangscharakter von Höflichkeit verwiesen, wobei sie darauf pochen, daß ihre Persönlichkeit einen Anspruch auf Ausdruck und Entfaltung habe.

Die in der zitierten „Brockhaus"-Definition angesprochene Spannung von Höflichkeit und Wahrhaftigkeit wird nur von wenigen Personen (sechs Männern aus Ostberlin, einer Frau aus Ostberlin und zwei Frauen aus Westberlin) thematisiert. Für einige der Befragten ist Ehrlichkeit Bestandteil von Höflichkeit. So definiert Klaus aus Ostberlin: „Höflichkeit bedeutet Achtung und Ehrlichkeit." Maro aus Ostberlin erläutert: „Höflichkeit steht nicht im Gegensatz zu Offenheit [dieser Ausdruck wird, wie bereits festgestellt, von den Ostberlinern als Synonym für Ehrlichkeit verwendet], zu harten Meinungsäußerungen und deutlichen Äußerungen." Andere Personen verweisen darauf, daß es eine Spannung zwischen diesen beiden Maximen geben könne: Christine aus Westberlin findet Höflichkeit in der Freundschaft nicht so wichtig, „aber angenehm". Sie plädiert für taktvolles Verhalten und gegen verletzende Worte: „Schonungslose Ehrlichkeit ist auch wichtig, aber unangenehm." Jutta aus Westberlin findet Höflichkeit „generell im Leben wichtig, aber mit Höflichkeitslügen ist einem in der Freundschaft nicht gedient". Auch Peter aus Ostberlin spricht sich für Aufrichtigkeit dem Freund gegenüber aus, dabei solle aber das Gesicht des Freundes gewahrt bleiben, und man solle ihn „nicht im Beisein anderer bloßstellen. Aber wenn man allein ist, kann man ein paar Worte anderer Art darüber wechseln."

Interessanterweise sind es hauptsächlich Ostberliner, welche auf die Ehrlichkeit verweisen. Dies entspricht dem Ergebnis der anderen Interviewauswertungen, nach dem Ehrlichkeit eine wichtige Forderung an den Freund ist.

Zusammenfassung: Bei den Antworten auf die Frage, ob sie Höflichkeit in der Freundschaft wichtig finden, zeigten sich drei Einstellungsmuster, die mit unterschiedlichen Konzepten von Höflichkeit zusammenhängen:

(1) eine uneingeschränkte Bejahung von Höflichkeit im Sinne der Befolgung formaler Umgangsformen, die dem anderen Respekt, Achtung und Wertschätzung signalisieren sollen und gleichermaßen Freunden und Fremden gegenüber gewahrt werden;

(2) eine differenzierte Einschätzung von Höflichkeit in dem Sinne, daß die bloße Wahrung der Form im Sinne konventioneller Höflichkeit nur gegenüber Fremden, nicht aber Freunden als angebracht erscheint, während Freunden jedoch Achtung, Takt und Rücksichtnahme entgegengebracht werden solle;

(3) eine entschiedene Ablehnung von Höflichkeit, weil sie als Ausdruck gesellschaftlichen Zwangs gedeutet wird, die als Einschränkung der Persönlichkeitsentfaltung erlebt wird.

Signifikant mehr Ostberliner und insgesamt mehr Frauen sprachen sich für die ungeteilte Anerkennung von Höflichkeit aus.

2.6 Vertrauen in der Freundschaft

In der *Brockhaus Enzyklopädie* ist zu lesen: Vertrauen als eine der „Grundlagen gemeinschaftlicher Verbundenheit" in Familie und Freundschaft ist die „Einstellung, einem anderen zu ‚trauen', d. h. von ihm nichts Böses zu erwarten", und „besonders die Geneigtheit, ihn für charakterlich zuverlässig zu halten, so daß seinen Worten und namentlich seinen Versprechungen Glauben zu schenken sei".[4]

Vergleicht man diese Definition mit den Antworten unserer Untersuchungsgruppe auf die Frage: „Was bedeutet Vertrauen in der Freundschaft für Sie?", zeigt sich, daß das Spektrum der Bedeutungen bei ihnen noch weiter gefaßt und vielfältiger ist. Die folgenden Zitate dokumentieren dies.

Alfons aus Westberlin: „Vertrauen ist die Grundlage für Offenheit und eine der grundsätzlichsten Voraussetzungen für Freundschaft. Vertrauen heißt, daß ich nichts von mir verbergen muß und daß auch der andere mir gegenüber offen ist und daß wir in so einer Beziehung nicht verurteilen." - Mädy aus Westberlin: „Vertrauen bedeutet für mich, daß ich jemandem sagen kann, was ich empfinde, ohne die Angst zu haben, daß mich derjenige deswegen zurückweist oder des-

---

4 Brockhaus Enzyklopädie in zwanzig Bänden. 17. Auflage. Neunzehnter Band. Wiesbaden 1974, S. 574.

halb mich nicht mehr leiden kann, weil ich mich ihm offenbare, weil Eigenschaften bei mir sind, die ich selber nicht so gut akzeptieren kann." - Mathias aus Ostberlin: „Irgendwelche materiellen Dinge ausborgen oder sonstwas, daß man eben einfach das Vertrauen zu demjenigen haben kann: Da ist das alles gut aufgehoben oder sonstwas. Oder wenn ich nicht da bin und ich geb' ihm den Wohnungsschlüssel oder so, damit er dableiben kann, weil er vielleicht keine eigene Wohnung hat, oder aus irgendwelchen anderen Gründen er eben da gerne sein möchte, dann ist das auch 'ne Art von Vertrauen, die man zu demjenigen hat." - Paul aus Westberlin: „Das ist die Grundlage einer Freundschaft. Das beinhaltet, daß, egal, was ich dem Freund von mir mitteile, daß das nicht in irgendeiner Form negativ gegen mich gewandt wird, also indem er es weitertratscht oder indem er es dazu benutzt, mir bei irgendeiner passenden oder unpassenden Gelegenheit eins überzubraten, möglichst vor anderen Leuten noch oder so. Also, daß meine Vertrautheit ihm gegenüber sicher ist wie in einem Tresor."

Die vielfältigen Aspekte der Bedeutung von Vertrauen, die in den Antworten der Erwachsenen aufscheinen, lassen sich zunächst zu vier Kategorien gruppieren:

1. Sich-Anvertrauen, Privates enthüllen sowie die Gewißheit, vom anderen akzeptiert und gemocht zu werden;
2. Sicherheit vor Verletzung, Verrat, Ausnutzung;
3. Glaube an die Zuverlässigkeit und Verläßlichkeit des Freundes; dazu gehören Aspekte wie: zu seinem Wort stehen, ihm wertvollen Besitz anvertrauen können;
4. Verschwiegenheit und Diskretion.

Faßt man die Kategorie 3 und 4 unter den Oberbegriff von *Verläßlichkeit in Wort und Tat*, dann ergibt sich, daß die meisten Nennungen unserer Befragten in diesen Bereich fallen. Hierbei ist ein signifikanter Ost/West-Unterschied festzustellen. Von den Westberlinern betonen sieben die Zuverlässigkeit des Freundes in dem Sinne, daß sich der Freund an Vereinbarungen und Verabredungen hält, und weitere elf (vier Männer und sieben Frauen) betonen die Diskretion des Freundes/der Freundin. Während 13 Ostberliner ebenfalls hervorheben, daß sie sich auf die Verschwiegenheit des Freundes verlassen können, beziehen sich über drei Viertel auf die Zuverlässigkeit des Freundes und erwähnen, daß man den Aussagen des anderen Glauben schenken und man sich auf den anderen verlassen könne. Reina aus Ostberlin hebt neben diesem Aspekt („daß er zuverlässig ist, daß er Wort hält") noch etwas anderes hervor: „Ich kann jederzeit hinkommen, werde jederzeit aufgenommen." Sie spricht etwas an, das im übrigen nur von Ostberlinern (insgesamt fünf Mal) erwähnt wird: Vertrauen als die Gewißheit, daß der Freund in Situationen, wo er als Freund gebraucht wird, jederzeit zu Hilfe und Unterstützung bereit ist.

Ein weiterer Aspekt von Vertrauen, der zur Zuverlässigkeit gerechnet und von zwölf Personen thematisiert wird, ist das *Anvertrauen eines kostbaren oder wertvollen Gegenstands*. Von den Westberlinern wird dieser Aspekt nur einmal angesprochen, und zwar von Günter: „Ein nagelneues Motorrad würde ich keinem in die Hand geben, aber ihm [dem Freund] würde ich das geben, oder ihm habe ich das gegeben und hatte noch nicht mal 'n schlechtes Gefühl, meine nagelneue Maschine aus der Hand zu geben ..." Und er begründet: „Ich denke mir, einfach das Gefühl, er geht genauso damit um, wie ich damit umgehen würde. Und deswegen hab' ich Vertrauen, und es ist 'ne Sicherheit da."

Von den Ostberlinern sind es insgesamt elf (acht von ihnen Männer), die Vertrauen als Anvertrauen von „Besitz" auffassen. Zwei von ihnen beziehen sich dabei auf ihnen wichtige Personen. André: „Naja, ich muß meinen Freundschaften schon meine Kinder anvertrauen können. Das ist das blinde Vertrauen, wenn ich denjenigen meine Kinder überlasse, daß ich weiß, denen passiert nichts. Daß ich, wenn ich wiederkomme nach drei, vier Stunden vom Einkaufen oder so, dann muß ich wissen, daß sie noch leben oder daß sie nicht im Krankenhaus sind." Ein anderer sagt: „Vertrauen ist, daß mein Freund mir nicht mein Mädel wegnimmt." Neun weitere Ostberliner (sechs von ihnen Männer) erwähnen im Kontext von Vertrauen, daß sie dem Freund/der Freundin den Wohnungsschlüssel geben würden. Beate: „Am Anfang, naja, das erste Vertrauen ist vielleicht, daß man sagt, ich geb' dir mal den Schlüssel von meiner Wohnung, wenn irgend etwas ist. Daß man sagt, wenn jetzt die Kohlen kommen, ich nehme deine Kohlen entgegen; wenn jemand kommt, ich bin dann da, da kannst du zur Vorlesung gehen und solche Sachen."

Ein weiterer wichtiger Bedeutungsaspekt von Vertrauen in der Freundschaft wird von 22 Westberlinern und 14 Ostberlinern thematisiert: Vertrauen als *Sich-Trauen und Sich-Anvertrauen* im Sinne von Mitteilen intimer Angelegenheiten oder Offenlegung innerster Gedanken. Die Westberliner sprechen hier, wie beispielsweise Till, von Vertrauen als „Offenlegung des ganzen persönlichen Handelns und Denkens dem Freund gegenüber". Jörg formuliert etwas einschränkend: „Vertrauen ist Offenlegung nahezu jeglicher Intimität, nahezu grenzenloses Mitteilen der Sachen, die uns bewegen."

Während die Westberliner diesen Vertrauens-Aspekt fast immer mit Begriffen von „Offenheit", „Offenlegen" oder „Offenbaren" thematisieren, benutzen die

Ostberliner hier eine andere Sprache und beziehen sich auf die Gesprächsgegenstände, die mitgeteilt und von fast allen Befragten als „Sachen“ oder „persönliche Dinge“ bezeichnet werden. Nur drei Ostberliner beziehen sich auf das Sich-Öffnen:

Kerstin: „Man öffnet sich auch, wenn man so Sachen über sich erzählt, ... daß der andere das nicht benutzt, ... um mich dann wieder zu verletzen, anzugreifen.“ - Wilfried führt aus: „Irgendwo hat man natürlich im Inneren seine eigenen Dinge, mit denen man nicht nach außen tritt, aber in so einem Verhältnis sind es dann relativ wenig Sachen, die man vor anderen verbirgt, prinzipiell, sondern da öffnet man sich natürlich schon etwas mehr. Mehr oder weniger.

Das Sich-Mitteilen persönlicher und intimer Gedanken, das in diesem Aspekt von Vertrauen thematisiert wird, hat also in Ost- und Westberlin eine unterschiedliche Bedeutung. In Westberlin wird das Sich-Öffnen im Kontext von Bloßlegung und Aufdeckung von Blößen und Schutzlosigkeit gesehen, die Ostberliner reden etwas distanzierter und unpersönlicher von „Sachen“ oder „Dingen“, die sie ihren Freunden mitteilen.

Dieses Sich-Anvertrauen gründet auf der Sicherheit, vom anderen als Person angenommen und akzeptiert zu werden, auch wenn man Schwächen, Blößen oder Fehler zugibt: Dietrich aus Westberlin erläutert: „Vertrauen ist, wenn ich einem Menschen Dinge sagen kann, ja manchmal lächerliche Dinge auch, schlimme Dinge, Dinge, die mir peinlich sind. Wenn ich die einem Menschen sagen kann und weiß, der lacht mich jetzt nicht aus, der macht mich jetzt nicht fertig, sondern der sieht mich als Mensch und versucht das dann zu verstehen und spricht mit mir darüber.“ - Carola aus Westberlin definiert Vertrauen folgendermaßen: „So ziemlich alles sagen zu können, was mir durch den Kopf geht, ohne große Angst haben zu müssen, daß das jetzt mit der Ablehnung meiner ganzen Person endet ... Auch, daß man Schwächen zugeben kann, ohne sich dabei wie ein Idiot vorzukommen ... Also auch eine Angstfreiheit.“

Neben dem Aspekt der Akzeptanz durch den Freund oder die Freundin betonen die Befragten Faktoren wie Sympathie, gegenseitiges Interesse, sich ernst nehmen, sich um Verständnis bemühen, am Wohlergehen des anderen interessiert sein. So meint Michaela aus Westberlin: „Ich kann auch mit den schlimmsten inneren Nachrichten zu diesem Menschen hingehen, und der sagt nicht, au wei, was hast du denn schon wieder gemacht, so mit dem erhobenen Zeigefinger, sondern der ist für mich da und bespricht mit mir die Sachen.“

Ein weiterer Aspekt des Vertrauens bezieht sich auf den ersten Teil der „Brockhaus“-Definition: „vom anderen nichts Böses erwarten“. Insgesamt 16 Westberliner und acht Ostberliner thematisieren diesen Aspekt und äußern, Vertrauen sei die *Gewißheit, vom Freund nicht ausgenutzt oder mißbraucht zu werden.*

Renate aus Westberlin definiert: „Vertrauen ist eine ganz tiefe Sicherheit, zu wissen, daß Freunde dich nicht absichtlich verletzen.“ Ähnlich meint Thilo aus Westberlin: „Vertrauen ist auch die Überzeugung, daß man von dem anderen nicht übers Ohr gehauen wird.“ - Hans aus Westberlin: „Vertrauen heißt, daß man sich mitteilen kann, ohne auch im geringsten nur fürchten zu müssen, daß der andere daraus Kapital schlägt oder das gegen einen verwendet oder daß da ein Machtkampf ist. Da ist ja auch in Beziehungen manchmal ein Sich-gegenseitiges-beherrschen-Wollen. Das ist bei Freundschaften nicht, da ist kein Versuch, den anderen zu dominieren, ihn unterzuordnen, ihn zu beeindrucken, ja, alle diese Gesten der Fassade, die man oft anderen Leuten gegenüber aufbaut, sind da unwichtig. Man kann sich so zeigen, wie man ist, fassadenlos. Man muß keine Vorsichtsmaßnahmen ergreifen.“

Zehn Westberliner Männer äußern sich in diesem Sinne und verwenden dabei teilweise eine aggressive, kämpferische Sprache. Sie betonen, daß der Freund sie „nicht fertigmachen“, ihnen nicht „einen überbraten“, sie „nicht übers Ohr hauen“, sie nicht „reinreiten“ und ihnen „nichts reinwürgen“ würde. Sie verweisen auch darauf, daß der Freund aus dem ihm anvertrauten Wissen keinen Vorteil, keinen Gewinn und kein Kapital schlagen würde. Diese der Geschäftswelt entlehnte Sprache fehlt bei den Frauen, ebenso fehlt bei ihnen die Kampfsprache - mit einer Ausnahme: „Mit dem Vertrauen, daß eben mich niemand in die Pfanne haut, also nicht bösartig oder mutwillig mir eins ’reindrückt“ (Renate aus Westberlin).

Die anderen sechs Westberliner Frauen benutzen Formulierungen wie: nicht verletzt oder ausgenutzt werden bzw. daß ihnen nicht wehgetan wird. Die acht Ostberliner (sieben Frauen und ein Mann), die diesen Vertrauens-Aspekt thematisieren, sprechen etwas unpersönlicher davon, daß die dem anderen anvertrauten Informationen (Sachen, Dinge) nicht mißbraucht werden bzw., wie es ein Ostberliner Mann ausdrückt, daß er „durch meine Ehrlichkeit nicht bestraft“ werde.

Zusammenfassung: Vertrauen in der Freundschaft wird von unseren befragten Gruppen in unterschiedlichen Bedeutungshorizonten verwendet. Bei den Westberlinern stehen das Offenbaren intimer Gedanken und die damit verbundene Schutzlosigkeit im Vordergrund, einhergehend mit der Gewißheit, daß der

Freund einem nichts Böses wolle. Von den Ostberlinern wird Vertrauen häufiger im Kontext von Zuverlässigkeit und Verläßlichkeit des Freundes thematisiert. Im Vordergrund stehen bei ihnen der Glaube an die Zuverlässigkeit des Freundes, die sich in einer Übereinstimmung von Wort und Tat und der Bereitschaft zur Unterstützung des anderen zeigt, sowie die Gewißheit, daß man dem Freund „Besitztümer" (vor allem der Wohnungsschlüssel wurde hier genannt) anvertrauen kann.

2.7 Streit in der Freundschaft

In diesem Kapitel wird zunächst jeweils ein Überblick über die Antworten gegeben, die die verschiedenen Aspekte des Streits betreffen, und im Anschluß daran wird eine Typologie des Streitens entwickelt.

2.7.1 Vorkommen und Arten von Streit

Auf die Frage: „Streiten Sie sich? Haben Sie sich schon einmal mit Ihrem Freund/Ihrer Freundin gestritten?", antworten 13 Personen mit Nein, neun weitere Personen sagen, daß sie sich nur ganz selten oder nicht richtig streiten. Diese Zahlen sind jedoch keineswegs aussagekräftig, denn im weiteren Verlauf des Interviews stellte sich heraus, daß der Ausdruck „Streit" mit völlig unterschiedlicher Bedeutung verwendet wird. Zunächst gibt es starke Unterschiede in bezug darauf, ob Meinungsaustausch und Diskussionen als Streit zu werten sind oder nicht. Auf die Frage, ob sie sich mit ihren Freunden streiten, erhält man nämlich Antworten wie: „Nein, nur Meinungsverschiedenheiten" und „Ja, über irgendwelche Meinungsverschiedenheiten" bzw. „Ja, Meinungsaustausch". Mehrere Personen, es sind überwiegend Ostberliner, zählen eher sachlich geführte Meinungsauseinandersetzungen zum Streit. Ferner gibt es unterschiedliche Auffassungen darüber, ob Verstimmungen oder unterschwellige Formen von Beziehungsschwierigkeiten als Streit aufzufassen sind oder nicht. Aufschlußreicher sind deshalb die Antworten auf die Frage, in welcher Form Streit mit Freunden ausgetragen wird. Dabei wurden *fünf verschiedene Streitformen* genannt (die Häufigkeitsverteilung ist in Tabelle 4 dargestellt).

1. Die relativ sachlich verlaufende *verbale Auseinandersetzung:* Wichtig ist hierbei, daß einige Befragte diese eher rationale, intellektuell getönte Auseinandersetzung nicht als Streit bezeichnen, während andere dies ausdrücklich tun (z. B. Eva aus Ostberlin: „Streit gibt es um bestimmte Standpunkte und Meinungen, das sind ernsthafte Diskussionen über Meinungen.").

Tabelle 4: *Streitformen* (Mehrfachnennungen waren möglich)

	Streitformen	Gesamt	West-♀	West-♂	Ost-♀	Ost-♂
0	kein Streit	13	4	4	3	2
1	sachliche verbale Auseinandersetzung	22	3	3	6	10
2	erregte verbale Auseinandersetzung	16	2	4	7	3
3	heftig-aggressive Auseinandersetzung	12	7	5	0	1
4	latenter Streit	9	3	0	4	2
5	Kommunikations-abbruch	14	2	2	5	5

Hier zeigen sich signifikante Unterschiede derart, daß Ostberliner häufiger die sachliche verbale Auseinandersetzung als Streit betrachten, während Westberliner häufiger heftig-aggressive Auseinandersetzungen mit ihren Freunden führen.

2. Die *erregte verbale Auseinandersetzung:* Es handelt sich hierbei um heftige, erregte Wortgefechte, wobei die Kontrahenten jedoch nicht verletzend und bösartig werden und sich noch an gewisse Formen halten.

3. Die *aggressive, stark emotional getönte Auseinandersetzung:* Diese ist mit aggressiven Verhaltensweisen verbunden, wie z. B. Brüllen und Anschreien, Türenknallen und Sachenschmeißen. Während bei der unter Punkt 2 genannten verbalen Auseinandersetzung noch gewisse Formen gewahrt werden, werden bei diesen heftigen Streitigkeiten ein oder beide Kontrahenten ausfallend und verletzend, weil Wut- und Ärgergefühle ausagiert werden auch auf die Gefahr hin, den anderen seelisch zu verletzen.

4. Der *latente Streit:* Dabei werden die Konflikte nicht offen ausgetragen, sondern äußern sich in Mißstimmungen, Verstimmtheit oder „Vergnatztheit". Die Befragten sagen, daß sie „bockig-verstockt" reagieren, daß unterschwellig einiges abläuft und daß „es brodelt". Es kann auch zu einer inneren Distanzierung kommen oder dazu, daß sich einer der Kontrahenten enttäuscht und traurig zurückzieht, ohne den Konflikt zu thematisieren. Auch hier sind die Grenzen des Begriffs fließend: Während einige Befragte (eher Frauen)

dies als Streitform auffassen, bezeichnen andere Befragte (eher Männer) dies als eine Form des Nichtstreitens und als Streitvermeidungsstrategie.

5. Der *Kommunikationsabbruch* oder die *Distanzierung* vom Ort des Geschehens: Dabei entfernt sich einer der Kontrahenten, *bevor* der Streit begelegt ist. Dies kann eher unauffällig geschehen, indem einer der Kontrahenten enttäuscht und traurig aus dem Feld geht, ohne darüber zu reden, oder aber mit einem starken Abgang (türenknallend, eine Beleidigung brüllend).

2.7.2 Gründe von Streit

Im Verlauf des Interviews wurde danach gefragt, welches die Gründe für Streit mit Freunden seien, bzw. wurden diejenigen, die angaben, sich nicht oder nicht richtig zu streiten, gefragt, was für sie Gründe für einen ernsthaften Streit sein könnten. Die Antworten lassen sich in fünf Kategorien ordnen (die Ergebnisse sind in Tabelle 5 zusammengefaßt).

Tabelle 5: Gründe für das Auftreten von Streit unter Freunden

Streitgründe		Gesamt	West-♀	West-♂	Ost-♀	Ost-♂
1	Meinungsversch.	25	4	6	5	10
davon	- Politik	8	3	0	2	3
	- Geld	6	0	1	0	5
	- Frauen	3	0	0	0	3
2	persönl. Gründe I	38	9	11	11	7
3	persönl. Gründe II	13	8	2	3	0
4	Gereiztheit	13	4	4	4	1
5	Kleinigkeiten	8	0	2	3	3

1. *Sachliche Gründe:* verschiedene Auffassungen, Standpunkte und Meinungen sowie Mißverständnisse. (Allerdings betonen einige Befragte, Meinungsverschiedenheiten seien kein Grund zum Streit, höchstens zu einer Auseinandersetzung.)

2. *Persönliche Gründe I:* Enttäuschung, Ärger, Verletzung, Eifersucht, Konkurrenz, Ausgenutztwerden, Vertrauensbruch. Während es sich bei den Meinungsverschiedenheiten häufig um sachliche Themen handelt, geht es bei dieser Kategorie um Verhaltensweisen des anderen, die einen stören, ärgern,

enttäuschen oder verletzen. Sofern gravierende Gründe, wie z. B. Vertrauensbruch oder Ausgenutztwerden, genannt werden, handelt es sich jedoch fast immer um hypothetische Gründe, und die Befragten meinen, ganz sicher zu sein, daß derartiges von ihren Freunden nicht zu erwarten sei.

3. *Persönliche Gründe II:* Mißachtung der eigenen Person, Angriff auf die Selbstbestimmung, Einschränkung persönlicher Rechte. Eng mit der zweiten Kategorie zusammenhängend, aber eigens gewertet als persönliche Gründe von Streitigkeiten werden Verhaltensweisen des anderen, durch welche das Individuum sich in seinen Rechten eingeschränkt fühlt, sich ungerecht behandelt glaubt, einen Angriff auf seine Person und sein Selbstwertgefühl erlebt. Beispiele dafür lauten: „Wenn eine von meinen Freundinnen versucht, mir ihren ganz persönlichen Lebensstil zu oktroyieren." - „Wenn ich nicht ernst genommen werde. Wenn mir was wichtig ist und der andere sagt, ach, ist das blöd, und es so abtut." - „Wenn ich in meinen Wünschen und Vorstellungen verkannt werde, wenn meine Freunde nicht auf mich eingehen."

4. *Gereiztheit:* Streß, schlechte Laune, miese Stimmung („aus Scheißlaune heraus irgendwelchen Scheiß machen").

5. *Kleinigkeiten:* Banalitäten des Alltags, Lappalien.

Während Tabelle 5 Mehrfachnennungen enthält, so daß keine Rückschlüsse auf die Einzelpersonen möglich sind, enthält die folgende Tabelle 6 Angaben darüber, wie viele Personen vorwiegend sachliche und vorwiegend persönliche Gründe für Streit anführen, wobei nur die Angaben über die tatsächlichen Streitgründe berücksichtigt werden und die Kategorie der hypothetischen Gründe weggelassen ist. Als vorwiegend sachliche Gründe werden die Kategorie 1 (Meinungsverschiedenheiten) und Kategorie 5 (Kleinigkeiten) gezählt, als vorwiegend persönliche Gründe die Kategorien 2 und 3 (Verletzungen, Enttäuschungen, Mißachtung der Person) sowie Kategorie 4 (Gereiztheit).

Tabelle 6: Häufigkeit des Vorkommens persönlicher und/oder sachlicher Gründe von Streit

Gründe	Gesamt	West-♀	West-♂	Ost-♀	Ost-♂
vorwiegend sachlich	13	0	3	2	8
beides	12	1	3	4	4
vorwiegend persönlich	26	11	6	7	2
(kein Streit)	13	4	4	3	2

Die Ostberliner nennen signifikant häufiger sachliche und/oder sachlich-persönliche Gründe, während die Westberliner häufiger vorwiegend persönliche Streitgründe nennen.

2.7.3 Beilegen des Streits

Die von den Befragten genannten Formen der Beilegung von Streit variieren sehr stark, auch in Abhängigkeit von den Streitformen und den Ursachen. Dabei lassen sich folgende Kategorien unterscheiden:

1. *Diskursive Klärung:* sich aussprechen über das *persönliche* Streitthema, wobei häufig noch genannt wird: Reflexion, Selbstkritik, den anderen respektieren, eine einvernehmliche Lösung finden.
2. *Geste:* auf den anderen zugehen und Versöhnungsbereitschaft signalisieren, ohne den Streit zu thematisieren; symbolische Zurücknahme der Handlung, die den anderen verletzt hat, wie z. B. sich entschuldigen oder das Unrecht zugeben; darüber hinwegsehen, Zugeständnisse machen, verzeihen/versöhnen, Geschenke oder Aufmerksamkeiten, um den anderen versöhnlich zu stimmen.
3. *Rückzug:* ohne Worte aus dem Feld gehen, Denkpause, sich „von selbst" erledigen lassen, nicht mehr darüber sprechen, die wortlose Beilegung des Streits. Hierzu gehören Formen wie „vergessen", aus dem Felde gehen in der Hoffnung, daß sich alles von selber einrenkt bzw. daß die Zeit vieles heilt.
4. *Beziehungsklärung:* emotionale Dynamik des Streits und der Beziehung im Gespräch klären. Diese Kategorie wurde kodiert, wenn die Kontrahenten bei der Versöhnung noch einmal über ihre Gefühle während des Streits reden und den emotionalen Anteil thematisieren bzw. aufarbeiten.

5. *Rationale Lösungen von Konflikten und Meinungsstreits:* Bereden des *sachlichen* Streitthemas. Hier siegen die besseren Argumente, bzw. die Kontrahenten beschließen, die unterschiedlichen Standpunkte zu respektieren oder zu tolerieren. Die Abgrenzung zur 1. Kategorie der diskursiven Lösung besteht darin, daß die Befragten sich hier auf Meinungsverschiedenheiten und Konflikte in Sachfragen beziehen und bei diskursiven Lösungen auf persönliche Streitgründe.

Die folgende Tabelle 7 gibt Aufschluß über die vorwiegend praktizierten Formen der Streitbeilegung.

Tabelle 7: Vorwiegend praktizierte Formen der Streitbeilegung

		Gesamt	West-♀	West-♂	Ost-♀	Ost-♂
0	kein Streit	13	4	4	3	2
1	diskursive Lösungen	16	3	4	8	1
2	Gesten	5	0	1	1	3
3	Rückzug	7	0	2	1	4
4	Beziehungsklärung	7	6	1	0	0
5	rationale Lösungen	5	0	0	1	4
6	Kombination von 1 und 2	8	3	2	1	2
7	Kombination von 1 und 3	3	0	2	1	0

Aus der Tabelle wird deutlich, daß Frauen solche Streitbeilegungsformen praktizieren, die mit Gesprächen verbunden sind, während Männer häufiger solche Strategien nennen, die mit weniger verbalen Anstrengungen verbunden sind, wie Gesten oder Rückzug. Diese Unterschiede werden noch deutlicher, wenn man die Streitbeilegungsmöglichkeiten in weitere Teilschritte zerlegt: sich beruhigen, sich besinnen/nachdenken, Rollenübernahme, Selbstkritik üben, Versöhnungsgesten. Hier fallen vor allem Geschlechterunterschiede auf, die sich auf die beiden Kategorien: sich besinnen/nachdenken und/oder Selbstkritik üben, beziehen. Frauen geben diese Schritte doppelt so häufig wie Männer an (16:8). Wenn Männer darüber sprechen, dann etwas distanzierter, wie Benjamin: „Ich würde dann anrufen und sagen, du, hör mal zu, ich habe darüber geschlafen, es war wirklich Mist, was wir [!] da gemacht haben ... Da haben wir doch wohl beide überzogen, können wir da nicht ein bißchen gucken, was war denn eigentlich?"

Frauen zeigen im Vergleich zu Männern offenbar eine größere Bereitschaft, über eventuelle Fehler bei sich selbst nachzudenken und sich selbst in Frage zu stellen. Auch die Bereitschaft, von der Freundin zu lernen, ist bei ihnen größer als bei den Männern. Dies zeigte sich bereits in der größeren Häufigkeit der Antworten in der Kategorie „Entwicklung und Lernen", die wir als eine Dimension der Selbstverwirklichung gewertet haben.

Insgesamt nennen Frauen sehr viel mehr Streitbeilegungsmöglichkeiten als Männer. Dies hat nicht nur damit zu tun, daß der von ihnen genannte Streit häufig persönlicher und heftiger ist, sondern sie scheinen auch größere Expertinnen in sozialen Beziehungen zu sein, was das Besprechen von Konflikten und - dies gilt vor allem für die Westberlinerinnen - die emotionale Beziehungsarbeit betrifft. Frauen nennen auch häufiger als Männer Versöhnungsgesten (sich einen Blumenstrauß mitbringen, in den Arm nehmen, zu einer Tasse Kaffee einladen), was darauf hindeutet, daß sie die Beendigung eines Streits auch zelebrieren (können).

2.7.4 Zur Bedeutung von Streit in der Freundschaft

Zum Abschluß des Streitthemas wurde im Interview die Frage gestellt: „Kann man befreundet sein und sich streiten?" Die Antworten ließen sich zunächst rein formal einteilen in „indifferent", „positiv" und „negativ". Inhaltlich ließ sich die Kategorie „positiv" in vier Aspekte aufgliedern, so daß sich folgendes Schema ergab:

1. *indifferent* („Streit gehört dazu").

2. *positiv:* Die Befragten halten Konflikte oder Streitigkeiten für grundsätzlich positiv, und zwar entweder für einen oder beide Beteiligte oder für die Freundschaftsbeziehung. Dabei werden unterschiedliche Begründungen angegeben, die sich wie folgt charakterisieren lassen:

2a. *Lernen:* Durch Austragen von Konflikten bzw. Streitigkeiten kann man vielerlei lernen: neue Sichtweisen, Verständnis für den anderen, aber auch Einsichten über sich selbst. Dies kann zur Weiterentwicklung der Persönlichkeit beitragen, aber auch zur Meinungsänderung.

2b. *Ventil:* Streß/Frust abreagieren. Konflikte und Streitigkeiten werden als ein Ventil gesehen, um normalerweise unausgesprochene Dinge loszuwerden bzw. Gefühle abzureagieren.

2c. *Stärkung der Freundschaft:* Durch das Austragen der Streitigkeiten festigt und bewährt sich die Freundschaft. Offenheit, authentisch sein und auch unangenehme Wahrheiten aussprechen führen zur Stärkung der Beziehung. Streitigkeiten werden als Beweis für die Freundschaft angesehen, denn Streit signalisiert Interesse am anderen; Nicht-Streiten bedeutet Gleichgültigkeit. „Wenn man sich streiten kann, dann kann man sicher auch sagen, daß es eine Freundschaft ist." - „Ohne Streit ist es überhaupt nicht möglich, eine tiefere Ebene zu erreichen."

2d. *Belebung der Freundschaft* (gegen Langeweile und Eintönigkeit): Konflikte und Streitigkeiten geben der Freundschaft „Würze".

3. *negativ:* Streitigkeiten können zur Verletzung und Kränkung eines oder beider Beteiligten führen und eine Beeinträchtigung oder Bedrohung der Beziehungsgrundlage bedeuten.

4. *positiv und negativ* (einerseits - andererseits): Hier finden sich Äußerungen wie: „Streit ist schon ein Angriff gegen das Vertrauen, denke ich, und die Gefahr besteht, eine Distanz aufzubauen und die Zuneigung zu verdrängen. Aber wenn man was verbergen müßte, dann würde was fehlen. Also, das führt ja auch zur Distanz. In dem Fall, wo ich einen Streit vermeide, weil ich mich irgendwie ärgere, stört das ja auch die Freundschaft, also tut es mir weh, wenn ich das verberge."

In den Antworten wird wiederum ein signifikanter Geschlechterunterschied deutlich: Frauen heben mehr positive Aspekte von Streit unter Freunden hervor (28 Mal) als Männer (elf Mal) und betonen häufiger, daß sie durch den Streit lernen können.

Bei der Darstellung und Interpretation der Ergebnisse erscheint es nicht sinnvoll, die einzelnen Untergruppen zu betrachten, da dies zu einer zu großen Zersplitterung der Zusammenhänge führen würde. Statt dessen wählen wir den Weg, charakteristische Streittypen zu identifizieren, bei denen sich ein plausibler Zusammenhang von Austragungsformen, Gründen und Beilegungsformen von Streitigkeiten erkennen läßt. Aber bevor diese Ergebnisse dargestellt werden, erscheint es sinnvoll, kurz zu beschreiben, welch völlig unterschiedliche Konzepte in bezug auf die Definition von Streit und in bezug auf die Wertung verschiedener Streitarten vorhanden sind, wobei auch der Umgang mit den Gefühlen bedeutsam ist.

2.7.5 Unterschiedliche Konzepte von Streit

Den weitesten Begriff von Streit haben die Ostberliner, vor allem die Männer. Viele bezeichnen schon das Vortragen unterschiedlicher Meinungen als Streit. Dies ist möglicherweise Ausdruck des Sachverhalts, daß in der DDR abweichende Meinungen gefährlich waren. Falls sich Ostberliner auf *heftiges Streiten* beziehen, dann wird dies immer als *negativ* angesehen, und die Ursachen dafür werden als anlagebedingt interpretiert und so, daß der eigene Anteil daran wenig sichtbar wird. Dies wird aus den sprachlichen Wendungen von Klaus deutlich, dem einzigen, der bekennt, daß er sich gerne heftig streitet: „Ich bin so ein Typ, der unbewußt, das hat man dann im Gefühl, unbewußt anderen so die Meinung oktroyieren möchte. Aber das fühl' ich dann erst, wenn es [!] bei mir ausgebrochen ist.“ Streiten ist für ihn offenbar typabhängig, und dadurch, daß „es“ bei ihm ausbricht, hat er weniger Verantwortung für den Streit. Berit erklärt kurz und bündig: „Ich bin streitsüchtig, weil ich Skorpion bin.“ Sich-heftig-Streiten rückt damit in die Nähe eines angeborenen Makels. Aber auch mangelndes Streiten wird als Temperaments- oder Charakterangelegenheit gedeutet. So meint Mike auf die Frage der Interviewerin: „Erhitzt man sich nicht beim Streiten?“ - „Nö, das ist vielleicht auch 'ne Temperamentsfrage.“ Und Wilfried aus Ostberlin erklärt: „Ich bin ein Typ, der versucht, Streitfälle zu umgehen. ... das ist in meiner Haut angelegt.“

Daß heftiges Streiten mit den Freunden den Ostberlinern eher unangenehm ist, zeigt sich auch daran, daß sie häufiger als die Westberliner *latente Streitformen* nennen (Verstimmung) oder angeben, bei Streit aus dem Felde zu gehen, sei es, daß sie sich enttäuscht oder traurig zurückziehen, innerlich auf Distanz gehen oder sich ohne Worte entfernen. Niemand der Ostberliner bezeichnet heftiges Streiten als positive Kompetenz, die in irgendeiner Weise förderlich sei. So schildert Karin, daß sie bei Auseinandersetzungen mit ihren Freundinnen „vor dem Hochschaukeln“ aufhört: „Das bringt nichts.“

Im klaren Unterschied dazu sind für die meisten *Westberliner* sachlich geführte Meinungsauseinandersetzungen kein Streit, sondern Formen der normalen Konfliktbewältigung, und viele von ihnen (vor allem Frauen) halten *erregtes und heftiges Streiten* für ein anzustrebendes *positives Ereignis*.

Bärbel, 34 Jahre, Therapeutin aus Westberlin, fügt ihrer Schilderung von Streit hinzu, daß sie erst relativ spät in ihrem Leben gelernt habe, sich heftig zu streiten, und sieht dies offenbar als besondere Leistung an: „Das hat sich auch erst entwickelt, diese Streiterei. Erst war es so Unsicherheit, Vergnatztheit, Zurückgezogenheit, so Sich-Zurückziehen und, bäh, Schmollen. Jetzt ist der Streit offener geworden, es ist laut, wir können uns auch anbrüllen." Auch andere Westberliner lassen erkennen, daß sie das Sich-streiten-Können als besondere Kompetenz ansehen. Alfons (35 Jahre) bedauert, sich nicht zu streiten, und bekundet: „Das ist ein Problem, das ich habe, daß ich nicht gern streite." Die 43jährige Ute aus Westberlin streitet sich zwar nicht mit ihrer besten Freundin, findet dies aber bedauerlich: „Streiten haben wir viel zu wenig gelernt, und das sollte man eigentlich viel mehr tun, weil Streit ein offenes Verhältnis ist. Jeder sagt seine Empfindlichkeit ..., und dann kann man sich auch wieder in den Arm nehmen, wenn das 'raus ist."

2.7.6 Streit und Gefühle

Eine besondere Wertschätzung erfährt der heftige Streit bei einigen Frauen deshalb, weil - wie es aus der oben zitierten Aussage von Ute deutlich wird - negative Gefühle „herausgelassen" - nicht etwa kontrolliert oder verarbeitet - werden müssen. Diese *„Dampfkesseltheorie"* findet sich bei insgesamt sechs Frauen, aber nur einem Mann. Dies mag darauf hindeuten, daß Männer einen anderen Umgang mit ihren Gefühlen pflegen. (Daß Männer Gefühle häufiger als Fessel empfinden, wird bei der Auswertung zu den Liebesvorstellungen noch deutlich.)

Einen besonderen Umgang mit Gefühlen pflegen vor allem die Ostberliner Männer. Während die Westberliner es für eine Errungenschaft zu halten scheinen, daß sie ihren Gefühlen im Streit freien Lauf lassen, verwenden die Ostberliner, sofern sie überhaupt Gefühle thematisieren, Metaphern, die Gefühle als Kräfte darstellen, welche unwillkürlich erscheinen (s. o. das Zitat von Klaus: „Ich bin so ein Typ, der unbewußt ... anderen so die Meinung oktroyieren möchte. Aber das fühl' ich dann erst, wenn es [!] bei mir ausgebrochen ist.") Ähnlich gibt Moritz als mögliche Streitgründe an: „Weil es so viele Möglichkeiten gibt, Blödsinn zu reden. Dem anderen stehen dann die Haare zu Berge, und schon geht der Ärger los." Auch Moritz verwendet eine Metapher, die seine Eigenbeteiligung am Streit nicht thematisiert. Er kann „fuchtig werden bei Gründen, die in einen selber hineingreifen". Das Zurückführen des Streitens auf Temperamentsunterschiede oder die Veranlagung kann dazu dienen, die Verantwortung dafür auf einen Faktor zu schieben, für den man nicht verantwortlich ist.

Auf emotionale Aspekte, die bei der Streitbeilegung eine Rolle spielen könnten, kommen die Ostberliner nicht zu sprechen. Aber eine Antwort auf die Frage der Interviewerin nach der Stimmung im Anschluß an den Streit ist aufschlußreich: „Die Stimmung da, das gibt sich wieder. Die Wellen glätten sich von allein, so ungefähr“ (André aus Ostberlin). Hier finden wir wieder die Vorstellung, daß die Person keinen aktiven Beitrag zu ihren Gefühlen leistet, so als ob Gefühle und deren Bearbeitung nichts mit der eigenen Person zu tun hätten.

Von den Westberlinern werden Gefühle in der Regel als *positive innere Kräfte* gesehen, die man - wie das Gebot der Offenheit und Authentizität verdeutlicht - Freunden gegenüber zu zeigen geradezu verpflichtet ist. Einige haben eine derart hohe Meinung von ihren Gefühlen, daß diese als wichtiger Maßstab und als Wahrheitskriterium angesehen werden. Elisabeth findet es für sich wichtig, bei auftretenden Streitigkeiten nach ihrem eigenen Gefühl zu dem anderen Menschen zu fragen: Es muß „gut“ sein, und nach dem Streit muß sie ein „angenehmes Gefühl“ haben. Ute erläutert: „Für mich ist in allen Konfliktsituationen mein Leidensdruck das Entscheidende. Ich bin ein Mensch, der dann sehr schnell Dinge ansprechen muß, weil ich mit dem Leidensdruck nicht herumlaufen will.“ Negative Gefühle wie Ärger und Wut müssen herausgelassen werden, sonst gibt es latenten Streit, wie Heidi dies erläutert: „Es gibt irgendeinen Punkt, der den anderen geärgert hat, und Wut und Ärger kommen dann auch nicht immer gleich 'raus.“ Und Bettina ist der Auffassung: „Wenn man Punkte, die einen ärgern, 'reinfrißt und nicht ausspricht, dann belastet das eine Beziehung.“

Diese unterschiedlichen Einstellungen zu Streit und Gefühlen spiegeln sich auch in den verschiedenartigen *Streittypen* wider, die sich in unserer Stichprobe auffinden lassen.

2.7.7 Typologie des Streitens

Auf der Basis der Angaben der Befragten zu den Formen ihres tatsächlichen Streitverhaltens lassen sich vier Streittypen herausarbeiten:

Streittyp 0: Nichtstreiter;

Streittyp 1: sachliche, ruhige und eine vernünftige Auseinandersetzung suchende Streiter;

Streittyp 2: moderate Streiter, die zwar erregt und emotional streiten, aber die Formen wahren;

Streittyp 3: heftig-aggressive Streiter, die sich „fetzen“ und verletzend und ausfallend werden können.

Typ 0: Die Nichtstreiter

13 Personen geben an, daß sie sich mit ihren Freunden überhaupt nicht streiten. Sie räumen zwar ein, sich mit ihren Freunden auseinanderzusetzen, aber betrachten dies nicht als Streit („Auseinandersetzungen sind Diskussionen, aber kein Streit"). Sie bemühen sich, auftretende Konflikte sofort durch sachliche Gespräche zu bereinigen. Zu diesen gehört Maria aus Westberlin, die einen Streit von vornherein vermeidet: „Wenn sich irgend etwas angebahnt hat oder so eine Mißstimmigkeit war, dann wurde das immer ziemlich schnell angesprochen, und dadurch ist es dann auch nicht so eskaliert, also daß es ein ungutes Gefühl bei mir gegeben hat [Gefühle als Maßstab!], daß ich also irgendwie platzen mußte".

Volker aus Ostberlin sagt: „Ich versuche, bei Freunden Streitfälle zu umgehen. Streitfälle sind im Familienbereich aufgetreten, da gehe ich auch offensiv 'ran, aber mit Freundschaften versuche ich diese Situation zu umfahren." (Solch distanzierte Sprache wie „Streitfälle sind aufgetreten" findet sich übrigens vorwiegend bei Männern.)

Auch Günter aus Westberlin (dessen Interview im Anhang auszugsweise abgedruckt ist) gehört zu den Nichtstreitern: „... jetzt streiten wir uns gar nicht. Wir sehen uns auch relativ selten, und ich kann mir eigentlich nicht vorstellen, was jetzt 'n Grund wäre, daß wir uns streiten. ... Wenn wir uns treffen, dann wissen wir, was wir machen, wir wissen, was dem anderen gefällt, und wir machen halt nur diese Sachen. Und von daher entstehen auch gar keine großartigen Konflikte, wo man sich drüber streiten könnte."

Auf die Frage zur Bedeutung von Streit für die Freundschaft lassen die „Nichtstreiter" deutlich ihre ablehnende Haltung erkennen, indem sie betonen, daß Streiten zu gegenseitigen Verletzungen und Kränkungen führe.

Typ I: Die sachlich-vernünftigen Streiter

Zwischen Typ 0 und Typ I besteht äußerlich eine große Ähnlichkeit, nur in ihrem Selbstverständnis gibt es Unterschiede: Während die einen sich als Nichtstreiter auffassen, weil sie mit Freunden Konflikte und Schwierigkeiten vernünftig austragen, bezeichnen sich die anderen als „Streiter", weil sie einen sehr weit gefaßten Streitbegriff haben, unter den auch sachlich ausgetragene Meinungsverschiedenheiten fallen. Zu diesem Streittyp zählen sechs West- und 16 Ostberliner Personen, wobei unter diesen die Männer überwiegen.

Streitformen: Streit wird explizit mit *Meinungsverschiedenheiten* gleichgesetzt, wie das Zitat von Karin aus Ostberlin verdeutlicht: „Man kann ja verschiedene Meinungen haben, also einfach verschiedene Sichtweisen auf ein Problem. Und das Austauschen darüber ist für mich schon Meinungsstreit. Das ist für mich nicht immer sofort mit irgendwelchen negativen Emotionen verbunden." Auch für die Männer bedeutet schon ein vernünftiger Meinungsaustausch Streit. Ralf aus Ostberlin definiert: „Streiten ist im Prinzip nur ein Austausch unterschiedlicher Meinungen." Ähnlich erläutert Uwe: „Streit bedeutet, dem anderen die Meinung sagen und Kritik üben." - „Man argumentiert, man verwirft, man kritisiert, also ein ganz normales Streitgespräch", meint Maro aus Ostberlin.

Aus den Aussagen gerade der Ostberliner Männer gewinnt man den Eindruck, als würden sie sich bemühen, ihren Streit mit Freunden sehr distanziert und unterkühlt zu schildern - ganz im Unterschied zu den emphatischen Streit-Beschreibungen einiger Westberliner. Torsten aus Ostberlin: „Bei einem Streit kann man natürlich erregt sein, aber eigentlich läuft das argumentativ vor sich ... ohne Schimpfworte". - Mathias aus Ostberlin: „Wir tauschen einfach unsere Meinungen aus. Häufig ist es, weiß ich, eine politische Ansicht. Na ja, wird einfach seine Meinung gesagt und wird versucht zu argumentieren. Man wird vielleicht mal ein bißchen lauter." Auch Moritz, ebenfalls aus Ostberlin, bemüht sich um eine distanzierte Beschreibung der Streitigkeiten mit seinen Freunden: „Laut wird es nicht. Eher ist man geneigt, seine Meinung mitzuteilen und dann eine Weile zu warten. Also, es hat ja keinen Sinn, immer dasselbe zu sagen, und die Lautstärke erhöht auch nicht den Wahrheitsgehalt. An der Stelle muß man sehen, wie es [!] sich entwickelt. Manches löst sich ja dann auch auf."

Streitgründe: Als Streitgründe werden von den Ostberliner Männern dieses Typs in der Mehrzahl *sachliche Gründe* genannt, z. B. Meinungsverschiedenheiten in bezug auf „Abtreibung und Umweltschutz" (Thomas), „bestimmte Berufsziele und Freizeitbeschäftigungen" (Peter), „verschiedene Auffassungen von der Durchführung eines Projekts" (Torsten) oder allgemeine „philosophische Diskussionen, gesellschaftliche und politische Aspekte" (Ralf). Fünf Männer nennen, ohne weitere Erläuterungen, Geld, und drei nennen Frauen, wobei anzunehmen ist, daß hier neben sachlichen auch schon persönliche Faktoren hineinspielen. Nur vier Ostberliner sagen explizit, daß sie sich neben sachlichen auch über persönliche Dinge streiten, d. h. vernünftig auseinandersetzen. Diese Beispiele betreffen vor allem die Unehrlichkeit oder die Unzuverlässigkeit, z. B.: Der Freund hat sich an eine konkrete Abmachung nicht gehalten oder eine geplante Reise abgesagt. Diese Themen entsprechen den Bereichen, welche bei den Motiven der Freundschaft und bei den Vorstellungen zum idealen Freund von den Ostberlinern geäußert wurden.

Moritz erklärt, warum es nicht zu „richtigen menschlichen Konflikten" mit seinem Freund kommen kann: „Da man aber weitgehend separiert ist, schon rein räumlich, da ist es also wirklich schwer, richtige menschliche Konflikte zu haben." Mit seinen Freunden hat er „immer mal ein bißchen Zank" wegen „Auffassungssachen". Aber das waren „nie in dem Sinne persönliche Sachen, daß man nun unbedingt etwas wollte, was der andere nun nicht wollte, so war das nicht". An anderer Stelle erläutert er: „Das sind nicht solche Sachen, die nun in der eigenen Person begründet sind, wo man sich über einen Wesenszug von einem selber oder von dem anderen streitet, denn das [gemeint: der Wesenszug] ist eine Sache, die in dem Sinne nicht behebbar ist", bzw. das sind „Dinge, die nicht zu ändern sind" - und darüber würde er erst gar nicht streiten.

Die Frauen aus Ostberlin des Streittyps I nennen zwar auch Meinungsverschiedenheiten als Streitgrund, aber meist mit der Hinzufügung, daß sie erst zum Ärgernis werden müssen. Reina meint, daß es für sie, wenn sie von einer Ansicht überzeugt ist, schwer sei, die Meinung von anderen zu akzeptieren, und daß sie gerne das letzte Wort behalte. Monika hebt hervor, daß Meinungsverschiedenheiten nur bei bestimmten Stimmungslagen, z. B. wenn man gestreßt ist, zu Streit führen.

Der Anteil derjenigen, die sich wegen *politischer Dinge* streiten, ist in jeder Untergruppe etwa gleich gering. Interessant ist vielleicht, daß zwei Ostberliner, eine Frau und ein Mann, der Auffassung sind, erst nach der Wende gebe es Anlaß zu derartigem Streit. So meint Andreas: „Naja, man hat früher weniger darüber gesprochen. Aber speziell nach der Wende hat sich's doch verstärkt. Früher hat man vielleicht nicht so gemerkt, ob's Unterschiede gab." Er vermutet: „Die Freunde, die ich hatte, hatten doch früher mehr so *eine* Meinung. Und jetzt ist es ein bißchen anders, daß es doch eben ein bißchen auseinandergeht."

Streitbeilegung: Da die Hauptgründe des Streitens - oder besser: Diskutierens - bei diesem Typ in sachlichen Meinungsverschiedenheiten liegen, werden als Formen der Streitbeilegung größtenteils *rationale Lösungen* genannt. Sven aus Ostberlin: „Na, da gibt's eigentlich bloß zwei Dinge oder drei: entweder schließt man sich der Meinung des anderen an, oder man behält lieber seine Meinung, oder man findet auch einen Mittelweg." Ähnlich beschreibt es Torsten, ebenfalls aus Ostberlin: „Wir versuchen das argumentativ zu klären. Ich denke, daß sich zum Schluß der durchsetzt, der die besten Argumente hat."

Oder man gelangt zu der Lösung, daß die Konflikte bestehen bleiben, wie Andreas aus Ostberlin es beschreibt: „Daß man verschiedene Meinungen hat und auch damit auseinandergeht für ein paar Tage. Also daß nicht immer alles zu klären ist."

Mit der letzten Äußerung (Auseinandergehen für ein paar Tage) ist eine weitere häufig genannte, *wortlose Beilegung* des Streits angesprochen, nämlich die Dinge auf sich beruhen zu lassen, was vor allem von den Ostberliner Männern bevorzugt wird. Sie schlagen z. B. folgende Lösungen vor: sich erst einmal trennen, in der Überzeugung: „die Zeit heilt eine Menge", „sich lieber für eine Weile aus dem Weg gehen", „bestimmte Sachen auch einmal übergehen", „bestimmte Themen nicht ansprechen", weil man „merkt, es geht nicht mehr weiter, und wir brauchen uns jetzt gegenseitig nicht mehr unbedingt zu nerven". Diese Lösungsvorschläge liegen in deutlicher Nähe zu den rationalen Lösungen: „Wenn man weiß, es geht nicht weiter, dann läßt man sich eine Stunde in Ruhe, und dann versucht man's noch mal oder läßt es ganz."

Von den wenigen Personen, die sich auch wegen persönlicher Gründe streiten, werden als Streitbeilegungsmethoden solche genannt, bei der die streitauslösende Handlung symbolisch zurückgenommen wird, wie z. B. *Entschuldigungen* oder sein *Unrecht zugeben*. So erläutert Moritz aus Ostberlin: „Wenn man einen Bock geschossen hat, dann sollte man schon mal eine Bemerkung anbringen. Entweder man nimmt es zurück oder entschuldigt sich, oder man gesteht eben ein, daß man nicht im Recht gewesen ist." Allerdings wird nicht für wortreiche Erklärungen plädiert, wofür beispielhaft die Antwort von Thomas aus Ostberlin steht. Auf die Interviewfrage, ob zur Streitbeilegung ein Gespräch gehöre, erklärt er: „Das hängt natürlich vom Inhalt, von der Sache ab. Wenn's ein Streit war, wo man sich gegenseitig beleidigt hat, denk ich, ist's mit einer Entschuldigung getan. Wenn's jetzt von der Sache her nötig ist, daß man sich noch mal zusammensetzt und zu einem Konsens kommt, dann muß man natürlich noch mal reden."

Bedeutung des Streits für die Freundschaft: Männer und Frauen dieses Streittyps unterscheiden sich in der Einschätzung des Streits für die Freundschaft, und zwar auch in Abhängigkeit davon, ob sie Streit im Sinne von Diskussionen oder aber als heftige, erregte Auseinandersetzung auffassen, wobei sie ersteres manchmal für positiv, letzteres stets für gefährlich oder überflüssig halten.

Männer, vor allem die Ostberliner, heben besonders hervor, daß Streiten im Sinne von eher sachlich geführten Auseinandersetzungen Bestandteil einer Beziehung sei, und zwar gemäß der Alltagsweisheit: „Konflikte (sprich Streit) gehören einfach dazu". Aber man kann deutlich heraushören, daß sie die Auseinandersetzungen eher als etwas Unvermeidliches denn als etwas Wünschenswertes erachten. So bemerkt André aus Ostberlin: „Streit im Sinne von Konflikten kommt eben vor und muß toleriert werden." Und Andreas aus Ostberlin führt aus: „Das ergibt sich manchmal, also man kann's nicht abwenden von vornherein. Das ist einfach Zufall [!], daß man sich streitet. Man kann's bloß unter Freunden mehr tolerieren, den Streit, wo man vielleicht bei Unbekannten sagt, ach, naja, gut, mit dem will ich nichts weiter zu tun haben, und bei Freunden toleriert man eben den Streit, weil man sie länger kennt." Bei Andreas treffen wir wieder auf das Denkmuster, daß Streiten außerhalb der Eigenverantwortung der Beteiligten liegt und eher wie ein Zufall über sie hereinbricht.

Auch die Gefahren für die Freundschaft werden besonders hervorgehoben; diese beziehen sich allerdings auf dauernde oder heftige Streitigkeiten. Vor allem die Westberliner Männer, für die Streiten ein heftiges, aggressives Verhalten ist, betonen die destruktiven Seiten. Da viele von ihnen bei der Schilderung von Streit Kampfmetaphern verwenden, ist es nicht verwunderlich, wenn sie entsprechend mögliche Beschädigungen der Freundschaft hervorheben. Daniel aus Westberlin führt aus: „Also, Streit kann ja auch etwas sehr Fruchtbares sein, beispielsweise intellektuelle Auseinandersetzungen. Aber für mich ist der Begriff ‚Streit' eben negativ. Ich meine jetzt diesen Streit im Sinne auch von Verletzung, auch von körperlicher Verletzung. Es gibt auch seelische Verletzung, und wenn in der Freundschaft so etwas passiert, dann wird es sehr schwierig." - Hans aus Westberlin meint: „‚People who fight together, stay together', sagt der Psychotherapeut. Es kann aber auch Brüche, Risse geben, gewisse Narben."

Nur wenige Ostberliner, die zu diesem Streittyp zählen, heben die positiven Aspekte der eher intellektuell getönten Auseinandersetzung hervor. In dialektischer Manier verweisen sie auf die Lerneffekte derartiger Austragungen von Auffassungsunterschieden, so Thomas: „Durch Streit gelangt man zu neuen Erkenntnissen und Einsichten, weil man da besonders gefordert ist, seine eigene Position zu überdenken." Und Elke aus Ostberlin argumentiert: „Das ist Widerspruch, der ist nützlich, gut und gesund." Auch Ralf aus Ostberlin betont die positiven Wirkungen des Streits, den er mit Diskussion gleichsetzt, als eines Erkenntnisinstruments: „Einen Streit beenden könnte man im Prinzip nur, wenn man die absolute Wahrheit gefunden hat."

Zum Streitverhalten von Typ 0 und Typ I ist noch hinzuzufügen, daß diese Personen sich außerhalb ihrer Freundschaftsbeziehung sehr wohl auch erregt oder heftig streiten können. Die Mehrheit von ihnen gibt ungefragt an, daß sie sich mit ihren Familienangehörigen, mit Kindern, Geschwistern, Eltern und vor allem dem Ehepartner, durchaus laut und erregt streiten. So erklärt Heidi aus Westberlin: „Streiten kann ich mich bisher immer noch am besten mit meiner Tochter, das geht hervorragend, aber mit der bin ich ja nicht befreundet." Otto aus Westberlin findet Streit in der Freundschaft „etwas sehr Schlimmes". Allerdings gibt er zu, daß er sich mit seiner Lebensgefährtin durchaus streitet, und erklärt dazu: „Also, bei einer Freundschaft kann es nicht so leicht zu einem Streit kommen, weil man sich nicht so dicht auf der Pelle hockt." Seinem Freund, den er höchstens einmal pro Woche sieht, zeigt er „so'n Sonntagslächeln, die beste Phase, die man so hat ... Das ist doch etwas anderes, als wenn man sich jeden Tag sieht."

Sabine aus Westberlin erläutert: „An laute Streitigkeiten kann ich mich nur mit meinem Mann erinnern." Mit ihren Freundinnen streitet sie sich nicht, „wohl aber in dem engen Zusammenleben mit der Familie, Mann und Kindern", und erklärt dazu: „Weil man sich einmal nicht so häufig sieht und auch nicht so eng mit so elementaren Dingen, Absprachen und allem zu tun hat, weil man sich freiwillig trifft, freiwillig austauscht und nicht so viele Abhängigkeiten bestehen."

Diese Erklärungsmuster: die größere räumliche und seelische Distanz in der Freundschaft, die weniger Reibungsfläche schafft, und das größere Bemühen, freundlich, beherrscht und kontrolliert zu sein, finden sich auch bei anderen Befragten. In einer Partnerschaft gebe es mehr Gründe für Streitigkeiten, findet Beate aus Ostberlin: „Wenn man zusammenlebt, gibt es immer Reibereien." Einige heben die größere Toleranzbereitschaft und Duldsamkeit Freunden gegenüber hervor, die bei den Ostberlinern vor allem damit korrespondiert, daß sie generell Freunden gegenüber ein höfliches, kontrolliertes Verhalten für angebracht halten.

Andere, es sind dies ausschließlich Ostberliner, heben hervor, daß sie in der Freundschaft nicht so stark emotional involviert seien. Berit: „Da [gemeint: bei ihrem Partner] sind die Gefühle dann eben so, daß man sich stärker angegriffen fühlt. Bei einer Freundin kann man mit dem Gefühl besser umgehen, man ist da nicht so vollkommen verliebt, daß man nicht mehr klar denken kann." - Andreas meint, daß er sich von seiner Partnerin eher „ungerecht behandelt fühlt, und bei Freunden ist es ja keine ungerechte Behandlung, sondern daß man eben nur Streitigkeiten hatte." - Wilfried vertritt die These: „Die Notwendigkeit des Streits hängt proportional ab von der Notwendigkeit [!] der emotionalen Bindung", die dem Freund gegenüber nicht sehr stark ist im Vergleich zur Familie.

Typ II: Die moderaten Streiter

Dieser Typ führt verbale Auseinandersetzungen, die äußerst erregt verlaufen, jedoch werden gewisse Formen gewahrt. Etwa ein Viertel der Befragten ist diesem Streittyp zuzurechnen.

Streitformen: Am häufigsten findet sich dieser Streittyp unter den *Ostberliner Frauen,* die ihren Streit recht moderat schildern: Kerstin: „Es geht eigentlich meistens noch recht gesittet zu ... Wir schreien uns nicht an und schmeißen auch keine Teller." - Helga: „Heftig ist nicht so zu verstehen, daß man laut wird und brüllt, mehr, daß man erregt ist und versucht, sein ganzes Ich 'rüberzubringen und zu überzeugen, daß der andere das akzeptiert." - Eine andere Streitvariante schildert Inge: „Ich werde nicht laut, zetere auch nicht. Ich versuche immer noch, im Gespräch das zu klären. Höchstens bin ich ein bißchen bockig-verstockt. Es gab auch heftige und sehr unangenehme Auseinandersetzungen, sie bestanden dann mehr aus Quälereien, letztlich sehr geschickt formulierten Sätzen."

Von den wenigen Ostberliner Männern, die diesem Streittyp zuzurechnen sind, erläutert Ralf, der sich fast immer mit allen seinen vier Freunden gleichzeitig trifft: „Natürlich schmeißen wir nicht mit Sachen, also wir jedenfalls nicht, aber man kann auch einfach mal sagen, ich hab' die Schnauze voll, das reicht mir heute, wir kommen hier nicht mehr weiter, und man geht einfach ... Meistens ist es so, daß das eine Art von Diskussion ist. Die wird nicht sonderlich laut, die wird mal hitzig, weil man ein Bier dazu getrunken hat. In den seltensten Fällen sagt einer ein richtig aggressives Wort ... Das ist also weit ab von der Klischeevorstellung Streit: Also, man sagt sich böse Worte und wirft mit der Tasse und rennt weg und schmeißt die Türen."

Daß beim Streit auch negative Emotionen beteiligt sind, wird nur von einem Ostberliner thematisiert, von Maro: „Streit ist Meinungsaustausch, auch mit Emotionen vorgetragen, aber ohne zuviel Polemik jetzt. Ich mag nicht dieses reine Argumentieren, selbst in wissenschaftlichen Arbeiten mag ich auch ein bißchen Emotionen. Das muß auch beim Streit durchgucken. Das reinigt die Luft. Das schafft Klarheit." Er schildert den Streitverlauf so: „Man argumentiert, man verwirft, man kritisiert, also ein ganz normales Streitgespräch. Sicher wird's auch ein bißchen lauter. Aber man schreit sich nicht an, und man sagt nicht: Du blöder Hund, oder so. Das alles gehört zu dieser Kultur im Umgang miteinander. Aber man schneidet dem anderen das Wort ab, oder man sagt: Mensch, guck doch mal, oder: Mensch, begreif doch das. Das sind schon Äußerungen der Emotion."

Der Westberliner Jörg schildert seinen Streit folgendermaßen: „Grundsätzlich läuft's schon darauf hinaus, daß ich schon eine verbale Auseinandersetzung der körperlichen Auseinandersetzung vorziehen würde. Konkret heißt das [lacht], daß ich also den körperlichen Zoff absolut blöde finde, widerwärtig finde und ich immer das Bestreben habe, mit den Leuten dann wirklich auch nur Argumente auszutauschen oder zu sagen: Nun, das ist aber jetzt total doof, also auszudrücken, daß ich irgendwas total blöde oder total gut fand." Auf Nachfrage der Interviewerin führt er aus: „Also, am Anfang werde ich eher nicht lauter, sondern ich werde sehr dezidiert und differenziert und versuche dann eher, so eine sehr kühle Ader 'raushängen zu lassen. Das heißt also, einen sehr elaborierten Code anzuschlagen und damit auch so Distanz auszudrücken. Wenn die Distanz gebrochen wird, und das sollte bei einer guten Beziehung oder bei einer guten Freundschaft auch der Fall sein, werde ich natürlich meiner Schutzhülle, nämlich des elaborierten Codes, beklaut oder enthoben, und dann passiert es schon mal, daß ich laut werde, auch schon mal schreie, wenn es [!] also wirklich nicht weggeht." - Es ist ein typisches West-Argument, daß die Distanz „gebrochen" werden soll. Wenn Ostberliner von Distanz reden, dann stets in dem Sinne, daß sie zu wahren ist.

Streitgründe: Von diesem Streittyp werden vorwiegend *persönliche und emotionale Gründe* für den Streit genannt. Dazu gehören Enttäuschungen und Verletzungen („Wenn ich in meinen Wünschen und Vorstellungen verkannt werde, wenn meine Freunde nicht auf mich eingehen"; Jörg aus Westberlin), aber auch Ärger und Gereiztheiten. So meint Katrin aus Ostberlin: „Wenn man längere Zeit mit ein und derselben Freundin zusammen ist, daß es dann Momente gibt, wo irgendwelche Eigenschaften von denen einem doch ein bißchen auf den Geist gehen, oder daß es zu Reibereien oder Spannungen kommt." - Und Kerstin aus Ostberlin sagt: „Charakterliche Schwächen kann man 'ne ganze Weile tolerieren, aber irgendwann geht's einem doch über die Hutschnur, wenn man eben viel Zeit miteinander verbringt." Diese alltagstheoretische Deutung: langes Zusammensein erzeugt Reibereien, wurde auch zur Erklärung dafür herangezogen, warum man sich mit seinen Familienangehörigen relativ häufiger als mit Freunden streitet.

Manche Befragte differenzieren, je nach den Gründen, schwerwiegende und weniger gewichtige Streitigkeiten. Paula aus Westberlin unterscheidet ernsthaftes Streiten wegen „Verläßlichkeit und Vertrauen" von Meinungsverschiedenheiten, „was dann aber nicht so tief ist, über den Lebensstil des anderen, zum Beispiel wenn eine ständig Glas wegschmeißt und die andere für Recyclen eintritt, und anhand von solchen politischen Themen kann man sich auch streiten".

Streitbeilegung: Es werden im wesentlichen drei Formen der Streitbeilegung genannt (ausführlicher dazu s. o. unter 2.7.3): 1. *diskursive Klärung* (sich aussprechen über das persönliche Streitthema); 2. *Geste* (auf den anderen zugehen und Versöhnungsbereitschaft signalisieren, ohne den Streit zu thematisieren); 3. *Rückzug* (ohne Worte, aus dem Feld gehen, Denkpause, sich „von selbst" erledigen lassen, nicht mehr darüber sprechen, die wortlose Beilegung des Streits).

Bei den Formen der Streitbeilegung zeigen sich deutliche *Geschlechterunterschiede*, insofern als diskursive Lösungen „Reden und Klären" sehr viel häufiger von den Frauen genannt werden, wobei einige das Problem an Ort und Stelle klären, andere erst nach einer Phase der Reflexion darüber sprechen wollen. So meint Inge aus Ostberlin: „Es gibt Streitfälle, wo man einfach noch mal miteinander reden muß, um die ganze Sache zu klären, weil man deutlich hinterher merkt, es war ein Mißverständnis; und vielleicht auch später besser in der Lage ist, wenn man selber nicht mehr so erregt ist, jetzt auch vernünftig zu reden."

Das Besprechen oder Reden, das bei den Ostberliner Frauen einen hohen Stellenwert hat, findet Zustimmung nur bei einem Ostberliner Mann (Andreas): „Na, man muß drüber reden. Also, oft war's auch so, daß man auseinandergegangen ist und tagelang nur das Nötigste miteinander gesprochen hat, und das löst sich erst in dem Moment, wo man drüber spricht. Ansonsten ist da immer so 'ne Spannung, und man kommt nicht mehr richtig zueinander." Er hält das Besprechen aber nicht in jedem Falle für notwendig: „Manchmal reicht es schon, wenn man wieder auf den anderen zugegangen ist. Man muß gar nicht unbedingt noch mal auf das Thema eingehen. Manchmal reicht auch eine Entschuldigung, wenn man selber einsieht, daß man Fehler gemacht hat."

Auch André aus Ostberlin hält nicht viel vom Besprechen: „Man geht halt wieder hin und entschuldigt sich. Entweder akzeptiert er es oder akzeptiert es nicht." Auf die Nachfrage: „Muß man noch mal darüber sprechen?", antwortet er: „Eigentlich nicht. Also wenn ich sage, ich hab' was falsch gemacht und ändere mich, versuche es nächstes Mal besser zu machen, das muß reichen. Das muß er auch akzeptieren."

Das klärende Gespräch wird auch von einigen Westberliner Männern als Streitbeilegungsform genannt. Andere Westberliner Männer finden das Besprechen des Streits dagegen eher überflüssig, störend oder hinderlich. Dietmar aus

Westberlin: „Es kann sein, daß man darüber [über den Streit] auch reden muß. Es kann aber auch sein, daß in dem Konflikt selber eigentlich für beide alles klar geworden ist, daß bloß jeder aufgrund der Verletztheit, die dabei entstanden ist, vielleicht einfach nur Abstand brauchte, um seine Wunden zu lecken, wenn man das so nennen will, daß man aber dabei trotzdem einen Konsens errungen hat, über den man nicht mehr reden muß. Das würde nur stören oder wäre langweilig."

Einige Westberliner Männer schildern Streitlösungen häufiger in der Art, daß sich alles wie von selbst irgendwie wieder einrenkt. Knut führt aus: Beim Streit „ist zwar die Atmosphäre augenblicklich gestört wie beim Gewitter. Dann ist man erstmal ein bißchen auf Null. Aber das kommt wieder [in Ordnung]. Das ist wie naturgegeben. Das Leben geht weiter, und die nächsten Situationen erfordern halt andere Handlungsweisen. Das ist ja nichts Statisches." Die Bilder, in denen psychische Ereignisse in Analogie zu Naturgeschehnissen gesehen werden, sind übrigens vorzugsweise bei Männern zu finden.

Bedeutung des Streits für die Freundschaft: Von den Personen, die diesem Streittyp angehören, werden überwiegend *positive* Wirkungen des Streits betont. Die Ostberlinerinnen, die den größten Anteil an diesem Streittyp ausmachen, heben als positiv hervor, „daß man die eigene Position hinterfragt und mal über andere Dinge nachdenkt", „sich selbst in Frage stellt und selbst ein bißchen weiter kommt" und „Toleranz entwickelt". Kerstin führt aus: „Es hat 'nen erzieherischen Effekt gehabt auf mich, was jetzt auch charakterliche Sachen betrifft. Wenn ein Freund oder 'ne Freundin mich drauf aufmerksam macht: So, wie du dich da verhältst, das geht nicht, da ist die und die Eigenschaft, die ist einfach nervend. Das ist jetzt nicht nur 'ne Sache, die einen anderen Menschen stört, sondern vielleicht generell meine Person beeinträchtigt, dann ist das für mich schon sehr hilfreich." Und sie erläutert, daß die Motivation, diese Beziehung aufrecht zu erhalten, dazu führen kann, daß sie sich Mühe gibt, sich zu verändern.

Zwei der drei Ostberliner Männer dieses Typs sprechen eher kognitive Dimensionen an: „Wenn ich über seine Meinung nachdenke, weiß ich mehr über ihn" (Ulli); „Jeder lernt was aus den Diskussionen mit anderen" (Ralf).

Positive Effekte sehen auch Westberliner Männer, so z. B. Till: „Der Streit legt klar, wo bestimmte Fehler sind, die man eingestehen oder zugestehen muß. Dadurch, daß du durch andere Menschen was erfährst, kannst du dich weiterentwickeln." Knut verweist auf die belebende Wirkung von Streit: „Es wäre komisch, wenn man befreundet wäre und sich nicht streiten würde. Das ist wie lauwarmes Abwaschwasser. Nur was sich bewegt, lebt. Und so'n Streit ist auch Bewegung. Es gibt ja zum Beispiel ältere Ehepaare, die streiten sich nicht, aber da ist alles vorbei. Und irgendwann geht die Frau. Tschüß. Ja."

Als Beispiel für eine differenzierende Wertung sei Jutta aus Westberlin zitiert: Aggressives Streiten würde ihr „zu sehr an die Substanz gehen". Sie befürchtet, daß durch zu viel Streit die Substanz der Freundschaft aufgebraucht werde. Allerdings spricht sie von der reinigenden Wirkung von Offenheit in der Freundschaft: „Man kann doch nicht immer alles schlucken und einfach wischi-waschi über alles hinweggehen. Ich glaube, daß das viel schlimmer ist, als wenn man mal offen ausspricht, was man denkt und was den anderen vielleicht auch verletzt, aber irgendwo mal wieder reinen Tisch macht. Sonst staut sich das alles an und wird unter den Teppich gekehrt, bis der Teppich so hoch ist, daß man darüber stolpert."

Wie auch andere Frauen dieses Streittyps bezieht sie sich auf die Ventilfunktion von Streit. Beate aus Ostberlin führt dazu aus: „Ich denke, daß ich auch unheimlich Dinge in mich 'reinfresse, daß es also sehr günstig wäre, das ab und zu mal 'rauszulassen, sich mal abzureagieren." Sie findet es auch gut, wenn die Freundin so reagiert: „Sonst würde man ja überhaupt nicht korrigiert, ich brauch' ja die Reflexion der anderen Menschen, sonst wär ich ja noch komischer." Auch Martina aus Ostberlin findet es heilsam, sich ab und zu mal abzureagieren: „Ich glaube auch, daß man irgendwo mal einen Punkt haben muß, wo man voll aus sich 'rausgehen kann, wo man also nicht nur beherrscht ist, selbst wenn man eigentlich schlechte Laune hat oder wenn man einfach ein bißchen muffig ist. Man darf das sicher nicht übertreiben, aber es muß auch 'rauskommen. Und ich glaube, daß gerade gute Freunde dafür Verständnis haben." Im Vergleich zu der oben zitierten Jutta aus Westberlin, die auch Verletzungen der Freundin in Kauf nimmt, legt sie sich allerdings ein gewisses Maß an Zurückhaltung auf.

Typ III: Die heftig-aggressiven Streiter

Der heftig-aggressive Streittyp, der sich sowohl emotional „fetzt", aber auch seine Aggressionen an Gegenständen auslassen kann, findet sich, mit einer Ausnahme, nur unter den Westberliner Personen.

Streitformen: Fast die Hälfte der Westberliner Frauen gibt an, daß sie sich sehr heftig und lautstark mit ihren Freundinnen streiten, so Doris: „Ich bin sowieso ein sehr emotionaler Mensch, und ich kann mich dann in bestimmten Situationen so steigern, daß ich den Betreffenden auch anbrülle oder mit Sachen schmeiße oder so. Und denn auch einfach gehe." - Bärbel läßt bei der Schilderung ihres Streits erkennen, daß sie durchaus eine Verletzung der Freundin in Kauf nimmt, weil es ihr wichtiger ist, ihre Gefühle der Wut herauszulassen: „Ich würde ihr sagen, daß mir das nicht gefällt, zum Beispiel nicht ernst genommen zu werden, und daß mich das betroffen macht. Und wenn sie das nicht ernst nimmt, dann würde ich sie anschreien. Meistens ist es dann so, dann eskaliert das. Irgendwie ist das für mich wichtig, daß das eskaliert, damit die ganze Wut, die sich dann aufgestaut hat, 'rauskommt. Natürlich ist das auch eine Verletzung für den anderen. Ich verletze den anderen, aber wenn das 'raus ist, dann werde ich auch ruhiger und kann auch eher darüber nachdenken, über das, was ich gesagt habe. Also, ich kann das so ein bißchen relativieren. Und das spreche ich dann schon an, dann gibt es einen Austausch, ja, eine Auseinandersetzung darüber." - Auch andere Frauen verweisen auf eine solche *„Dampfkesseltheorie"*, daß also negative Gefühle „herausgelassen" - nicht etwa kontrolliert oder verarbeitet - werden müssen.

Fritz aus Westberlin entlädt ebenfalls seinen Ärger auf seinen Freund: „Naja, da spüre ich einen Ärger in mir aufsteigen und knalle dem anderen, was weiß ich, meinen Ärger oder meine Unduldsamkeit oder was an den Kopf, und der reagiert halt dann entsprechend seinem Naturell, also entweder stichelt beleidigt zurück oder brüllt zurück."

Benjamin aus Westberlin schildert recht offenherzig seine Gemeinheit beim Streiten. Auf die Frage, ob er sich streite, antwortet er: „Ja, dicke, dicke. Na ja, ich bin nun in der gewaltfreien Szene, und da ist es verpönt, sich zu schlagen oder zu hauen, und seit ich Schüler war, habe ich mich mit niemandem mehr geschlagen, also so was fällt 'raus. Aber Wortgefechte, da kommt das Wort dann her, schon miteinander kämpfen oder anschreien, das kommt schon vor. Also sagen wir: Biste völlig verrückt! Also schon fertigmachen, anschreien oder auch mal in so einer Situation ihn kränken. Das wäre dann so ein Vertrauensmißbrauch, von was, was man weiß, da kann ich die Person kränken, weil sie sich vorher mir geöffnet hat, das nutze ich ... das habe ich schon mal ausgenutzt, und da ist es halt dann wichtig, hinterher wieder aufeinander zuzugehen, und das Hinterher wird sicher dauern, aber ... okay."

Von den Westberliner Männern werden häufiger *Aggressionen gegen Sachen*, z. B. Türenknallen, erwähnt. Till schildert zwei Streitvarianten: „Es ist dazu gekommen, daß halt Türen geknallt sind, oder es kommt auch vor bei einem Streit, daß man ruhig ist oder sich zurückzieht, vor allem wenn man sich mit mehreren Personen streitet und hat halt in seiner Position wenig Hilfe."

Dietmar aus Westberlin betrachtet sich selbst auf dem Wege zum Streittyp III, den er offenbar bevorzugt: „Ich kann nicht impulsiv was 'rauslassen, was mich bedrückt, sondern versuche schön auf Hochdeutsch, in Klartext mit Erklärung und Eventuells und Vielleichts 'rauszulassen, was dann immer bedeutet, daß nur ein Bruchteil dessen, was ich sagen will, eigentlich 'rauskommt. Das ist so das, was zu einer bestimmten Zeit bei mir lief, und das läuft zu 70% immer noch bei mir. Und zu 30% schaffe ich es zwar immer noch nicht, Teller durch die Gegend zu schmeißen, aber ich komme schon stärker aus mir selber 'raus, einfach nur als Gefühl, daß ich grantig bin und nicht will und auch nicht diskussionsbereit bin, sondern nur einfach sauer, verletzt und so was ... Also, das letzte Mal habe ich bei einem Streit gegen Ende noch irgendwas Blödes hinterhergebrüllt und ging dann unheimlich befriedigt ins Bett, war auch glücklich." - Auch bei Dietmar findet sich der (vor allem bei Westberlinern anzutreffende) Gedanke, daß das Herauslassen von Gefühlen nicht nur der seelischen Hygiene dient, sondern daß man daraus noch einen sekundären Lustgewinn schöpfen kann - selbst wenn diese Gefühle für andere verletzend sind.

Streitgründe: Es werden ausschließlich persönliche Gründe angeführt, wobei bei den Westberlinerinnen die Kategorie *Persönlicher Angriff, Mißachtung* besonders häufig auftaucht. Dazu einige Beispiele: „Wenn ich mich überfahren fühle, also wenn jemand von mir irgendwas hören will, wozu ich eigentlich nichts sagen kann" (Maria). „Wenn ich mich von meiner Freundin nicht geachtet fühle; zum Beispiel hat sie mich ein paarmal versetzt" (Carola).

Aber auch Enttäuschungen und Verletzungen sowie Launen werden als Gründe für heftige Streitigkeiten genannt, z. B. von Mädy aus Westberlin: „Das hat etwas mit Befindlichkeit zu tun, manchmal ist man empfindlicher, faßt etwas anders auf, und schon gibt es Streit."

Von den Westberliner Männern werden vorwiegend *Ärger und enttäuschte Erwartungen* genannt. Einer bezieht sich auf Neid und Eifersucht. Paul: „Eine Freundschaft ist ja nicht frei von so gewissen Gefühlsanfällen wie Neid oder Eifersucht. Die kommen natürlich nicht so kraß vor oder werden nicht so ausgelebt, aber irgendwo ist man nicht frei." (Hier taucht wieder das Bild von Gefühlen als Fesseln auf, das häufiger von Männern verwendet wird.) Auch Launenhaftigkeit als Streitursache wird von vier Männern dieses Typs thematisiert. Benjamin nennt Abgespanntheit und Streß als Faktoren beim Streit, hat aber nicht nur eine enge psychologische, sondern eine erweiterte psychosoziale Entstehungstheorie parat: „Es gibt Mißverständnisse, weil man nicht genau genug aufeinander gehört hat, weil man entweder abgespannt war oder daß irgendwelche anderen Begleitumstände dazukamen, daß man sich einfach nicht genug auf den anderen konzentrieren konnte. Weil man nicht in einem luftleeren Raum lebt, so im täglichen Leben, da teilt man auch nicht nur den Sonnenschein. Da spielen so viele Dinge mit wie Prüfung, wie Uni, oder aber bei der Arbeit ist was schief gelaufen. Das sind tausend Gründe. Oder wie der Reagan in Libyen eingefallen ist, und es geht einem einfach beschissen. Oder Tschernobyl, das sind Sachen, die auch auf so eine Freundschaft wirken. Wenn es mir einfach schlecht geht und ich einfach fertig bin und ich einfach denke, man kann sich ja nur noch einen Strick nehmen, dann wird es sich auch sicher auf die Freundschaft auswirken oder hat bei mir Auswirkungen, daß wir dann sauer aufeinander sind und uns streiten, obwohl es ganz andere Gründe hat."

Streitbeilegung: Es werden vor allem zwei Formen genannt: von den Männern am häufigsten das Bereden, von den Frauen am häufigsten die Beziehungsklärung, wobei die emotionale Dynamik des Streits und der Beziehung im Gespräch geklärt und auch die emotionalen Anteile bei der Entstehung und im Verlauf des Streits ausführlich dargelegt werden. Sabine aus Westberlin: „Ich finde es richtig, wenn man darüber spricht, und wenn jeder sagt, was er empfunden hat und wie es ihm dabei ging und was los war." Carola aus Westberlin: „Überlegen, wo der Moment war, wo der Streit anfing. Und dann versuchen, sich darüber auszutauschen. Wenn es eine Enttäuschung gewesen ist, ganz klar darlegen, warum ich mich enttäuscht gefühlt habe, und mir anhören, warum der andere das vielleicht nicht teilen kann. Also erstmal klarmachen, was mich verletzt hat, und mir dann anhören, was der oder die andere dazu zu sagen hat."

Frauen des Streittyps III legen großen Wert darauf, derartige *Beziehungsgespräche* zu führen. Einige betonen auch, daß der Streit bis zum Ende auszutragen ist, wie das folgende Beispiel verdeutlicht: Michaela aus Westberlin, die sich „reichlich" streitet mit ihrem Freund Klaus, der „ein großer Jähzornbeutel ist", und die Streit so charakterisiert, daß „es oft eben halt um Emotionen geht, nicht nur um die Sache selbst, um verletzte Gefühle", führt aus: „Das muß an Ort und Stelle ausgebissen werden, das heißt also, es wird solange darüber gesprochen, bis wirklich sich wieder ein gutes Gefühl einstellt, so daß ich mich wieder auf den Punkt konzentriere, auf die Sache selbst, um die der ganze Streit überhaupt entstanden ist, und die Emotionen sozusagen abgearbeitet habe. Die müssen getrennt werden davon, von dem Streit." Auch für sie ist, wie für einige andere Westberliner, das „gute Gefühl" ein Gradmesser der gelungenen Versöhnung.

Auch für die Männer dieses Streittyps ist das Bereden wichtig, wie z. B. für Paul aus Westberlin: „Wenn dann also der nötige Abstand da ist, daß dann die Emotionen nicht mit einem durchgehen mehr, daß ich dann versuchen würde, darüber zu reden, ja, nicht nur zu besprechen, sondern über das Gespräch zu einer Lösung zu kommen." Bei diesen Männern fehlt aber, bis auf eine Ausnahme, die emotionale Aufarbeitung und Beziehungsklärung. So fordert Fritz, ebenfalls aus Westberlin: „So offen wie möglich ausdrücken, was da ist. Gefühle ausdrücken, Ärger ausdrücken, Enttäuschungen ausdrücken."

Bedeutung des Streits für die Freundschaft: Von Typ III wird Streiten am häufigsten als positiv und konstruktiv für eine Freundschaft angesehen - während Personen der anderen Streittypen diese heftige, aggressive Streitform gerade als negativ und destruktiv betrachten.

Als positiv wird auf die Möglichkeit verwiesen, durch heftiges Streiten zu lernen und sich und den anderen besser bzw. „tiefer" kennenzulernen. Babette aus Westberlin: „Es ist ein Schritt der Erneuerung, wenn Mißverständnisse geklärt werden. Dann kennt man ja noch ein Stück mehr vom anderen." Renate aus Westberlin: „Es verbessert das Verständnis füreinander. Das gehört zu einer Freundschaft dazu. Ohne Streit ist es überhaupt nicht möglich, eine tiefere Ebene zu erreichen." Doris, ebenfalls aus Westberlin, meint: „Wenn die Freundschaft auf festen Beinen steht, ist Streiten immer fruchtbar für die einzelnen. Daß man sich besser kennenlernt und halt auch wieder ein Stück weit mehr Verständnis für den anderen entwickeln kann." Auch Paul aus Westberlin meint entsprechend: „Streit kann den eigenen Horizont erweitern, kann Perspektiven einbringen, an die man noch gar nicht gedacht hat. Kann auch zu Toleranzen führen, die man vorher nicht hatte."

Zusammenfassung: Die drei identifizierten Streittypen unterscheiden sich in plausibler Weise hinsichtlich Formen, Gründen und Beilegung von Streit sowie in ihren Auffassungen über die Bedeutung von Streit für die Freundschaft.

Streittyp I ist durch geringe emotionale und intime Anteile charakterisiert und Typ III durch hohe. Die Verteilung der Ost- und Westberliner auf diese Streittypen (bei Typ I: 16 Ost- und sechs Westberliner; bei Typ III: ein Ost- und zwölf Westberliner) unterstreicht also die eingangs erörterte und auf TENBRUCK gestützte Hypothese, daß Freundschaftsbeziehungen unter den Westberlinern durch größere Emotionalität und Intimität charakterisiert sind.

2.8 Gründe für die Beendigung einer Freundschaft

Die Personen wurden zunächst nach den Gründen gefragt, die ihrer Meinung nach zum Ende einer Freundschaft führen, und dann nach dem Ende von konkreten Freundschaftsbeziehungen.

Die Antworten lassen sich in folgende Kategorien einteilen:

1. Auseinanderleben aufgrund von Änderungen der Interessen, der Erfahrungen und der Entwicklung,
2. Ortswechsel und damit zusammenhängende Faktoren,
3. Aufnahme neuer Beziehungen und Probleme durch Dritte,
4. Vertrauensmißbrauch und Enttäuschungen,
5. Streit,
6. nachlassendes Engagement für die Freundschaft.

Fast alle Befragten nennen *Sich-Auseinanderleben* als Grund für die Beendigung einer Freundschaft. Sie verweisen auf unterschiedliche Entwicklungen, verschiedenartige Interessen und Erfahrungen sowie Veränderungen der Lebensverhältnisse (z. B. unterschiedliche Bildungsgänge: die Freundin macht eine Lehre, man selbst studiert; oder unterschiedliche Lebensgestaltungen: durch Heirat eines Freundes ändern sich die Lebensformen). Aufgrund dieser unterschiedlichen Entwicklungen, so wird von vielen Befragten betont, „stimmt die Basis nicht mehr“, fehlt der „gemeinsame Nenner“, ist „dieselbe Wellenlänge“ nicht mehr gegeben und ist „kein gemeinsamer Draht“ mehr da. Petra aus Westberlin schildert die Folgen der unterschiedlichen Entwicklung: „... daß man eigentlich gar keinen gemeinsamen Nenner mehr hat, daß man, ja, einfach sich nicht mehr füreinander interessiert, weil der andere so anders denkt als man selber, daß ich gar nicht mehr wüßte, worüber ich mit ihm reden soll; daß alles, was er sagt und denkt und macht, das macht mich nur aggressiv. Der oder die leben einfach anders, haben andere Hobbys, machen andere Sachen, denken über andere Sachen nach, und daß man dann sich einfach immer seltener meldet. Das kann einseitig sein, daß der eine sich nie meldet, weil er keine Lust mehr hat, oder daß es von beiden Seiten gleichzeitig läuft, und dann hört der Kontakt einfach auf.“

Die Ostberlinerin Eva schildert, wie sich durch ihr Studium ihr Wissen erweiterte und sich ihre Ansichten über Lebensformen mit denen der Freunde nicht mehr deckten: „Wenn sich das Leben beschränkte auf Auto, Datsche und Klagen über zuviel Arbeit, dann haben wir [sie und ihr Mann] uns einfach zurückgezogen.“

Sechs Personen nennen auch Veränderungen in den politischen Einstellungen, die zu einem Ende von Freundschaft führen können. Während die drei Westberliner unspezifische Antworten geben, machen die drei Ostberliner genauere Angaben, wobei sich zwei auf die Zeit nach der Wende beziehen: Inge aus Ostberlin hat sich von einigen der mit ihr befreundeten Personen getrennt, weil sich diese nach der Wende als „Karrieristen" und „Wendehälse" herausgestellt haben; Peter aus Ostberlin findet es enttäuschend, daß einige seiner Freunde, die „vor der Wende sogenannte Genossen waren", nach der politischen Umwälzung ihre Vergangenheit leugnen; für Torsten aus Ostberlin wäre es ein Grund zur Beendigung der Freundschaft, „wenn einer nach rechts abdriftet".

Als zweithäufigster Grund für die Beendigung von Freundschaften werden „örtliche Gegebenheiten", „räumliche Trennungen" sowie „*Ortswechsel*" bzw. die Folgen davon genannt, und zwar von 22 Ost- und 15 Westberlinern, etwa gleich vielen Frauen und Männern. Nur wenige, insgesamt 13, sehen tatsächlich den Ortswechsel als direkte Ursache an, wie es aus folgenden Äußerungen herausklingt: „Aus den Augen, aus dem Sinn"; „man hat sich dadurch aus den Augen verloren"; „die räumliche Distanz führt dann dazu, daß es einschläft"; „die Freundschaft stirbt an der Geographie". Andere verweisen darauf, daß der Ortswechsel eine Kontaktaufnahme unmöglich gemacht hat. Zu ihnen gehören fünf Ostberliner, deren Freundschaften dadurch auseinandergingen, daß sich der Freund „in den Westen abgesetzt" hat bzw. „weil die Mauer gebaut wurde". Auch durch die Armeezeit, so wird von einigen Ostberlinern erwähnt, gingen Jugendfreundschaften auseinander (in Ostberlin konnte sich niemand dem Wehrdienst entziehen, die Westberliner dagegen wurden nicht zur Bundeswehr eingezogen, und dies war auch für viele junge Männer der alten BRD ein Grund, Westberlin als Studienort zu wählen). Die objektiven Schwierigkeiten, über beträchtliche räumliche Distanzen Kontakt zu halten, waren in der DDR sicherlich etwas größer als in der BRD, denn - wie auch die Befragten betonen - „das Telefonieren war problematisch", es war schwierig, die Adresse von jemandem herauszufinden, der verzogen war, und die Möglichkeit, Distanzen mit dem Auto zu überwinden, war in der DDR seltener gegeben.

Die Befragten verweisen aber auch auf mit dem Ortswechsel verbundene psychische Auswirkungen. Zwei Ostberliner Männer sprechen von ihrer Faulheit bzw. Trägheit, den Kontakt aufrechtzuerhalten. Fünf Männer und zwölf Frauen thematisieren verschiedene *psychische Folgen* des Ortswechsels. So sprechen drei Männer von einer „Entfremdung der Freunde", die übrigen Personen verweisen größtenteils auf unterschiedliche Entwicklungen der Lebenswege und

-erfahrungen, der Auffassungen und Interessen bzw. auf das Fehlen gemeinsamer Erlebnisse und Erfahrungen. Zwei Ostberlinerinnen sagen, daß die Voraussetzungen der Freundschaft für sie nicht mehr gegeben seien. Evelyn aus Ostberlin: „... weil man weiß, daß die andere nicht ständig für einen da sein kann. ... Dann ist der andere in einer Situation, wo man ihn brauchen könnte, nicht zu erreichen, und dann ist es nicht mehr eine so intensive Freundschaft". Hier ist das Freundschaftsverständnis also stark durch Hilfe und Unterstützung geprägt. Eine andere Ostberlinerin bemerkt, daß durch die räumliche Distanz die Möglichkeit, „intime Gespräche zu haben, nicht mehr so groß ist".

Daß mehr Frauen als Männer die psychischen Folgen des Ortswechsels, die zu einem Ende der Freundschaft führen, thematisieren, verweist darauf, daß Frauen häufiger als Männer der Ansicht sind, Gemeinsamkeiten müßten auch gelebt und aktiv gepflegt werden, damit die Freundschaft lebendig bleibt. So meint Monika aus Ostberlin: „Gute Freunde kann man im Grunde nur behalten, wenn man wirklich auch anwesend ist. Sonst fehlt ein bestimmtes Stück Geschichte, man hat nicht mehr das Einfühlungsvermögen." Männer dagegen haben offenbar andere Freundschaftskriterien und bezeichnen häufig - das geht aus den Gesamt-Interviews hervor - auch Personen als beste oder enge Freunde, die woanders leben und die sie eher selten sehen. Ein Ortswechsel bedeutet also für sie nicht automatisch das Ende der Freundschaft, was von zwei Männern ausdrücklich bekräftigt wird mit Aussagen wie: „Einer guten Freundschaft kann ein Ortswechsel nichts anhaben" (Ralf aus Ostberlin), und „durch räumliche Distanz zeigt sich die wahre Freundschaft, dies ist ein Prüfstein" (Benjamin aus Westberlin). Vier Westberliner Männer betonen, ihre Freundschaften zu den weggezogenen Freunden „ruhten" bzw. „schlummerten" und könnten jederzeit wieder aufgenommen werden.

Auf ein *nachlassendes Engagement* als Grund für die Beendigung einer Freundschaft kommen 13 Personen (acht aus Westberlin und fünf aus Ostberlin) zu sprechen. Michaela aus Westberlin: „... wenn die Bereitschaft abnimmt, sich aufeinander einzulassen". Elisabeth aus Westberlin: „Freundschaft ist Arbeit, und bei einer Vernachlässigung der Freundschaft geht es nicht mehr lange gut." Alfons aus Westberlin: „Freundschaften müssen gepflegt werden, und sie verlaufen im Sande, wenn Bedürfnisse nach Nähe und Zuneigung nicht mehr befriedigt werden." Einige der Äußerungen lassen erkennen, daß das nachlassende Engagement auch darauf zurückzuführen ist, daß die Freunde beginnen, sich auseinanderzuleben, so daß eine enge Verbindung dieser Kategorie mit der erstgenannten Kategorie „Auseinanderleben aufgrund von Veränderungen der Interessen und Lebenslagen" besteht.

Die *Aufnahme neuer Beziehungen und Probleme durch Dritte* werden als weitere häufige Ursache für die Beendigung von Freundschaftsbeziehungen genannt, und zwar von sechs Ostberlinern und 16 Westberlinern (jeweils etwa gleich viel Frauen und Männern). Sofern dies von den Befragten näher erläutert wird, werden vor allem drei Aspekte angesprochen:

Ein erster Aspekt ist, daß man möglicherweise keinen Gefallen an der neuen Partnerin bzw. dem Partner der Freundin findet („wenn die einen doofen Mann heiratet"). Helga aus Ostberlin, die sich auf mit ihrem Partner gemeinsame Freunde bezieht, bemerkt: „Wenn ein Ehepartner auftaucht, der schwer zu integrieren" sei, könne dies ein Grund für die Beendigung der Freundschaftsbeziehung sein.

Ein zweiter Aspekt ist, daß sich durch Heirat bzw. Aufnahme einer Liebesbeziehung die Präferenzen und Orientierungen ändern, so daß „für die Freundschaft kein Freiraum mehr gegeben" ist bzw. daß eine „Vernachlässigung der Freundschaft" aufgrund der Liebesbeziehung stattfindet. Aus diesen Äußerungen geht direkt bzw. implizit hervor, daß für diese Befragten die Liebesbeziehung in ihrem Leben einen höheren Stellenwert einnimmt als die Freundschaften. Evelyn aus Ostberlin drückt es unmißverständlich aus: „Die Freundschaft muß akzeptieren, daß die Liebe einfach viel wichtiger ist als die Freundschaft, sonst ist es das Ende." Einen weiteren Aspekt spricht Daniel aus Westberlin an: Er hat nach seiner Scheidung eine „Bilanz" gemacht und sich von einigen gemeinsamen Freunden getrennt, weil sie ihn unglücklich und traurig machen, denn sie erinnern ihn zu sehr an seine Ehebeziehung.

Ein dritter Aspekt wird von Jutta aus Westberlin angesprochen: „Es ist eine typische Sache bei Frauen, wenn ein Mann dazwischen kommt, daß die Freundschaft zwischen den Frauen auseinandergehen kann." Für sie wäre das allerdings gerade ein Grund, „die Finger von dem Mann zu lassen".

Die bisher genannten Gründe für die Beendigung einer Freundschaft verweisen insgesamt eher auf einen langsamen Prozeß des Auseinanderlebens, der sich - ebenso wie die Bildung der Freundschaft - auf einen längeren Zeitabschnitt erstreckt. Eine weitere Kategorie, die allerdings nur von elf Personen - und dies auch nur in bezug auf *hypothetische Gründe* - genannt wird, bezieht sich auf gravierendes, häufig auch nur einmaliges Fehlverhalten des anderen, das die Freundschaftsgrundlage erschüttert. Es handelt sich dabei um *Vertrauensmiß-*

brauch und Enttäuschungen. Sofern es präzisiert wird, ist erkennbar, daß es sich um einen Bruch von Regeln der Freundschaftsbeziehung handelt: Bei den Ostberlinern stehen dabei Unehrlichkeit, Unaufrichtigkeit und Unzuverlässigkeit (die Freundin hat kurzfristig einen geplanten Urlaub abgesagt) im Mittelpunkt. Nur ein Westberliner erwähnt dieses Motiv (Daniel: „Unehrlichkeit; Ausreden; wenn der Freund schlecht über einen redet"); bei den übrigen geht es um Verletzungen der Gleichrangigkeit, wobei Metaphern aus der Geschäftswelt verwendet werden. Dietmar aus Westberlin: „... wenn der Freund persönliche Vorteile aus einem Gespräch zieht, zum Beispiel herumtratscht." Hans aus Westberlin: „... das Gefühl, ausgenutzt zu werden, daß der andere die Freundschaft überzieht und eine Schnorrermentalität" hat. Auch Knut aus Westberlin würde die Freundschaft beenden, wenn er feststellt: „Um es mal wirtschaftlich auszudrücken, die Kosten überdecken doch etwas den Ertrag." Bei einem Vertrauensbruch des Freundes würde er „alttestamentarisch" sein: „Dann ist absolut Schluß, Schluß, und es geht noch weiter, es geht in dem Fall bei mir noch weiter. Dann erfolgt die Isolation gegenüber dem anderen, das wird alles hermetisch abgeklinkt. So 'n Vertrauensbruch ist für mich fast noch schlimmer als Mord oder so was, möchte ich sagen, da kennt meine Rache sozusagen keine Grenzen, wenn jemand ganz bewußt mein Vertrauen dann mißbraucht, also dann entfällt die Geschäftsgrundlage. Das ist vorbei, das ist peng - ich bin ein Gegner des ‚Langsam auseinander, aber wir können doch gute Freunde bleiben', nee, nee."

Während die Freundschaft bei Knut aufgrund des Vertrauensbruchs abrupt auseinanderbricht, kann dieser Grund bei anderen zu ernsthaften Streitigkeiten führen, auch zu solchen, welche die Freundschaft beenden. Dies leitet über zum nächsten Interviewabschnitt.

Auf die Frage: „Können Sie sich vorstellen, daß *Streit oder Streitigkeiten* zum Ende einer Freundschaft führen?", antworten etwa zwei Drittel der Befragten (44 Personen) mit Nein bzw., daß sie dies noch nicht erlebt hätten. Es sind drei unterschiedliche Gruppen, die diese Frage verneinen: *erstens* solche Personen, für die fehlender Streit geradezu ein Kriterium für Freundschaft ist (Kerstin aus Ostberlin: „Ich würde mich gar nicht befreunden mit Leuten, mit denen ich mich streite." - Heike aus Ostberlin: „Stetiger Streit und Freundschaft schließen sich aus."); *zweitens* solche Personen, die jedem Streit in der Freundschaft von vornherein aus dem Wege gehen (Otto aus Westberlin: „Ich habe ein zu großes Harmoniebedürfnis und würde mich nicht streiten. Besser wäre es, wenn man sich überhaupt nicht mehr sieht."); *drittens* solche Personen, die Streit als wichtiges Element von Freundschaft ansehen und denen es offenbar gelingt, ihre Streitigkeiten jeweils produktiv aufzuarbeiten. Für Klaus aus Ostberlin wäre ein Streit nur ein Grund für die Beendigung von Bekanntschaften; für Freundschaften aber gilt: „Mit Freunden kann ich durch dick und dünn gehen. Da fallen auch die Fetzen, aber das bringt uns nicht auseinander." Ein Streit könne höchstens, wie drei Befragte meinen, indirekt zur Beendigung der Freundschaft beitragen, indem man im Streit feststelle, daß es zu gegensätzliche und unüberbrückbare Verschiedenheiten gebe. Der Streit fungiert hier als diagnostisches Instrument. Fritz aus Westberlin erläutert: „Streit ist nicht der Auslöser, aber er bringt es vielleicht auf den Punkt, daß die Interessen zu unterschiedlich sind", bzw. „man entdeckt plötzlich Veränderungen beim anderen".

Für 17 Personen, die etwa gleich auf die vier Untergruppen verteilt sind, kann Streit tatsächlich ein Grund für die Beendigung der Freundschaft sein, wobei sie allerdings betonen, sie hätten dies noch nicht erlebt und würden nur hypothetisch reden. Die Mehrzahl nennt andauernde Streitigkeiten, welche die Freundschaft oder den Freund strapazieren (Uwe aus Ostberlin: „Wenn es immer wieder so nervende Gespräche gibt, immer dasselbe Thema womöglich." - Katrin aus Ostberlin: „Wenn das ein Dauerzustand wird, geht es einem auf den Geist."), oder wenn man „ewig sauer" aufeinander ist und „nicht mehr zueinander findet" (Paula aus Westberlin). Nur ganz wenige Befragte (eine Frau und zwei Männer aus Westberlin und ein Mann aus Ostberlin) können sich vorstellen, daß auch ein einmaliger heftiger Streit die Freundschaft beenden kann, dann nämlich, wenn durch eine verletzende Handlung des Freundes die Grundlagen der Freundschaft bzw. das Vertrauen so erschüttert werden, daß ein irreparabler Schaden entsteht. Dabei werden verschiedenartige Gründe genannt: Bei der einzigen Westberliner Frau (Michaela), die einen spezifischen Grund nennt, steht die Verletzung der Persönlichkeit im Mittelpunkt. Sie spricht von „Mißachtung meiner Persönlichkeit und Verletzen bis aufs bittere Blut", was aus Rache passieren könnte, „um sich selbst auch bei anderen zu verwirklichen". André aus Ostberlin nennt als mögliche Gründe für einen derartigen Streit beispielsweise: „Wenn er versucht, mich negativ zu beeinflussen, mir meine Frau wegnimmt, mich mit Absicht linkt und übers Ohr haut oder mich finanziell schädigt." Einen finanziellen Grund nennt auch Günter aus Westberlin: Er berichtet vom Ende einer Freundschaftsbeziehung, die „Knall auf Fall" zu Ende ging, weil der Freund Geldforderungen an ihn stellte und Ersatz haben wollte für eine ausgeliehene Kamera, die gestohlen worden war. Er war enttäuscht, daß plötzlich Geld eine Rolle spielte, denn die beiden waren schon durch ganz Europa getrampt, und das hat „uns quasi zusammengeschweißt".

Fazit

Das Ende einer Freundschaft wird von den Befragten in der großen Mehrzahl als ein allmählicher Prozeß geschildert, wobei im wesentlichen Änderungen der Lebenserfahrungen, der Entwicklung, der Interessen eine Rolle spielen, so daß die Gemeinsamkeiten und das gegenseitige Verständnis abnehmen und keine Basis mehr vorhanden ist. Es ist dabei erstaunlich, welch hoher Grad von Veränderungen in der lebensgeschichtlichen Entwicklung den Individuen von einigen Befragten zugeschrieben wird. Diese Personen, vor allem diejenigen aus Westberlin, sind Anhänger eines Konzepts einer dynamischen und flexiblen Persönlichkeit, deren Interessen und Auffassungen sich deutlich verändern mit unterschiedlichen „Lebensabschnitten", anderen „Bezugskreisen", Änderungen des Umfelds oder anderen „Sozialisationsfeldern". Im wesentlichen vertreten sie dabei milieutheoretische Erklärungsmuster der Persönlichkeitsentwicklung, wobei vor allem schulische und berufliche Erfahrungen, aber auch Partnerschaft und Heirat als konkrete Faktoren genannt werden. Alfons aus Westberlin erläutert: „Das steckt im Menschen drin, verschiedene Möglichkeiten, sich zu entwickeln, je nach den Lebensumständen."

Paula aus Westberlin illustriert das recht anschaulich: „Jeder wird durch seine Umwelt geprägt. Man kann sich auf der Schule noch verstanden haben. Aber allein, wenn die Arbeitsplätze sehr unterschiedlich sind und der eine oder die eine geht zur Polizei und ich mache was Linkeres, also Erzieher, was ich halt bin, wo man mehr das soziale Denken lernt, dann werden automatisch die Lebensauffassungen sehr unterschiedlich. Oder zwei Freundinnen verstehen sich in jungen Jahren, und der erste Freund ist dann unheimlich prägend, und so rutscht man dann auch in andere Cliquen herein und sucht zu anderen Leuten den Kontakt."

Es kann aber auch sein, wie Jens aus Westberlin erläutert, daß „man mit Veränderungen der sozialen Verhältnisse Charakterzüge des anderen entdeckt, die man nicht mehr vertragen kann. Der eine wird reich und entpuppt sich plötzlich mit zunehmendem Reichtum als zunehmender Schweinehund, was sich vorher, solange er kein Geld hatte, nicht zeigen konnte, mangels Masse."

Ein Ortswechsel kann ebenfalls zu einer Veränderung in der Persönlichkeitsentwicklung führen und zur Entfremdung beitragen, wobei vor allem Ostberliner Männer häufiger die objektiven Schwierigkeiten, die mit der Aufrechterhaltung des Kontakts verbunden sind, betonen, während Frauen eher die psychischen Folgen des Ortswechsels thematisieren.

Probleme durch Dritte werden von den Westberlinern weitaus häufiger als von den Ostberlinern angesprochen (16 vs. 6); dieser Unterschied ist signifikant. Eine Erklärung dafür könnte in einem unterschiedlichen Freundschaftskonzept bestehen. Für viele Westberliner scheint die Freundschaft eine exklusivere, intimere und gefühlsbeladenere Beziehung zu sein, so daß ein Eindringen eines Dritten als störend bzw. eine neu vorgenommene andere Prioritätensetzung des Freundes oder der Freundin als eine narzißtische Kränkung empfunden werden kann, so daß die Freundschaftsbeziehung beendet wird.

2.9 Freundschaft und Liebe

Gegen Ende des Interviews wurden die folgenden Fragen gestellt: „Machen Sie einen Unterschied zwischen Freundschaft und Liebe sowie zwischen Verliebtheit und Liebe? Was bedeutet Treue für Sie?"

Die Antworten auf diese Frage geben Aufschluß über die Liebessemantik, also Vorstellungen und Bedeutungen, welche die Befragten mit „Liebe" verbinden. Dabei interessiert uns einerseits, ob und ggf. welche Unterschiede zwischen Freundschaft und Liebe gesehen werden, und andererseits, ob die Liebessemantik durch Merkmale romantischer Liebe charakterisiert ist. Nach unseren an TENBRUCK orientierten Annahmen müßten sich nämlich die Westberliner von den Ostberlinern nicht nur durch eine größere Intimität und Emotionalisierung der Freundschaft unterscheiden, sondern auch dadurch, daß ihre Liebesvorstellungen stärker von Elementen romantischer Liebe geprägt sind.

Wie wir aus der zahlreich vorliegenden Literatur zum Thema „Liebe" (literarischen Werken, Essays, aber auch neueren empirischen Untersuchungen aus dem amerikanischen Sprachraum) wissen, haben Menschen auch innerhalb eines Kulturkreises völlig unterschiedliche Auffassungen von Liebe. Diese reichen von eher abgeklärten Vorstellungen, die hauptsächlich die emotionale Verbundenheit und Nähe thematisieren, bis zu Auffassungen von leidenschaftlich-passionierter romantischer Liebe. Als *Elemente romantischer Liebe* gelten Leidenschaftlichkeit, dauernde Verliebtheit, Euphorie, Hingabe/Erfüllung, Vergessen des Alltags, Idealisierung der oder des Geliebten sowie unbedingte sexuelle Treue als selbstverständlicher moralischer Anspruch, der die Ausschließlichkeit der Beziehung betont (diese Elemente entsprechen LUHMANNs Konzept von *Liebe als Passion*). Da wir es als problematisch ansahen, unsere Interviewpartner direkt nach romantischer Liebe zu fragen, haben wir uns darauf beschränkt, sie nach zwei wichtigen Elementen der romantischen Liebe, nämlich Treue und Verliebtheit, zu fragen, und erhoffen uns daraus und aus der weiteren Frage, welche den Unterschied von Freundschaft und Liebe betrifft, Hinweise auf romantische Vorstellungen.

Das Interesse der sozialwissenschaftlichen Forschung zum Thema „Liebe" hat in letzter Zeit zugenommen. Vor allem in der amerikanischen Sozialpsychologie sind zahlreiche Modelle von Liebesstilen und Liebesdimensionen entwickelt worden (siehe STERNBERG 1986; DAVIS 1988), die auch Eingang in die deutschsprachige Literatur gefunden haben (z. B. bei AUHAGEN/VON SALISCH 1993). Die Mehrzahl dieser Strukturmodelle sind auf psychometrischem Wege über Fragebogenanalysen gewonnen worden, wobei die Versuchspersonen (in der Regel handelt es sich um Studierende) den Grad ihrer Zustimmung bzw. Ablehnung zu vorgegebenen Äußerungen kundtun. So lautet beispielsweise ein Item aus dem Fragebogen von KRAFT/WITTE (1992): „Ich möchte ganz offen zu ihm/ihr sein können." Der Nachteil dieser Befragungsart besteht darin, daß nicht erfaßt wird, was die einzelnen Begriffe oder Konzepte für die Befragten selbst bedeuten. Es ist zu vermuten (und wird durch unsere Interviewdaten durchaus bestätigt), daß die Versuchspersonen völlig unterschiedliche Bedeutungen mit Begriffen wie „Offenheit", „Vertrauen", „Treue" und so auch „Liebe" verbinden. Dadurch wird die Interpretation der Daten erheblich erschwert. Verschiedene Forscher sind aufgrund der skizzierten Vorgehensweisen zu unterschiedlich vielen und auch ganz andersartigen Liebesstilen und Liebesdimensionen gelangt. Am bekanntesten sind wohl die von LEE (1988) identifizierten sechs Liebesstile: der romantische Typ, der spielerische Typ und der freundschaftliche Typ - mit den jeweils übersteigerten Formen: besitzergreifend, pragmatisch-kalkulierend und altruistisch. WEISS (1995) kommt aufgrund ihrer Untersuchungen an einer österreichischen Stichprobe zu drei Hauptorientierungen: romantisch-leidenschaftlich, distanziert-manipulierend und freundschaftlich; diese können jedoch in unterschiedlicher Weise miteinander verknüpft sein.

Die bisher vorliegenden Ergebnisse deuten darauf hin, daß Menschen unterschiedliche Auffassungen und Erwartungen mit dem Wort „Liebe" verbinden und daß dabei auch geschlechtsspezifische Unterschiede bestehen, die auf Unterschiede der Geschlechtsrollen zurückzuführen sind. So sind Männer eher auf emotionale Distanz, Manipulation des (der) anderen und eine gewisse emotionale Kälte hin ausgerichtet. Für Frauen spielt in Liebesbeziehungen eher die Emotionalität, für Männer eher die Sexualität die entscheidende Rolle, wobei jedoch Männer zugleich eine permissivere Einstellung zur sexuellen Treue aufweisen (WEISS 1995). Auch zahlreiche Umfragen in Deutschland belegen, daß Männer zumindest für sich selbst großzügigere Maßstäbe bei der sexuellen

Treue anlegen (vgl. VALTIN 1992). KRAFT/WITTE (1992) stellen aufgrund ihrer Fragebogenerhebung an (west)deutschen Erwachsenen fest, daß Männer der Sexualität einen größeren Stellenwert in der Liebe als Frauen einräumen, daß Frauen andere Kriterien bei der Partnerwahl anwenden und höhere Ansprüche an Verläßlichkeit, soziale Sicherheit und Übereinstimmung mit dem Partner hinsichtlich beruflicher Pläne, politischer Ansichten und Freizeitinteressen stellen. KRAFT/WITTE folgern, daß Frauen stärker an partnerschaftlichen, Männer dagegen stärker an romantischen Leitbildern ausgerichtet seien.

Männer scheinen, wie auch zahlreiche amerikanische Studien zeigen, in der Anfangsphase einer Beziehung romantischeren Liebesauffassungen anzuhängen. Nach CUNNINGHAM/ANTILL (1981) gilt dies auch für australische Männer, wobei vor allem unverheiratete Männer anfällig für romantische Idealisierungen sind, während unverheiratete Frauen eine pragmatischere Einstellung zur Liebe haben. Soziologen verweisen darauf, daß sich die Frau eine blinde Verliebtheit als Grund für eine Partner- bzw. Ehebeziehung weniger leisten könne als der Mann. Da ihr Status als (Ehe-)Frau nach wie vor von dem des Mannes bestimmt werde, habe sie auch eher Anlaß, „durch Nebenerwägungen zu kontrollieren, mit wem sie den Ausflug ins Land der Romantik unternimmt" (LUHMANN 1982, S. 191).

Zur Charakterisierung der verschiedenen Liebesvorstellungen beziehen wir uns auf DAVIS (1988) und STERNBERG (1986). Beide unterscheiden drei wesentliche Dimensionen, die Liebe charakterisieren und die wir hier in leicht abgewandelter Form übernehmen. DAVIS charakterisiert die drei Dimensionen folgendermaßen:

1. *Vertrautheit und Verständnis:* Anerkennung und Akzeptanz, Vertrauen, Respekt, Enthüllungsbereitschaft, Verstehen,
2. *Leidenschaft:* Faszination, Exklusivität, sexuelles Verlangen,
3. *Engagement:* Sich-Einsetzen für die Interessen des anderen bis hin zur Opferbereitschaft.

STERNBERG benennt die drei Dimensionen in ähnlicher Weise:

1. *intimacy:* Intimität, Vertrautheit, Selbstoffenbarung,
2. *passion*: Leidenschaft und Sexualität,
3. *commitment*: Verpflichtung, Verbindlichkeit und Engagement, die bewußte Entscheidung für eine Person und die Bereitschaft, sich für sie zu engagieren.

STERNBERG zählt Gefühle wie emotionale Nähe, Verbundenheit und Zuneigung zur Intimität. Wie aus unseren Daten aber hervorgeht, ist es im Einzelfall häufig schwierig, diese Gefühle von sexuellen Empfindungen zu trennen, z. B. wenn jemand davon spricht, Liebe sei mit Euphorie oder besonderen Glücksgefühlen verbunden. Aus diesem Grunde haben wir STERNBERGs Kategorie „Leidenschaft und Sexualität" um den Aspekt „Gefühle" erweitert und zählen zur Intimität nur Verweise auf Vertrautheit und Verbundenheit. Zur Kategorie *„commitment"* werden alle Äußerungen gezählt, die auf den verpflichtenden Charakter der Liebesbeziehung sowie auf damit verbundene Einschränkungen und Beeinträchtigungen des Lebensstils und -gefühls verweisen.

Bei der Auswertung wurde folgenden Fragen nachgegangen:

1. Machen die Befragten überhaupt einen *prinzipiellen Unterschied zwischen Freundschaft und Liebe*, oder bestimmen sie Freundschaft ganz ähnlich wie Liebe? Auf welchen Dimensionen (Intimität, Emotionalität/Sexualität und Verpflichtung) wird die Liebe charakterisiert?

Tabelle 8: Auffassungen zu Liebe und Freundschaft

	Gesamt	West-♀	West-♂	Ost-♀	Ost-♂ [5]
Freundschaft und Liebe sind gleich/ähnlich*	26	8	13	1	4
Freundschaft und Liebe sind verschieden*	37	8	3	15	11
in bezug auf:					
Intimität	18	4	3	6	8
Gefühle/Sexualität*	33	7	2	14	10
Verpflichtung	12	2	2	3	5

* Die Ost/West-Unterschiede sind signifikant.

Die Ergebnisse zeigen (siehe hierzu Tabelle 8), daß über ein Drittel der Befragten - es sind überwiegend Westberliner - ***keinen prinzipiellen Unterschied zwischen Freundschaft und Liebe*** macht. Sie verweisen entweder auf die große Ähnlichkeit beider oder definieren Liebe als Beziehung, de-

5 Bei einem Ostberliner Mann fehlt dieser Interviewteil wegen eines Defekts des Cassettenrecorders.

ren wichtigster Bestandteil die Freundschaft ist. Dabei treffen sie größtenteils eine Festlegung wie etwa die folgende: Liebe ist Freundschaft *plus* ein weiteres Element, wobei hauptsächlich die Sexualität oder die Erotik genannt werden. Die übrigen, mehr als die Hälfte der Befragten - es sind überwiegend Ostberliner -, unterscheiden Liebe und Freundschaft klar voneinander und beziehen sich dabei auf Sexualität, eine andere Gefühlsqualität, auf Intimität und besondere Verpflichtungen.

2. Wird einer der beiden Beziehungsformen eine größere Präferenz bzw. ein *größerer Stellenwert* zugemessen? Da diese Frage nicht direkt gestellt wurde, kann hier nur gewertet werden, wenn die Befragten sich explizit dazu äußerten. Indirekte Aufschlüsse über den Stellenwert erhält man aber auch, wenn eine Beziehungsform als „umfassender, erfüllender oder tiefer" charakterisiert wird. Sofern dies unter der genannten Einschränkung eindeutig entscheidbar ist, hat *für die Mehrheit der Ostberliner die Liebe den größten Stellenwert* im Leben, während einige Befragte beide Beziehungsformen als gleichrangig für ihr Leben bezeichnen und andere - aufgrund ihrer augenblicklichen Lebenssituation oder generell - der Freundschaft eine größere Bedeutung zumessen (s. dazu die Tabelle 9).

Tabelle 9: Eindeutig erkennbare Präferenz von Freundschaft / Liebe

	Gesamt	West-♀	West-♂	Ost-♀	Ost-♂
nicht entscheidbar	11	9	2	0	0
Präferenz für Freundschaft	12	5	2	5	0
gleicher Stellenwert	14	0	6	4	4
Präferenz für Liebe	26	2	6	7	11

3. Sind die Vorstellungen von Liebe mit *romantischen Elementen* verknüpft? Die Antworten zur Bedeutung von Treue in der Liebesbeziehung werden im nachfolgenden Kapitel ausgewertet. An dieser Stelle werden nur die Befragten berücksichtigt, die Treue als sexuelle (oder körperliche) Treue auffassen, wobei erst später darauf eingegangen wird, ob sich dies als moralischer Anspruch und als romantisches Liebeselement deuten läßt. Die Er-

gebnisse zeigen wiederum, daß Elemente *romantischer Liebesvorstellungen* im Sinne einer „Liebe als Passion“ sich in den Antworten höchst selten finden, am ehesten noch in bezug auf die Vorstellung von Verliebtheit, die manchmal als Realitätsverlust und Sinnesverwirrung und im übrigen als vorübergehender Zustand beschrieben wird. Nur vereinzelt finden sich Verweise auf andauernde Leidenschaft, Erfüllung durch Hingabe oder eine Idealisierung der Liebe. Eine Gegenüberstellung der Konzepte von Verliebtheit und Liebe zeigt, daß von einigen die Liebe eher als Ernüchterung, von anderen eher als Erfüllung erlebt wird.

Eine große Variation der Ergebnisse findet sich in bezug auf die *sexuelle Treue* als Anspruch und Forderung in einer auf Ausschließlichkeit gerichteten Beziehung. Wie aus dem gesonderten Kapitel 2.10 („Konzepte von Treue“) hervorgeht, verbinden die Befragten höchst unterschiedliche Vorstellungen mit dem Begriff „Treue“. An dieser Stelle genüge der Hinweis, daß mehr als die Hälfte der Ostberliner, aber nur ein Drittel der Westberliner die sexuelle Treue für wichtig halten.

Da die vier Untergruppen sich erheblich in ihrer Liebessemantik unterscheiden, sollen sie im folgenden getrennt betrachtet werden.

2.9.1 Ostberliner Männer

1. Gleichheit oder Unterschiedlichkeit von Freundschaft und Liebe?

Die große Mehrheit der Ostberliner Männer trifft eine deutliche Unterscheidung zwischen Liebe und Freundschaft. Nur vier sprechen von einer großen Ähnlichkeit in dem Sinne, daß Liebe Freundschaft enthalte; so z. B. Ulli: „Liebe hat die gleichen Elemente wie die Freundschaft, aber es kommen noch die sexuellen Probleme [!] dazu.“

Die Unterschiede werden in drei Dimensionen gesehen: Intimität - Gefühlsstärke bzw. Erotik/Sexualität - Verpflichtung. Acht Personen verweisen auf die *Intimität*: Liebe sei charakterisiert durch größere Vertrautheit und größere Offenheit zwischen den Eheleuten. So hebt Uwe aus Ostberlin hervor: „In der Ehe kann ich freier und offener reden, auch über den Freund sagen, daß der spinnt“, was er aus Schonung dem Freund nicht sagen würde. Auch die Äußerung von Thomas aus Ostberlin: „Bei meiner Freundschaft ist es gut, daß man sich nicht zu nahe auf die Pelle rückt“, weist indirekt auf eine größere Intimität in der Liebesbeziehung.

Andere Unterschiede zur Freundschaft werden in bezug auf die *Gefühlsstärke* bzw. die *Erotik* oder die *Sexualität* gemacht, und zwar von zehn Personen: „Liebe ist mit einem besonderen Glücksgefühl verbunden." - „Liebe ist euphorischer, mit mehr Erregung verbunden." - „In der Freundschaft ist man ja nun eher vernünftig, eine Liebe ist ein bißchen totalitärer." - „Liebe ist eine erotische Beziehung. Bei der Freundschaft arbeitet mehr der Kopf."

Wilfried aus Ostberlin antwortet auf die Frage nach seinen Gefühlen: „Bei Freundschaften versuche ich solche Dinge [!] nach Möglichkeit nicht in den Vordergrund zu lassen", und er fährt fort, indem er eine Definition von Freundschaft gibt, die typisch für die meisten Ostberliner Männer ist: „Wenn ich sage, ich habe eine Freundschaft zu einem Kollegen, dann ist das eben ein Gefühl der Achtung, der Solidarität, der Hilfsbereitschaft, des Verstehens, des Sich-Helfens. Aber das würde ich nun wirklich abgekoppelt sehen von Liebesbeziehungen ... Liebe ist eine gewisse tiefe Verwurzelung auch der Frage der eigenen Persönlichkeit, des Sich-Wohlfühlens, ist sozusagen ein Rückzugsreservoir. Sie geht mehr in die Tiefe 'rein."

Es wird deutlich, daß die Ostberliner Männer die Liebe im Vergleich zur Freundschaft als diejenige Beziehung charakterisieren, die durch größere Intimität und vor allem Emotionalität gekennzeichnet ist. Auf die größere *Verpflichtung* und *Verbindlichkeit* der Liebe verweisen fünf Befragte, wobei zumeist negative Aspekte des gemeinsamen Alltags hervorgehoben werden. So meint Thomas: „Liebe ist stärker, auf ständig ausgerichtet. Man muß [!] die Schwächen des anderen total annehmen." Wegen der größeren Distanz sei man in der Freundschaft auch toleranter: „Bei Freunden kann man Schwächen des anderen besser tolerieren, weil er einem nicht so doll auf den Pelz rückt." Und Moritz erläutert, daß man in der Liebe auch mal was tun müsse, was einem „gegen den Strich geht": „Sonst weckt mich ja auch niemand nachts um drei, daß ich Hustentee koche. Das ist nur in einer Liebe möglich." Bei einem Freund würde er denken, das könne der auch selber machen.

2. Stellenwert von Freundschaft und Liebe

Von den Befragten heben die Ostberliner Männer am häufigsten die *Vorrangstellung der Liebe* für sie hervor. Es finden sich bei ihnen Äußerungen wie z. B.: „Eine Liebesbeziehung nimmt hundertprozentig den ersten Platz ein!" - „Ohne Liebesbeziehung und ohne familiäre Bindung - das ist für mich identisch - bin ich nur ein halber Mensch." - „Liebe erfüllt den Menschen doch wahrscheinlich in seiner Ganzheit mehr als Freundschaft. Freundschaft ist viele Teile von einem, aber nicht alles." - Eine stark idealisierte Vorstellung von Liebe formuliert Mike: „Liebe gleich Freundschaft plus Sex, das wird nicht gehen. Ich würde Liebe ein Stück höher ansetzen." Liebe ist für ihn „der Idealzustand, das non plus ultra."

3. Hinweise auf romantische Liebesvorstellungen

Zwar ist aus den Aussagen von elf Männern ablesbar, daß sie der Liebe einen höheren Stellenwert als der Freundschaft zumessen, doch verbinden durchaus nicht alle von ihnen eindeutig positive Vorstellungen mit der Liebe. Dies wird besonders deutlich durch die Gegenüberstellung der Äußerungen zu Verliebtheit und Liebe. Zunächst fällt auf, daß für fast alle Befragten - und dies unterscheidet sie deutlich von unseren drei anderen Gruppen - *Verliebtsein* mit *romantischen Vorstellungen* im Sinne von Liebe als Passion verknüpft ist: „man ist verfallen", „idealisiert den anderen", „man lebt nicht mehr auf dem Boden der Realität, sondern hebt total ab", „man springt aus dem Alltag heraus, man ist ein anderer Mensch". Die Mehrzahl der Ostberliner Männer verbindet Verliebtheit mit einem Realitätsverlust, sei es durch Sinnesverblendung („blindes Vertrauen", „bis über beide Ohren verliebt"), durch Idealisierung der Partnerin, durch Abheben vom Boden der Realität oder sei es durch Einschränkung des Denkvermögens („man kann nicht mehr klar denken", „hat seine Gedanken nicht mehr zusammen"). Doch bei diesem Zustand ist, wie Wilfried aus Ostberlin bemerkt, „Anfang und Ende sozusagen schon vorprogrammiert". Alle Männer sind sich einig, daß die Verliebtheit schnell vorübergeht und bestenfalls ein mögliches Vorstadium der Liebe ist. Daß in der Liebesbeziehung auch Verliebtheitsstadien auftreten können, wird nur von einem Ostberliner Mann thematisiert, indem er von „periodischem Aufflackern" spricht; alle anderen betrachten Verliebtheit lediglich als mögliche Vorstufe zur Liebe.

Diese romantischen Vorstellungen, die mit der Verliebtheit verknüpft sind, kommen einigen in der Liebe abhanden, was aus den Äußerungen von sechs Befragten hervorgeht: „Liebe ist Verliebtheit im fortgeschrittenen Stadium, ein Abflachen von Verliebtheit, daß man sich doch schon zu sehr [!] kennt" (Ulli aus Ostberlin). - „Verliebtheit ist so ein Wunschbild vom anderen, da idealisiert man ja. Liebe ist, wenn man weiß, wie der andere wirklich ist, und man mag ihn trotzdem [!] noch" (Sven aus Ostberlin). - „Verliebtheit ist außerhalb des Alltags, man ist ein anderer Mensch, oder gibt sich anders, zeigt nicht sein Alltagsgesicht. Verliebtheit ist ja wohl, daß man doch die Sachen sehr positiv betrachtet, ohne jetzt Folgen zu bedenken. Liebe ist schon mit sehr viel Kenntnis des anderen verhaftet [sic!]" (Uwe aus Ostberlin).

Aus diesen sprachlichen Formulierungen geht hervor, daß die gründliche Kenntnis eines anderen Menschen eher als ernüchternd und desillusionierend betrachtet wird; jedenfalls wird die Begegnung mit dem „wahren" Menschen offenbar nicht als Bereicherung oder Erfüllung gesehen.

Interessant sind die Formulierungen, die Ulli aus Ostberlin verwendet und die darauf hindeuten, daß Gefühle als etwas von außen Kommendes gesehen werden: „Verliebtheit ist die Vorstufe zur Liebe, wo man den anderen kennenlernt. Man sagt immer: die schönste Phase in der Liebe. Man ist bis über beide Ohren verliebt, ergibt [sic!] sich da solchen Gefühlen, die eben am Anfang solcher Beziehungen stehen." Ähnlich charakterisiert Moritz aus Ostberlin Verliebtheit als ein Vorstadium: „Da hat das Gefühl noch nicht so gegriffen. Da ist man noch nicht so gebunden" wie bei der Liebe. - Gefühle und Liebe als Fessel; das liegt auch auf einer Linie mit dem Versprecher von Uwe aus Ostberlin: Liebe sei mit der Kenntnis des ganzen Menschen „verhaftet" (statt „verknüpft").

Andreas aus Ostberlin sieht die Liebesbeziehung problematischer und konflikthafter: „... weil man da die Dinge genauer betrachtet. Weil man sich vertrauter ist, muß man sich auch viel genauer darstellen. Da werden die Grenzen viel mehr abgetastet."

Ähnlich negative Beiklänge haben der Alltag und das „Körperliche" in den Augen von Moritz aus Ostberlin: „Eine Freundschaft ist, sagen wir mal, unkörperlich. Die schließt auch eine Reihe von Themen gar nicht ein, also meinetwegen Kosmetik, Gardinen und irgendwelchen Kram. Das gehört ja natürlich alles zu einer Liebesbeziehung dazu. Ich unterhalte mich ja nicht mit meinen Freunden über Klappbetten." Körperlichkeit wird von ihm nicht mit Sinnlichkeit oder Vergnügen assoziiert. (Bei fünf von diesen sechs Männern ist übrigens das Freundschaftskonzept mit geringer Emotionalität - gemessen in bezug auf emotionale Verbundenheit und Anteilnahme - verbunden. Generell bestehen bei ihnen offenbar geringe Erwartungen an soziale Beziehungen.)

Bei sechs Ostberliner Männern ist also eine deutliche Diskrepanz zwischen dem Stadium der romantischen Verliebtheit und Ernüchterung durch längeres Kennen der Partnerin festzustellen. Nur zwei dieser „enttäuschten Romantiker" sind verheiratet und könnten als Beleg herangezogen werden für den alten Topos, daß Ehe und romantische Liebe unvereinbar seien. Da es sich bei den übrigen vier um alleinlebende Männer im Alter von Anfang 20 handelt, kann ihre Einstellung nicht auf einer breiten Erfahrungsgrundlage beruhen - so daß bei ihnen durchaus noch Hoffnung besteht.

Daß das Kennenlernen des anderen auch beglückend sein kann und als Bereicherung erfahren wird, wird nur von Volker aus Ostberlin thematisiert: „Liebe ist vielleicht so Verliebtheit mit Freundschaft oder so. Liebe ist eben alles. Man fühlt sich geborgen, man kann ihr [gemeint: der Partnerin] auch Geborgenheit geben, man kann auch mit ihr zusammen Neues entdecken, man kann sich gegenseitig viel geben. Das Gefühl des Verliebtseins hat man erst mal gratis zu Anfang, und später ist es eben anders. Zum Anfang ist erst mal das Gefühl der Unsicherheit. Und man gibt von seiner eigenen Identität auch was auf. Liebe ist eben so was, man muß eben man selbst bleiben. Man kann aber auch mit dem anderen Sachen entdecken, die man allein nicht machen kann. Es ist eben ein himmelweiter Unterschied." Volker argumentiert in vielen Punkten wie ein Westberliner und ist auch der einzige Ostberliner, der davon spricht, daß man sich in der Freundschaft öffnen müsse, um die Distanz zum anderen aufzugeben, auch wenn das verletzbar mache. Für fast alle Ostberliner ist die Sicherung der Distanz, die auch durch Höflichkeit gewahrt wird, in der Freundschaft bedeutsam. Distanzen aufgeben, Grenzen überschreiten, sich zeigen, wie man eigentlich ist - alles das hat einen negativen Beiklang.

Für Maro aus Ostberlin ist eine lebenslange Leidenschaft wichtiger Bestandteil seines Liebeskonzepts: Er macht, im Unterschied zu fast allen anderen Befragten, keinen Unterschied zwischen Liebe und Verliebtheit, grenzt aber seine jetzige Vorstellung von Verliebtheit von seiner jugendlichen „Schwärmerei" ab: „Vor zehn, fünfzehn Jahren war das ganz anders. Da konnte man schwärmen. Da fand man jemand schick oder schau und meistens auch sexy. Das war das Eigentliche gewesen, als junger Mensch, weil man noch sehr darauf fixiert war." Er erklärt: „Zum Verliebtsein gehört für mich auch die Vorstellung, mit der Frau zusammen - bis ans Ende der Welt. Nicht durch alle Betten, also nicht unbedingt durch alle Betten, aber bis ans Ende der Welt. Und das ist eigentlich das, was für mich den Hauptinhalt ausmacht. Wenn da irgendwann mal das Gefühl ist: Mein Gott, kriegst du die letzten zwanzig Jahre mit ihr auch noch rum - oder man darauf wartet, bis mal wieder der Haussegen gerade hängt und man mal wieder miteinander Bruderschaft schläft [sic!] - das ist dann zuwenig. Da fehlt dann was."

In bezug auf die Liebessemantik sind die von uns befragten Ostberliner Männer also deutlich polarisiert: Je sechs haben eher negative bzw. eher idealisierte

Vorstellungen von Liebe, bei drei Männern ist es nicht entscheidbar (eine Person fehlt, da der letzte Interviewteil unverständlich war).

Als romantisches Liebeselement mag auch die ausdrückliche Befürwortung der sexuellen Treue in einer Liebesbeziehung gehören, die von zehn Ostberliner Männern bejaht und uneingeschränkt gefordert wird. Drei von ihnen thematisieren sogar die gedankliche Untreue, so z. B. Sven: „Eine geistige Untreue kann eigentlich genauso schlimm sein. Die kann man bloß schlechter verfolgen."

2.9.2 Ostberliner Frauen

1. Gleichheit oder Unterschiedlichkeit von Freundschaft und Liebe?

Die Ostberliner Frauen haben - rein quantitativ gesehen - ein ähnliches Antwortmuster wie die Männer. Dies betrifft einmal die Unterscheidung von Liebe und Freundschaft. Fast alle Frauen sind der Meinung, Liebe und Freundschaft seien unterschiedlich. Nur eine Frau betont, eine gute Liebe und eine enge Freundschaft seien ganz ähnlich. Zwar werde Liebe stärker ausgelöst durch das körperliche Angezogensein, aber auch in der Freundschaft erwarte sie Zärtlichkeit und körperliche Nähe.

Ähnlichkeiten zu den Ostberliner Männern weist auch die Charakterisierung der Liebe in bezug auf die drei Dimensionen *Intimität*, *Gefühlsstärke/Sexualität* und *Vepflichtung* auf. Allerdings beziehen sich die Ostberliner Männer bei der Kennzeichnung von Liebe häufiger explizit auf die *Sexualität*, während die Frauen dies umschreiben: Vier sprechen davon, daß das „Körperliche", „körperliche Aspekte" oder die „erotische Beziehung" „eine Rolle spielen" (letzterer Ausdruck wird von vier Befragten verwendet). Der Ausdruck „Sex", der den Westberlinerinnen leicht über die Lippen geht, wird von den Ostberliner Frauen gar nicht verwendet oder statt dessen umschrieben. So meint Heike: „Dann fällt mir bei Liebe immer mehr die Beziehung zwischen Mann und Frau ein." Auf eine unterschiedliche Gefühlsqualität der Liebe verweisen sechs Ostberliner Frauen: Karin beschreibt es so: „Die Energie, die zwischen den beiden Polen herrscht, ist viel stärker, es prickelt und knistert." Bei ihren Freundinnen würde es nicht knistern. Kerstin sagt: „Also, es [gemeint: Liebe und Freundschaft] funktioniert teilweise nach dem gleichen Prinzip, aber eine Freundschaftsbeziehung ist eben doch nicht so stark emotional determiniert."

Unterschiede in bezug auf die *Intimität* der Liebesbeziehung thematisieren sechs Frauen mit Worten wie: „Man teilt alle Probleme miteinander, das ist bei der Freundschaft nicht der Fall." - „Liebe ist ein anderer Intimbereich." - „Bei einer Freundschaftsbeziehung gibt es dann doch Grenzen. Daß der Mensch um sich herum Abgrenzungen schafft, und da geht man auch nicht darüber hinaus. Will man vielleicht auch gar nicht, weil man den anderen Menschen nicht so intim kennenlernt". Von Abgrenzung spricht auch Karin aus Ostberlin: „Wenn man jemanden liebt, dann möchte man eigentlich immer mit dem zusammen sein. Und das ist bei Freundschaften nicht der Fall. Ich brauche meine Ecke, wo ich eben ganz für mich allein sein kann." Ihren Liebespartner könne sie dabei akzeptieren: „Der stört im Prinzip nie, sag' ich mal. Oder der ist auch immer da, selbst wenn er kilometerweit weg ist." Mehrere Ostberliner Frauen sprechen von den Grenzen und der Distanz in der Freundschaft. (Es sei daran erinnert, daß dieses Thema der Wahrung von Grenzen für sie auch bei der Bedeutung von Höflichkeit in der Freundschaft wichtig war.)

Dreimal wird bei der Charakterisierung der Liebe auf die *Verpflichtung* Bezug genommen, jedoch nicht in derartig negativer Form wie bei den Ostberliner Männern. So erläutert Petra aus Ostberlin: „Liebe ist für meine Begriffe doch intensiver als eine Freundschaft. Weil man ja dem Menschen, den man liebt, sein ganzes Leben anvertraut, eigentlich mein Leben in seine Hände lege. Da lebt man miteinander, ist tagtäglich zusammen. Also, so ist das bei uns: wirklich alle Probleme miteinander teilen. Dieser ganze Alltag, der ist ja in einer Freundschaft nicht da, also die ganzen Alltagssorgen, der ganze Alltagstrott." Stephanie aus Ostberlin spricht von dem größeren Verantwortungsgefühl, das sie ihrem Partner gegenüber hat. Helga aus Ostberlin meint, Liebe umfasse auch die guten und die schlechten Zeiten, auch „schlimme Seiten und Krankheit".

Unterschiede zwischen Frauen und Männern in Ostberlin ergeben sich in dreierlei Hinsicht: in der Bewertung des Stellenwerts der Freundschaft für ihr Leben, in der Auffassung von Liebe und im Konzept von Verliebtheit.

2. Stellenwert von Freundschaft und Liebe

Während kein Ostberliner Mann erklärt, die Freundschaft sei für ihn von höherem Wert, tun dies vier Frauen, wobei drei von ihnen einschränkend sagen, dies gelte für ihre augenblickliche Lebenssituation. So meint Inge: „Nach meiner Scheidung sind die Freundschaften für mich das wichtigste geworden." Für zwei jüngere Frauen im Alter von Anfang 20 ist die Freundschaft „unendlicher" und beständiger: Für Elke ist Freundschaft eine platonische Liebe, und sie findet, daß in der Freundschaft das Gefühl unendlicher sei. „Wenn ich meine Freunde nicht hätte, wäre ich arm. Ohne Liebe kann ich eine Zeitlang leben." Und Berit erklärt: „Freundschaft ist für mich etwas Sichereres als eine Liebesbeziehung, die meistens nicht so lange hält wie eine Freundschaft", und führt dies darauf zurück, daß in der Freundschaft „das Gefühl auf einer Ebene bleibt", während es in der Liebe so schwach werden kann, „daß sie nicht mehr hält, dann ist es aus".

Vier Frauen betonen oder lassen aus ihren Äußerungen erkennen, daß für sie Liebe und Freundschaftsbeziehungen gleich wichtig sind, auch wenn zwei von ihnen zunächst dem Partner eine besondere Bedeutung zumessen, wie z. B. Martina aus Ostberlin: „Also, für mich ist das so, daß der Partner für mich der wichtigste Ansprechpartner in meinen intimsten Gefühlen und Problematiken ist und daß ich da auch vor keinem Thema Hemmungen hätte." Sie fügt aber hinzu, daß sie „der Liebe keinen höheren Rang" einräume. Auch Reina aus Ostberlin bemerkt, daß ihre Familie ihre „Haupterlebniswelt" darstelle, daß sie aber in Liebe und Freundschaftsbeziehungen gleichermaßen Geborgenheit spüre und sie beide Beziehungen als gleich wichtig ansehe.

Daß die Liebe für sie einen größeren Stellenwert als die Freundschaft hat, läßt sich aus den Äußerungen von sieben Frauen ablesen, wobei eine Frau ausdrücklich dem Ehemann die Priorität in ihrem Leben zuspricht: „Für mich ist natürlich mein Ehemann der Allerwichtigste", bemerkt Helga aus Ostberlin, fügt aber hinzu, daß auch die Freundschaft zu ihrem Leben dazugehöre.

Während sich die Ostberliner Männer nach positiver und negativer Liebesauffassung differenzieren lassen, können die Ostberliner Frauen unterschieden werden in solche, die der Freundschaft in ihrem Leben eine größere bzw. gleichrangige Priorität zumessen, und solche, die (vermutlich) der Liebe einen höheren Stellenwert zusprechen (sieben Frauen), da sie Liebe mit intensiverem Kennen und Gerne-beieinander-sein-Wollen assoziieren.

3. Hinweise auf romantische Liebesvorstellungen

Ebenso wie den Ostberliner Männern ist den Frauen je zur Hälfte in ihren Liebesbeziehungen die sexuelle Treue wichtig. Wertet man dies als Anzeichen für eine romantische Liebesauffassung, so ist dies aber auch fast das einzige. Bei der Charakterisierung der Liebe finden sich eher sachliche und kaum euphorische oder idealisierende Vorstellungen. Auch die Kennzeichnung des Verliebtseins unterscheidet sich von denen der Ostberliner Männer. Die Frauen sprechen folgende Bedeutungsdimensionen an: *Gefühle und Stimmung* (starke erotische Gefühle, Eifersucht und Besitzansprüche, himmelhochjauchzend, aufgeregt sein), *plötzliche Begeisterung für jemand anderen* („vom anderen ganz angetan sein", „jemanden interessant oder toll finden", „sich verknallen", „sich vergucken") sowie *körperliche Symptome* (Verliebtsein ist „akut im medizinischen Sinne", man hat Herzklopfen und „schlaflose Nächte", wobei letzteres schon das stärkste der genannten Symptome ist). Viele Frauen verweisen auch auf die Dauer (kurz), die Häufigkeit (relativ oft) und die Qualität dieses Zustands (Oberflächlichkeit). Der von einigen Ostberliner Männern genannte Realitätsverlust findet sich nur in den Äußerungen einer einzigen Frau, die davon spricht, daß man „sich 'reinstürzt, unbedenklich und unbeschwert, alles akzeptiert und nicht klar dabei denkt". Die Ostberliner Frauen scheinen mit dem Gefühl der Verliebtheit also realistischer umzugehen. So thematisiert eine Frau auch die bewußte Kontrolle: „Wenn ich merke, ich bin in so einem Verliebtheitsstadium, daß bei ihm nichts läuft, dann würde ich mich wahrscheinlich bremsen ... schon in dem Stadium, bevor ich dann so ganz aufgehe."

Im Unterschied zu den Ostberliner Männern fallen bei den Frauen die Gegensätze in den Antworten zur Charakterisierung von Verliebtheit und Liebe nicht so gravierend aus. Eine typische Antwort ist die folgende von Katrin: „Verlieben tut man sich oft, so in jemanden sich vergucken oder toll finden. Aber eine Liebe ist für mich 'was Tiefergehendes, was sich erst entwickelt, indem man sich kennenlernt ... oder sich so fast wie eine Persönlichkeit betrachtet." Negative Beiklänge wie bei den Ostberliner Männern finden sich gar nicht.

Daß die Verliebtheit nicht so „rosig" gesehen wird, ist vielleicht auch ein Grund dafür, daß fünf Ostberliner Frauen ungefragt darauf verweisen, daß es auch in ihrer bestehenden Liebesbeziehung immer mal wieder Phasen des Verliebtseins gebe. Reina meint: „Liebe ist das Gefühl, wo auch schon Alltag da ist, und Verliebtsein ist das Frische, wobei ich feststelle, daß man auch in der Ehe öfter mal verliebt sein kann, daß da Phasen sind, wo man dann besonders glücklich miteinander ist, also daß man das Leben irgendwie lockerer angeht, daß da so ein bißchen der Alltagsstreß abfällt, wo es so ein bißchen auflebt, oder man vielleicht mal alles, was sonst einen so belastet, ein bißchen ablegt. Also, wir sind in der Ehe auch, wenn Urlaub ist, öfter mal wieder so verliebter als sonstwo im Alltagsleben. Man ist vielleicht auch einen Hauch mehr zärtlicher miteinander."

Von den Ostberliner Frauen wird also Verliebtheit nicht mit einem Realitätsverlust in Verbindung gebracht. Vielleicht ist dies einer der Gründe, warum die Liebe nicht im Kontext von Enttäuschung gesehen wird wie von einigen Ostberliner Männern. Ebenso wenig finden sich bei ihnen die emphatischen Schilderungen der Liebe und derart häufige ausdrückliche Prioritätensetzungen für die Liebe.

2.9.3 Westberliner Männer

1. Gleichheit oder Unterschiedlichkeit von Freundschaft und Liebe?

Während die Ostberliner mehrheitlich Unterschiede zwischen Freundschaft und Liebe betonen, sind fast alle Westberliner Männer der Ansicht, die Freundschaft sei identisch mit der Liebe bzw. ganz ähnlich wie sie. Liebe enthalte als wesentlichen Bestandteil die Freundschaft, allerdings käme - so äußern sich die meisten Männer - noch die Sexualität und/oder die Erotik dazu. Eine typische Antwort ist die von Jörg aus Westberlin: „Ich denke, daß eine Liebesbeziehung im Idealfall nicht nur eine erotische oder sexuelle Beziehung, sondern darüber hinaus auch die beste Freundschaft beinhalten sollte. Andererseits ist dann die beste Freundschaft alles, was eine Liebesbeziehung auch hat, aber eher unter Ausschluß dieses erotischen oder sexuellen Aspekts, obwohl ich auch denke, daß bei Freundschaften natürlich dieses Kuscheln oder Taktilitäten oder dieses Sich-auch-mal-fallen-lassen-Können, jetzt auch in körperlicher Hinsicht, durchaus mit dazugehören sollte, aber nicht mit der Intensität, wie es halt in der Liebesbeziehung der Fall ist."

Sechs Männer, für die Freundschaft und Liebe - mit Ausnahme der sexuellen Dimension - weitgehend identisch sind, verweisen auf die Dimension der *Verpflichtung* und *Verbindlichkeit*, die durch den gemeinsamen Alltag, den Alltagsstreß („Bei Freunden hat man immer Sonntag, wenn man zusammen ist") und den bewußten Entschluß, zusammen zu leben, gegeben sei. Daniel ist der Meinung, daß „dieses enge Aufeinandersein, der Alltag und der Streß" der Liebe abträglich seien, und bemerkt: „Das ist wahrscheinlich auch der Grund, warum Freundschaften in der Regel auch Ehen überdauern."

Ein Mann (Thilo aus Westberlin) betont, die Ansprüche an die Liebespartnerin, z. B. an die Übereinstimmung in bezug auf den Lebensstil oder Lebensgestaltung, seien größer („Ich brauche Wasser in meiner Nähe"), und er würde auch seiner Partnerin zuliebe keine Konzessionen in diesem Punkt machen.

Nur drei Männer halten Liebe für etwas von Freundschaft deutlich Verschiedenes. „Liebesbeziehungen sind weitgehender, rückhaltloser, enger und intimer, auch durch die Dichte der Kontakte. Sie sind ernsthafter, auch wegen der gemeinsamen Kinder, und haben eine neue Dimension oder Verbindlichkeit", meint Hans, der von den Westberlinern am differenziertesten zwischen Liebes- und Freundschaftsbeziehung unterscheidet, während sonst eher graduelle Unterschiede zwischen beiden Beziehungsformen gemacht werden.

Benjamin aus Westberlin ist der Ansicht, die Liebe habe noch eine andere, vor allem gefühlsmäßige Ebene: „... tief auch in der Nacht beieinander sein". Durch die Sexualität erfahre man eine Erweiterung und Andersartigkeit. Dies ist allerdings nicht im Sinne einer romantischen Liebesvision zu sehen. Er betont, zur Liebe gehöre die persönliche Entscheidung für seine Partnerin („Treue ist der Verzicht auf eine tolle Gelegenheit, auch mit einer anderen Frau was zu machen") und seine Liebesbeziehung sei auf Längerfristigkeit bezogen, „auch wenn es nicht hundertprozentig die Idealpartnerin ist".

Zwei dieser Männer beziehen sich auf die größere Verbindlichkeit der Liebe im Vergleich zur Freundschaft und damit auf die Dimension Verpflichtung. Es sei daran erinnert, daß sechs weitere Männer, die Liebe und Freundschaft jedoch als weitgehend ähnlich bezeichnen, ebenfalls auf die Verpflichtung und den Alltagsstreß in der Liebe verweisen.

2. Stellenwert von Freundschaft und Liebe

Für die beiden gerade zitierten Männer hat offenbar die Liebe einen größeren Stellenwert, was man auch in bezug auf vier weitere Männer vermuten kann. Zwei Männer geben der Freundschaft den Vorzug, so beispielsweise Dietmar aus Westberlin, der meint: „Freundschaft ist das Tragfähigere. Liebesbeziehungen sind eine relativ kurze Sache." Für sechs Männer scheinen sowohl Liebe als auch Freundschaft eine wichtige Bedeutung zu haben. Sie heben dabei positive Aspekte von Freundschaft hervor, wie z. B. das Fehlen des Alltags („Der Alltag kostet Substanz. Der bringt mitunter 'was, aber der kostet auch viel. Da geht halt der Lack ab") und die größere Distanz („In der Freundschaft tut man sich nicht so weh. Man hat überwiegend positive Erlebnisse"). Im Verlauf des Interviews sprachen drei Westberliner Männer davon, daß sie Freunde brauchten, um einen größeren Freiraum zu haben. So begründet Fritz aus Westberlin seinen Bedarf an Freundschaft damit, daß seine Frau ihm nicht alle Bedürfnisse befriedigen könne und in bestimmten Dingen für ihn kein Verständnis habe. Paul führt aus, er brauche Freunde „als Erweiterung, als ein Schritt gegen die Einengung in der bestehenden partnerschaftlichen Beziehung; die wird sonst zu sehr belastet, weil sie alles tragen muß. Freundschaft gibt mir mehr persönlichen Freiraum." Alfons meint: „Ohne Freunde würde ich mich zu sehr an meine Familie binden", was für ihn offenbar etwas Negatives bedeutet.

Liebesbeziehungen werden von den Westberliner Männern also häufig unter dem Gesichtspunkt der Einengung, der Abhängigkeit und des Alltags gesehen.

3. Hinweise auf romantische Liebesvorstellungen

Bei den befragten Westberliner Männern ist kein Raum für romantische Visionen von Liebe - vermutlich, weil die Liebesvorstellungen stark mit dem Freundschaftskonzept verwoben sind. Auch die Treue, auf die wir gesondert eingehen, wird vor allem von Westberliner Männern unter dem Aspekt der Verpflichtung und des Zwangs gesehen.

Vergleicht man die Vorstellungen zum Unterschied von Liebe und Verliebtheit, so sind sie am häufigsten auf die Dimension: oberflächlich und kurz vs. verbindlich und dauerhaft, bezogen. Nur ein Mann befindet: „Es soll Fälle geben, wo dies ein Jahr lang angedauert hat."

Metaphern des Realitäts- oder Sinnesverlusts finden sich bei den Westberlinern nicht. Deshalb gibt es bei der Gegenüberstellung von Verliebtheit und Liebe auch nicht den „Absturz" in die Wirklichkeit, der von einigen Ostberliner Männern thematisiert wird. Jörg: „Verliebtheit ist - sagen wir mal so - dieser beginnende Aspekt von einer möglichen Liebesbeziehung. Es ist also dieses anfängliche Herzgeflatter und dieses Gefühl, nicht mehr in Ruhe essen und schlafen zu können. Und wenn halt dieses Verliebtsein kontinuierlich weiterentwickelt wird, also auch mit dem besseren Kennenlernen und mit der intensiveren Auseinandersetzung zu dieser Person oder dieser Frau oder diesem Mann, dann wird es irgendwann mal 'ne Liebe."

Knut aus Westberlin: „Verliebtsein, das ist halt das erste Entflammtsein, und Liebe, das ist, wenn man die Idealbilder langsam korrigiert und deshalb trotzdem nicht sagt: Ach, jetzt bin ich aber so fürchterlich enttäuscht, jetzt wollen wir das ganze lieber wieder abbrechen oder was, sondern man entdeckt im Grunde genommen erst mal die Gründe, weshalb man mit dem Partner zusammen ist."

Euphorische Worte zur Verliebtheit und zur Liebe finden sich bei Rolf, der aber zwischen Liebe und Freundschaft keinen Unterschied macht: „Dieses Verliebtsein steht am Anfang, und das ist so, wie wenn ich eine Treppe 'rauf will, die hat, sagen wir, zehn Stufen. Verliebtsein ist bis zur fünften Stufe, und entweder gehe ich weiter die Treppe hoch, und dann entsteht Liebe, oder ich gehe die Treppe wieder 'runter. Aber ich bin auch, muß ich sagen, in alle meine Freundinnen und Freunde am Anfang verliebt gewesen ein Stückchen, ja, doch, und ich liebe die jetzt auch alle, ja." - Interviewerin: „Also, es ist nur intensiver, die Liebe, oder länger andauernd, aber an sich ist es dasselbe?" -Rolf: „Ja, das ist so wie bei einer Rose, da ist erst die Knospe, und das ist das Verliebtsein, und wenn die Rose offen ist und aufgeblüht ist, das ist dann Liebe."

2.9.4 Westberliner Frauen

1. Gleichheit oder Unterschiedlichkeit von Freundschaft und Liebe?

Die Hälfte der Westberliner Frauen ist der Auffassung, Liebe und Freundschaft seien sich sehr ähnlich, der Hauptbestandteil der Liebe sei die Freundschaft, wenngleich - so betonen einige - noch die Sexualität hinzukomme („Liebe ist Freundschaft mit Herzklopfen", wie Renate definiert). Doris meint: „Liebe ist gleichzusetzen mit guter Freundschaft, das Leben und Erleben teilen, halt Freude und Leid miteinander durchleben."

Die anderen Frauen betonen die Unterschiedlichkeit der Liebe. Die Dimension der *Intimität* wird dabei viermal thematisiert, wobei zwei Frauen die größere Intimität in der Liebesbeziehung und zwei weitere im Gegensatz dazu die größere Offenheit, die der Freundin gegenüber möglich sei, hervorheben. Von den übrigen Befragten nimmt keine explizit Bezug auf Intimität. Da sie entweder keinen Unterschied zwischen Liebe und Freundschaft machen oder den Unterschied in den Gefühlen und der Sexualität sehen, ist daraus zu folgern, daß sie Freundschaft und Liebe in bezug auf die Dimension Intimität als gleichartig ansehen. Die Komponente *Verpflichtung* wird nur zweimal eher am Rande erwähnt, mit Worten wie: „In der Liebe bestehen andere Ansprüche auf Verfügbarkeit", und unspezifisch: „In der Liebe sind die Verpflichtung und die Ausschließlichkeit anders."

Insgesamt thematisieren die Westberliner Frauen bei ihrem Reden über Liebe am häufigsten die Dimension *Gefühle, Erotik und Sexualität*. Während die oben erwähnten sieben Frauen meinen, Freundschaft sei Liebe plus Erotik/Sexualität und prinzipiell der Freundschaft ähnlich, betonen sechs Frauen, daß die Liebe zwar Bestandteile von Freundschaft enthalte, daß sich aber durch das Hinzukommen der Sexualität auch die Qualität der Beziehung verändere. Ute aus Westberlin: „Also eine Freundschaft ist nicht so belastet wie die Liebesbeziehung. Ich finde, Sexualität ist eine starke Belastung, weil es unseren Lebensweg, also uns persönlich tangiert, mit unseren Wünschen nach Geborgenheit. Dieses ganze Vereinigen, was in der Sexualität steckt, das ist eine hohe Gefahr." Auch Maria und Mädy betonen, daß die hohe emotionale Abhängigkeit in einer Zweierbeziehung sie viel „empfindlicher, verletzbarer" mache bzw. daß sie „verletzlicher sind und auch den anderen verletzen können".

Die Sexualität scheint für die von uns befragten Westberliner Männer und Frauen eine unterschiedliche Bedeutung zu haben. Während sie für die Männer eher bedeutet, daß die Beziehung dadurch „intensiver“ wird, scheint sich für einige Frauen die Qualität der Beziehung dadurch wesentlich zu ändern, und zwar indem mehr Ängste, Unsicherheiten, Verletzbarkeiten entstehen bzw. wahrgenommen werden.

Elisabeth: „Ich glaube, eine Freundschaft ist rationaler, mehr vom Kopf her. Sie hat zwar auch sehr viel mit Gefühl zu tun, aber in einer Liebesbeziehung - also wenn die Sexualität da ist, und wenn sie dann auch noch toll ist - entsteht ab einem gewissen Punkt 'ne Form von Wahnsinn, und da ist mit Verstand und mit rationalem Verhalten nichts mehr zu machen. Und da beginnt dann auch sehr viel Unsicherheit, sehr viel Ängstlichkeit, und das steht dann im krassen Gegensatz zu einer Freundschaft.“

Carola schildert, wie sie durch überhöhte Erwartungen häufig unglücklich wird: „Ich denke, daß in der Liebesbeziehung ein Moment der Intensität wahnsinnig wichtig ist und auch der Verpflichtung, vielleicht von Ausschließlichkeit, die aber nicht irgendwo so gesetzt sein darf, daß man sagt, du sollst außer mir keinen anderen, sondern die aus einem Bedürfnis entstehen soll, so 'was von Einzigartigkeit für den anderen. Aber inzwischen habe ich das, glaube ich, für mich als Ideal entlarvt, das mich eigentlich immer nur unglücklich gemacht hat, wenn ich so an eine Liebesbeziehung herangegangen bin.“

Auch Bärbel spricht von den Gefahren der Liebe, die sie in der emotionalen Abhängigkeit sieht: „Ich verhalte mich in einer Liebesbeziehung doch viel verletzlicher, oder ich persönlich mache mich von einer Liebesbeziehung oft viel abhängiger, also werde ich sehr kindlich oft. In einer Freundschaft fühle ich mich gleichberechtigt. Also, da gibt es oft so Differenzen, daß ich da zurückfalle in alte, diese alte Vater-Mutter-Geschichte. Dieses tägliche Zusammenleben in einer Liebesbeziehung, ach so, na gut, ich spreche jetzt von der Ehe, gut, das ist dann noch mal was anderes. Also, dieser Alltag, der ist schon mal anders, ja.“ Bärbel ist die einzige, die auf den Alltag Bezug nimmt, der - wie wir gesehen haben - bei den Männern eine der Liebe abträgliche Rolle spielt.

2. Stellenwert von Freundschaft und Liebe

Von den Westberliner Frauen sprechen sich nur zwei eindeutig zugunsten der Liebe aus. Maria betont, daß die Liebe „noch enger, noch vertrauter, noch intensiver sei“, und meint, daß die Liebe ihr ein Gefühl der Sicherheit gebe. Ansonsten erhält die Freundschaft die häufigsten positiven Stellungnahmen. Ute, die oben zitiert wurde mit ihren Äußerungen über die Belastung der Liebesbeziehung durch die Sexualität und die damit verbundenen Wünsche nach Geborgenheit, zieht dann auch ein nicht überraschendes Fazit: „Ich kann auch in einer Freundschaft viel mehr Interessen verwirklichen und leben, die mich beschäftigen, denke ich mir. Da kannst du dich viel besser verwirklichen als von einer Liebesbeziehung her."

3. Hinweise auf romantische Liebesvorstellungen

Christine, 35 Jahre und verheiratet, ist eine der beiden Frauen, die eindeutig der Liebe eine Präferenz geben: „Unter Liebe, da stelle ich mir so was ganz Umfassendes vor, daß ich Teile meines Selbst irgendwie für jemanden aufgebe, auch wieder viel dafür empfange oder so, oder so das Ergänzende. Ach, das hört sich alles so komisch an, aber, langfristig, was Tiefes. Bei den Freundinnen wären mir mehr Bereiche wichtig." Dieser Gedanke: Hingabe und beschenkt werden und Ergänzung erfahren, ist der einzige Hinweis auf romantische Vorstellungen, der sich in den Antworten der Westberliner Frauen findet.

Die Äußerungen zur Verliebtheit sind im wesentlichen auf Stimmung und Gefühle bezogen, wie zwei Zitate verdeutlichen sollen. Michaela (lachend): „In jemanden verliebt zu sein ist das, was man mit dem rosaroten Himmel bezeichnet oder der rosaroten Brille, das ist das prickelnde Gefühl und die roten Backen und abends nicht schlafen können und ganz aufgeregt auf ein Telefonat warten, das ist Verliebtsein. Und Liebe ist eher der ruhige Teil, das Wissen umeinander und wissen, wo die Schwächen und die Stärken sind, und das Akzeptieren und das Schätzen und schon einiges ausgestanden haben, also auch Konflikte." - Paula: „Ja, Verliebtsein ist halt oberflächlich, das ist spannend, mit Herzklopfen und Kribbeln und einfach neugierig sein und erkunden wollen, und Liebe ist halt ein fließender Übergang. Man kann ganz selten sagen, wann ich nun noch verliebt bin und wann ich denjenigen liebe, aber es ist einfach reifer, man kennt sich besser."

Mit Ausnahme des Bildes von Doris (Verliebtheit überfällt einen wie Masern und flaut dann ab) sind die Beschreibungen des Verliebtheitsstadiums eher nüchtern: etwas Flüchtiges, ein vorübergehendes starkes anfängliches Gefühl, oberflächlich, häufig. Es fehlen Metaphern, die auf einen Realitätsverlust hindeuten oder darauf, den „Kopf zu verlieren". Verliebtheit wird, wenn überhaupt, eher als Stimmung, als angenehmes Prickeln geschildert. Eine Frau spricht von „Euphorie und alles schön finden".

Es fehlen - vergleicht man die Äußerungen der Westberliner Frauen zu Liebe und Verliebtheit mit denen der Männer - Hinweise auf Enttäuschungen durch den Alltag oder durch das zu genaue Kennenlernen. Nur Ute aus Westberlin betont ein „Muß“ in der Liebe: „In der Liebe muß ich mich schon auf den anderen stärker einlassen, auch seine Schwächen und Macken und das, was er will, viel stärker konfrontieren. Beim Verliebtsein kann ich mich stärker abgrenzen. Da gucke ich erst mal, was ist, und gehe meinen Gefühlen nach.“

2.9.5 Fazit

Zusammenfassend ergibt sich aus unseren Interviews, daß die Ostberliner (Männer wie Frauen gleichermaßen) der Liebesbeziehung einen größeren Stellenwert als der Freundschaft einräumen und die Liebe als Ort der Intimität, Vertrautheit und gefühlsmäßigen Nähe sehen. Die Westberliner dagegen charakterisieren die Freundschaftsbeziehung in dieser Weise und messen ihr einen hohen emotionalen Wert zu. Daß Freunde sich ein Gefühl der Sicherheit, des Rückhalts und der Geborgenheit geben, wird von mehr als der Hälfte der Westberliner hervorgehoben, während Ostberliner - sofern sie überhaupt derartige emotionale Werte thematisieren - sich auf die Partnerschaftsbeziehung und die Familie beziehen. Sie fordern auch häufiger als die Westberliner Treue in sexueller und emotionaler Hinsicht. Für TENBRUCKs Vermutung, daß die Personalisierung der Intimbeziehung gleichermaßen zu hochpersonalisierten Freundschaftsbeziehungen und zu romantischen Liebesvorstellungen führe, gibt es in unserer Befragung kaum Belege. Allenfalls sind bei einigen wenigen Ostberliner Männern stark idealisierte Vorstellungen von Liebe zu finden, und bei der Mehrzahl tauchen in ihren Verliebtheitskonzepten Elemente von Liebe als Passion auf. Die Ostberliner Frauen schildern die Verliebtheit deutlich sachlicher.

Aus amerikanischen Forschungsergebnissen ist bekannt, daß Männer sich eher als Frauen romantischen Gefühlen hingeben, sich diese leisten und leisten können, während es für Frauen vorteilhafter ist, wenn sie bei der Partnerwahl rationaler vorgehen, da ihre soziale Position von der des Mannes abhängt. Bei unseren Befragten trifft dies nur für die Ostberliner Personen zu, obwohl man dies wegen der sozialen Absicherung der Frau nicht unbedingt vermuten würde.

Die Liebe hat für die Ostberliner Männer jedoch nicht nur einen positiven Beiklang. Einige verweisen auf die Ernüchterung durch das genauere Kennenlernen der Partnerin und auf die Belastungen durch den Alltag. Auch einige Westberliner Männer sehen die Belastung ihrer Partnerschaftsbeziehung durch Alltag und Streß und heben - im Vergleich zu den anderen Befragten - als einzige die Einengung durch die Partnerbeziehung hervor. Die Tatsache, daß es in der Gruppe unserer Befragten ausschließlich Männer sind, die sich über den Alltagsstreß, welcher die Liebe beeinträchtige, über Verpflichtungen, welche die Liebe mit sich bringe, und die Einengung in der Partnerschaft beklagen, könnte man vielleicht als Beleg für enttäuschte romantische Erwartungen deuten. Die Frauen schildern die Liebesbeziehungen jedenfalls nicht mit derartigem auf den Partner oder das Zusammenleben bezogenen negativen Beiklang. Die Westberliner Frauen thematisieren eher eine Belastung durch ihre emotionale Abhängigkeit in der Liebesbeziehung. Die wenigsten negativen Bedeutungsanklänge im Zusammenhang mit Liebe finden sich bei den Ostberliner Frauen, die sich allerdings in zwei Gruppen unterscheiden lassen, wobei eine Gruppe mehr den Wert der Freundschaft für ihr Leben thematisiert (und die Dauerhaftigkeit und die Stabilität hervorhebt) und die andere eine größere Bedeutung der Liebesbeziehung erkennen läßt.

2.10 Konzepte von Treue

Die letzte Frage des Interviews lautete: „Was bedeutet für Sie Treue?" Dazu finden sich zwei Antworttypen: einmal im Sinne einer Definition des Begriffs, ein andermal eine Erläuterung der Einstellung zur Treue, wobei Definition und Einstellung nicht immer eindeutig zu trennen sind. (Deshalb stellte sich die Formulierung dieser Frage im nachhinein als ungünstig heraus. Besser wäre es gewesen, getrennt nach Verständnis und Einstellung zu fragen.)

Soweit die Befragten sich dazu äußern, lassen sich auf der Ebene der Definition unterschiedlich weit gefaßte Konzepte von Treue erkennen, die im wesentlichen davon bestimmt sind, ob und inwieweit sexuelle Treue darunter gefaßt wird oder ob Treue mehr in einem globalen Sinne verstanden wird. Diesen Dimensionen entsprechend, lassen sich *sechs verschiedene Konzepte* unterscheiden:

Konzept 1: Sexuelle Treue als strenger Grundsatz in einer auf Ausschließlichkeit gerichteten Beziehung

Einige Befragte betonen, daß sich diese Treue nicht nur auf den körperlichen Bereich, sondern auch auf die Gedanken beziehe. Katrin aus Ostberlin: „Treue verstehe ich nicht nur körperlich, daß man nicht fremdgeht, sondern auch geistig." Für Maro aus Ostberlin ist gedankliche Untreue schon eine Art Fremdgehen: „Nach meiner Auffassung fängt dieses Fremdgehen ja eigentlich viel früher an, wenn man sich gedanklich, emotional von dem Menschen löst. Man braucht noch nicht mal mit dem anderen ins Bett gegangen zu sein und kann trotzdem untreu werden, wenn man jetzt die ganze Beziehung versucht beiseitezuschieben oder das als Last empfindet." Auch Sven aus Ostberlin findet: „Eine geistige Untreue kann eigentlich genauso schlimm sein. Die kann man bloß schlechter verfolgen." Der Treuebegriff dieser Personen ist mit einer rigorosen Einstellung zur Untreue verbunden: „In der Liebe kann man nur einmal untreu sein", meint eine Ostberliner Studentin. - Insgesamt wird dieser strenge Treuebegriff von acht Ostberlinern (drei Männern und fünf Frauen) und nur drei Westberlinern (ausschließlich Männern) vertreten.

Konzept 2: Treue in emotionaler und sexueller Hinsicht

Die Befragten verweisen darauf, daß für sie Treue zwei wichtige Aspekte hat und daß neben der sexuellen Treue auch bedeutsam ist, daß der Partner sie unterstützt, akzeptiert und zu ihnen steht. So meint Michaela aus Westberlin: „Treue ist schon wichtig in sexueller Hinsicht. Aber es ist für mich auch ganz wichtig, daß ich das Gefühl habe, dieser Mensch, der hat mich lieb, so wie ich bin, mit meinen ganzen Fehlern und Qualitäten und meinen ganzen Arten, die ich so an mir habe, das ist mir das Allerwichtigste, aber auch lieb mit einem richtig warmen Gefühl, daß der mich in den Arm nehmen kann und auch berühren kann und einfach ein gutes Gefühl zu mir hat. Das ist auf jeden Fall für mich Treue, so daß das also schon fast an Freundschaft heranreicht." Hierbei wird, wie bei so vielen anderen Westberlinern, wieder die hohe Wertschätzung der Freundschaft deutlich. - Dies Treuekonzept wird von zehn Ostberlinern (sechs Männern und vier Frauen) und nur drei Westberlinern (ausschließlich Frauen) vertreten.

Konzept 3: Relativiertes Treueverständnis

Treue bezieht sich im wesentlichen auf das Gefühl emotionaler Verbundenheit (Klaus aus Ostberlin: „Treue ist Verantwortung, Verbundenheit und Geborgenheit"), wobei die Forderung nach sexueller Treue zweitrangig ist oder relativiert wird. Fritz aus Westberlin: „Meine Partnerin hat für mich Priorität. Das bedeutet aber nicht, daß es mich einengt, daß ich nie Sex mit einer anderen hätte."

Die sexuelle Treue wird aus unterschiedlichen Gründen als problematisch angesehen, sei es, daß man sie selbst hoch schätzt, aber enttäuschende Erfahrungen mit seinen Partnern gemacht hat („Ein schönes Wort, die Erfahrung hat es mich anders gelehrt"), sei es, daß man selber Schwierigkeiten hat, den Anspruch zu erfüllen („Ich finde es schon wichtig, habe aber Schwierigkeiten damit"), sei es, daß man die menschliche Natur für die Untreue verantwortlich macht. Entscheidend ist, daß die emotionale Verbundenheit stark genug ist.

Volker aus Ostberlin: „Ich leb' jetzt seit zwei Jahren mit dem Mädel zusammen, zum einen hab' ich gedacht, wenn die einmal fremdgeht, ist es vorbei, und jetzt sehe ich das eigentlich nicht mehr so. Es ist vielleicht sogar im gewissen Sinne verständlich, wenn mal so was passiert, weil, vielleicht sind die Menschen auch so angelegt, ich weiß es nicht. Das wichtigste ist was anderes, daß ich sozusagen in ihren Gedanken, in ihren Gefühlen wirklich immer noch die Nummer eins bleibe."

Eva aus Ostberlin plädiert dafür, jedem Liebespartner die Entscheidung darüber zu lassen, „wie weit er geht" und ob er eine andere Beziehung nebenher eingehen will. „Eifersüchtelei und so etwas kann eine Beziehung kaputtmachen. Und man liebt sich um so mehr, wenn der andere auch Freiraum läßt für den Partner. Wenn ich so eingesperrt werde, um treu zu sein, dann fühl' ich mich nicht gut. Und dann bin ich's auch nicht freiwillig."

Die Differenzierung in sexuelle und emotionale Treue ermöglicht auch unter Umständen das Verzeihen einer Untreue des Partners. So meint Inge aus Ostberlin: „Wenn ich wüßte, er ginge eine flüchtige Beziehung ein, die ihn nicht als ganzen Menschen fordert und bindet und fesselt, das würde ich akzeptieren können. Das würde auch nicht die Liebe zerstören."

Es sind hauptsächlich Frauen, die ihrem Partner einen Seitensprung durchaus mal verzeihen könnten. Dies steht übrigens im Einklang mit der Literatur, aus der hervorgeht, daß Männer seltener als Frauen bereit sind, ihrer Partnerin einen Seitensprung zu verzeihen. Dies kann auch als Anzeichen für eine Doppelmoral, nach der unterschiedliche Standards an das Verhalten von Frauen und Männern angelegt werden, interpretiert werden.

Dies relativierte Treueverständnis findet sich bei über einem Drittel der Befragten: bei 13 Ostberlinern (sechs Männern und sieben Frauen) und zehn Westberlinern (sechs Männern und vier Frauen).

Konzept 4: Treue als Ausdruck der emotionalen Verbundenheit

Dabei wird die sexuelle Treue nicht thematisiert. Treue signalisiert hier eine besondere Einstellung dem anderen gegenüber, wobei diese gekennzeichnet ist durch die bewußte Entscheidung, dieser Person eine Priorität im eigenen Leben einzuräumen, sowie durch gegenseitige Verläßlichkeit und Vertrauen. Dieser Begriff wird mit Worten charakterisiert wie: „er ist die Hauptperson in meinem Leben", „er ist die Nummer eins für mich"; und der Begriff verweist auf Zuverlässigkeit, Zusammenhalten, Füreinander-Einstehen und „dem anderen eine existentiell notwendige Geborgenheit geben".

Elisabeth aus Westberlin bezeichnet als Treue, „daß dieser Mensch einen festen Platz in meinem Herzen hat und ich auch nach außen hin dazu stehe und auch vermittle. So ein Gefühl, wie ich zu diesem Menschen habe, ist so schnell nicht zu erschüttern und ist auch nicht auswechselbar oder zu vertauschen oder so."

Es sind ausnahmslos Westberliner (zwei Männer und sechs Frauen), die dieses Treuekonzept vertreten.

Konzept 5: Treue als Offenheits- und Ehrlichkeitsgebot

Die Befragten fassen Treue auf als Forderung, über eine eventuelle Untreue zu reden: „... daß ich in punkto Seitensprünge die Verpflichtung fühle, mit meinem Partner darüber zu reden". - „Treue heißt, sich nicht zu belügen, und nicht unbedingt, nicht fremdzugehen." Von diesen Personen wird die Heimlichkeit eines Seitensprungs als schlimmer angesehen. Einer bemerkt: „Treusein ist ehrlich und offen sein und warten können." Offenheit bzw. „Beichten" wird von ihm nicht nur als bequeme Entlastungsstrategie angesehen, sondern bedeutet auch, eigene Konzessionen an die Partnerin zu machen.

Es sind drei Westberliner (zwei Männer und eine Frau), die das Offenheitsgebot als einzigen Treueaspekt nennen und ihre Partner vor vollendete Tatsachen stellen. Auch zwei Ostberliner erwähnen diesen Aspekt neben anderen Treuekomponenten, wollen aber schon in einem frühen Stadium gewarnt werden, wenn die Partnerin sich für jemand anders interessiert.

Konzept 6: Ablehnung der Treue als Verpflichtung

Eine letzte Gruppe lehnt den Begriff Treue überhaupt ab, vor allem mit dem Argument, daß er Einengung und Zwang bedeute. So finden sich hier Antworten wie: „Ich benutze dieses Wort nicht, weil es auf sexuelle Ausschließlichkeit gerichtet ist." - „Treue hat einen faden Beigeschmack nach Verpflichtung. Dagegen wehre ich mich." - Rolf aus Westberlin: „Ach, das ist für mich mehr ein Wort aus dem Mittelalter. Treue hat für mich was mit Anspruch zu tun und Zwang und Unfreiheit. Das ist ein Naziwort: ‚Unsere Ehre heißt Treue', der Wahlspruch der SS, das lehne ich ab."

Eine Ablehnung dieses Begriffs bedeutet nicht, daß die Personen dieser Kategorie aktiv sexuelle Untreue praktizierten, aber sie wehren sich gegen den Anspruch, weil sie sich eingeengt fühlen. („Dies ist für mich negativ besetzt, der Begriff ist hart und starr, er ist einengend", bemerkt jemand, fügt jedoch hinzu: „Ich bin wahrscheinlich treu.")

Alle diejenigen, die Treue als Verpflichtung und Einengung kritisieren bzw. ablehnen, sind wiederum Westberliner (drei Männer und zwei Frauen), die auf ihr Recht auf Selbstverwirklichung pochen.

Die Befragten vertreten also, insgesamt betrachtet, in bezug auf den Begriff „Treue“ sehr kontroverse Auffassungen. Konzentrieren wir uns auf das klassische Treueverständnis, die sexuelle Treue, dann finden wir, daß vor allem die Ostberliner diese ausdrücklich befürworten. Jeweils die Hälfte der befragten Frauen und Männer bejaht und fordert uneingeschränkt die sexuelle Treue in einer Liebesbeziehung. Drei Männer thematisieren sogar die gedankliche Untreue. In Westberlin sprechen sich nur drei Frauen und drei Männer für sexuelle Treue aus. Wenn man noch aus Konzept 3 die Treuewilligen, aber nicht Treuefähigen hinzurechnet, erhöht sich die Häufigkeit der Befürworter sexueller Treue geringfügig um eine bis zwei Personen pro Gruppe. Auch in Konzept 4 (Treue als Ausdruck emotionaler Verbundenheit) mag sich noch der eine oder andere Anhänger eines sexuellen Treuebegriffs befinden, da die Vagheit ihrer Definitionen („daß er mir Geborgenheit vermittelt“, „daß er mich liebt und akzeptiert“) durchaus Raum für sexuelle Treue läßt, doch ist es eher unwahrscheinlich, daß es sich um sehr viele Personen handelt.

Betrachtet man den *Familienstand* der Befragten, so schält sich ein interessantes Ergebnis heraus: Die Befürworter der sexuellen bzw. emotional-sexuellen Treue sind überwiegend ledig, die verheirateten/gebundenen Personen vertreten ein relativiertes Treuekonzept. Der Unterschied ist signifikant. Fast ausnahmslos sind die ledigen - und das heißt auch: die jüngeren - Ostberliner Männer Vertreter eines Treuekonzepts, das sexuelle Treue einbezieht; von den verheirateten sind es nur noch drei. Möglicherweise sind sie aufgrund ihrer Lebenserfahrungen zu einer anderen Einstellung gelangt. Aus vergleichenden Jugenduntersuchungen in Ost- und Westberlin ist bekannt, daß Jugendliche der Treue noch eine sehr hohe Bedeutung für ihre Liebesbeziehungen zumessen (OSWALD/PFORR 1991). Bei den von uns befragten Ostberlinerinnen ist jedenfalls kein derartiger „Schwund“ zu verzeichnen: Von denjenigen, die sich für sexuelle Treue aussprechen, sind vier ledig und fünf verheiratet. Unsere Zahlen sind zu klein, als daß sich die Ergebnisse verallgemeinern ließen. Jedenfalls könnten sich am unterschiedlichen Treueverständnis der verheirateten Partner Konflikte entzünden. Daß vier der sieben Frauen, die ein relativiertes Treueverständnis haben, ausdrücklich davon sprechen, daß sie ihrem Partner einen gelegentlichen Seitensprung vielleicht verzeihen könnten, ist mit aller Vorsicht als eine Konfliktlösungsstrategie zu deuten.

Es wäre sicherlich interessant gewesen, die Befragten zusätzlich nach ihren Begründungen zu fragen, sofern sie Treue als sexuelle Treue definierten. Leider ist dies nicht geschehen. Allerdings lassen die Aussagen einiger Personen Rückschlüsse auf ihre Motivation zu. Dabei wird auf höchst unterschiedliche Aspekte verwiesen: Auf die Moral mag sich niemand mehr berufen, einige sprechen fast entschuldigend davon, daß sie sehr „altmodisch" oder „konservativ" seien und dem „alten Muster" anhingen. Thematisiert werden vorwiegend rein pragmatische Erwägungen, so z. B. die zeitlichen und seelischen Belastungen, welche sexuelle Untreue mit sich bringt.

Benjamin aus Westberlin führt aus: „Probleme hätte ich deswegen damit [gemeint: mit der Untreue], nicht weil die Gesellschaft sagt, man soll mit nur einer Frau zusammen sein, sondern wegen dem Zeitfaktor. Da würde ich mich verzetteln, oder ich kriege im Kopf nicht mehr richtig durcheinander, was jetzt bei wem war. Da leidet irgendwas darunter, da leidet eine Intensität darunter, und zugunsten der Intensität verzichte ich auf noch andere tolle Erfahrungen, also deswegen verzichte ich." Treue definiert er deshalb folgerichtig für sich als „Verzicht - Verzicht auf eine tolle Gelegenheit, mit einer anderen Frau was zu machen".

Für Jens aus Westberlin ist die sexuelle Treue ebenfalls nicht Ausdruck einer Entscheidung für eine bestimmte Person, sondern gewissermaßen ein Nebenprodukt, da man durch eine tiefe Liebesbeziehung emotional stark involviert ist: „Der herkömmliche Treuebegriff bezieht sich ja eigentlich ausschließlich auf die geschlechtliche Treue. Ich finde aber Treue tiefergehend. Daß sich daraus eine geschlechtliche Treue ergeben wird, das liegt wahrscheinlich eher daran, daß man durch eine tiefe Liebesbeziehung einfach emotional besetzt ist und gar kein Interesse hat an anderen Kontakten."

Wie für Jens sexuelle Treue nicht ein moralisches Prinzip ist, so ist auch für andere Personen in ähnlicher Weise sexuelle Treue ein anderer Ausdruck für Liebesgefühle - solange die Beziehung eben währt. Karin aus Ostberlin: „In dem Moment, wo in der Liebesbeziehung das Prickeln aufhört, verliert Treue den Sinn. Ich meine, wenn es eine wirkliche Liebesbeziehung ist, dann braucht man das Wort ‚Treue' nicht, weil dann einfach ein Zustand ist, daß man nichts anderes will."

Treue wird von einigen Personen als Bestandteil einer monogamen Beziehung gesehen. Im Falle einer Untreue ist dann die Treue „überholt", wie Moritz aus Ostberlin bemerkt. Und er fügt erklärend hinzu: „Na ja, weil eine andere Person eintritt, und dann können sie nicht mehr davon reden, daß man betrogen wird. Dann wird eben gewechselt [!]." Für andere Befragte erhält die sexuelle Treue insofern eine Relativierung, als sie nicht für „ewig", sondern nur für die Dauer einer Beziehung gedacht ist. Berit aus Ostberlin: „Treue ist, daß ich seine einzige Liebste bin über den Zeitraum." Kerstin aus Ostberlin: „Daß, wenn man sich einen Partner aussucht, man möglichst auch bei diesem bleibt, nicht ein ganzes Leben, aber eben diese Zeit, die ich mich da festlege."

Diese Äußerungen deuten auf ein Konzept von *serieller Monogamie*. Man ist nur solange treu, bis der nächste kommt, oder: Liebe deinen nächsten - wenn du den jetzigen nicht mehr lieben kannst.

Die Forderung nach Treue kann aber auch aus leidvollen eigenen Erlebnissen mit Untreue in einer Beziehung resultieren. Daniel aus Westberlin hat während der Studentenbewegung viele Erfahrungen mit alternativen Beziehungsformen und der offenen Ehe gemacht, die nur „Unglück produziert" haben: „Man hat halt viel probiert. Ich denke an die 68er Bewegung und solche Sprüche wie: Wer einmal [!][6] mit derselben pennt, gehört schon zum Establishment, und das sind so Sachen, die uns sehr beeinflußt haben. Wir haben darüber vergessen, daß Treue sehr wichtig ist. Und das andere Zitat, das mir jetzt so einfällt, das stammt von Hegel: ‚Die ideale Organisationsform der Ehe ist das Zölibat.' Das ist etwas ironisch, aber es trifft doch einen Kern, weil einfach Treue, gerade wenn man noch eine Familie hat, mit Zuverlässigkeit zusammenhängt. Und diese Zuverlässigkeit, die aus der Treue resultiert, ist eben sehr, sehr wichtig für die Kinder, aber auch für einen selbst."

Treue im Sinne einer moralischen Kategorie wird außer von Daniel, der die Zuverlässigkeit einer Beziehung auch im Hinblick auf die Kinder betont, nur noch von einem Ostberliner Mann (Klaus) betont: „Die Treue ist mehr als eine Sache von Verbundenheit, die hat auch Verantwortung in sich, die auch erzieherischen Charakter trägt, die also auch vorbildwirkend sein sollte, finde ich persönlich. Ich habe das Glück nicht gehabt, daß meine Eltern bis zum Schluß verheiratet waren. Sie wurden also geschieden, da war ich sechs Jahre alt."

Zusammenfassung: Es läßt sich festhalten, daß die Befragten mit dem Wort „Treue" sechs unterschiedliche Konzepte verbinden, die von sexueller Treue als strengem Grundsatz in einer auf Ausschließlichkeit gerichteten Beziehung bis hin zur Ablehnung von Treue als einer Verpflichtung reichen. Dabei vertreten die Ostberliner ein eher enges und strenges, die Westberliner dagegen ein gelockertes Konzept bis hin zur Ablehnung von Treue.

---

6 Daniel irrt sich und produziert ungewollt eine Stilblüte oder besser: einen vielsagenden Versprecher, denn es heißt: *zweimal*.

3. Analyse und Diskussion

Nach der beschreibenden Darstellung der Einzelergebnisse im vorangegangenen Kapitel sollen nun die Interviews im Hinblick auf die beiden zentralen Aspekte unserer Untersuchung analysiert werden: die *Funktion* und die *Qualität* von Freundschaft. Dabei soll der eingangs erläuterten soziologischen These nachgegangen werden, daß Freundschaftsbeziehungen sich mit der Struktur der Gesellschaft wandeln. In „festgefügten" Gesellschaften - so meint TENBRUCK (1964), und man kann sicherlich die DDR zu diesem Gesellschaftstypus rechnen - seien Freundschaftsbeziehungen nicht hoch personalisiert, sondern ihre Leistungen seien an „angebbare äußere Tätigkeiten geknüpft" und an feste Inhalte von Freundschaftspflichten, wie beispielsweise „eindeutige Hilfeleistungen, welche in typischen Gefährdungen notwendig werden" (S. 448).

Diese These bezieht sich natürlich in erster Linie auf Gesellschaftsstrukturen, auf deren Wandel im historischen Prozeß wie auch auf deren Unterschiede zwischen verschiedenen Ländern (hier BRD und DDR). Darüber hinaus jedoch läßt sich gleichermaßen nach Unterschieden zwischen den Geschlechtern fragen, und zwar insofern, als das Geschlecht (im Sinne des englischen „*gender*") als eine soziale Kategorie zu betrachten ist. Die vier in dieser Untersuchung gebildeten Untergruppen (Westberliner Frauen, Westberliner Männer, Ostberliner Frauen, Ostberliner Männer) versprechen dabei interessante Aufschlüsse über die Funktionen und die Qualität von Freundschaft in unterschiedlichen gesellschaftlichen und subkulturellen (d. h. geschlechtergebundenen) Kontexten.

In einem ersten Auswertungsschritt sollen die von den Befragten genannten *Funktionen der Freundschaft* (3.1) untersucht werden. In einem zweiten Auswertungsschritt wird es um die *Qualität der Freundschaft* (3.2) gehen. Auf der Grundlage dieser Analysen unternehmen wir sodann den Versuch, eine Typologie von Freundschaftsmustern zu entwickeln, indem wir, empirisch gestützt auf die jeweils unterschiedliche Höhe des Anspruchs an die „Personalisierung der Freundschaft", drei unterschiedliche Freundschaftstypen identifizieren (3.3). Abschließend werden wir unsere Gesamtbefunde, unter Einbeziehung einer Analyse von Schlüsselwörtern, zusammenfassend diskutieren und sie zu anderen Forschungen und Theoriekonzepten zu Freundschaft und Liebe in Beziehung setzen (3.4). Bei einigen Punkten ergeben sich zwangsläufig Überschneidungen, die jedoch so gering wie möglich gehalten werden sollen.

3.1 Funktionen der Freundschaft

Beim Vergleich der Antwortmuster der vier gebildeten Untergruppen zeigen sich in bezug auf die von uns bestimmten Funktionen der Freundschaft folgende Unterschiede (diese sind in der Mehrzahl statistisch signifikant):

1. Geselligkeit und Austausch

- Mehr Männer als Frauen heben den rein *geselligen Charakter* ihrer Freundschaftsbeziehungen hervor und betonen häufiger den größeren Stellenwert von gemeinsamen Unternehmungen (Verreisen, Hobbys, Ausgehen).
- Mehr Frauen als Männer heben die Bedeutung von *Gesprächen* hervor (und nähren so das Klischee: „Frauen reden - Männer handeln") und beschreiben die besondere Funktion dieser Gespräche. Sie betonen die emotionale Erleichterung und Entlastung, die durch die Gespräche zustande kommen, ferner die Klärung von Gedanken und Problemen, die Hilfe bei der Bewältigung von Problemen sowie Unterstützung, Trost und Anteilnahme, die sie bei ihren verständnisvollen Zuhörerinnen finden.
- Mehr Frauen als Männer betonen auch, daß für sie die Freundschaft ein *Mittel gegen* die soziale und vor allem die emotionale *Einsamkeit* darstellt.
- Ferner sind Unterschiede in bezug auf die *Emotionalität* und die *Intimität des Austauschs* erkennbar (diese werden wir im folgenden Kapitel 3.2 näher untersuchen).

2. Unterstützung und Hilfe

- Mehr Frauen als Männer thematisieren die *seelische Unterstützung*.
- Mehr Ostberliner als Westberliner verweisen auf *praktische Hilfe*.

3. Selbstverwirklichung

- Mehr Westberliner als Ostberliner thematisieren die von uns unterschiedenen drei Aspekte: (a) gegenüber Freunden die Rolle oder Maske ablegen und so sein zu können, wie sie sind (*Selbst-sein-Können*), (b) vom Freund Lern- und *Entwicklungsimpulse* zu erhalten sowie (c) Freundschaft als *Sicherheit und Rückhalt* zu erfahren.

Die bisherigen Auswertungen bezogen sich auf die absoluten Zahlen, wobei schon deutlich wurde, daß Frauen insgesamt häufiger bestimmte Aspekte thematisierten. Da Frauen in den Interviews durchschnittlich *weniger* geredet haben als Männer (ca. 700 vs. 830 Zeilen), ist dieses Ergebnis nicht als Verbalisierungseffekt zu deuten, sondern spricht tatsächlich dafür, daß Frauen bestimmten Funktionen von Freundschaft eine größere Bedeutung zumessen als Männer.

Wie steht es aber mit der *relativen* Bedeutsamkeit der Funktionen? Ausgehend von TENBRUCKs These, daß in festgefügten Gesellschaften die Inhalte der Freundschaft eher an feste Freundschaftspflichten und angebbare äußere Leistungen gebunden seien, wäre zu vermuten, daß die Ostberliner die Funktionen *Beistand und Unterstützung* und vor allem die *praktische Hilfe* vergleichsweise stärker betonen als die Bestätigung und Sicherung der Individualität bzw. als die Selbstverwirklichung. Um dieser Frage nachzugehen, wurden die Antworten der Befragten daraufhin ausgewertet, wie häufig bei zentralen Fragen des Freundschaftsinterviews bestimmte Funktionen (praktische Hilfe/Unterstützung, Austausch und Selbstverwirklichung) thematisiert wurden, und es wurde berechnet, wie hoch der relative Anteil dieser Äußerungen an der Gesamtzahl der Antworten ist.

Als besonders aufschlußreich wurden folgende Fragen ausgewählt, weil in ihnen häufig Antworten zu allen drei Funktionen auftauchten: Warum sind Sie befreundet? Warum sind Ihre Freunde für Sie wichtig? Wie stellen Sie sich den idealen Freund vor? Was tun gute Freunde füreinander? Was bedeutet Vertrauen für Sie (hier wurde Sich-Anvertrauen zur Funktion „Austausch" gezählt und Zuverlässigkeit zur Funktion „Unterstützung").

Es zeigt sich, daß der Funktion „Austausch/Gespräche" das größte Gewicht zugemessen wird: Etwa 45% aller Antworten, und zwar bei allen Untergruppen, fallen in diese Kategorie. Erwartungsgemäß werden von den Ostberlinern die Funktionen „Unterstützung" (mit 33%) und vor allem „Praktische Hilfe" (mit 14%) häufiger thematisiert als von den Westberlinern (29% bzw. 4%), die ihrerseits die Kategorie „Selbstverwirklichung" sehr viel häufiger ansprechen (22%) als die Ostberliner (8%). Dieses Ergebnis verweist darauf, daß auf der Ebene der Funktionen der Begriff „Freundschaft" von Ostberlinern und Westberlinern in jeweils unterschiedlicher Bedeutung verwendet wird.

3.2 Qualität der Freundschaft: Personalisierung

Laut TENBRUCK (1964) werden persönliche Beziehungen und vor allem Freundschaften dann wichtig, wenn die gegebenen sozialen Beziehungen und Rollen nicht mehr zur Orientierung des Individuums ausreichen: „In der persönlichen Beziehung entgeht der Mensch der Desorganisation, mit welcher ihn die Heterogenität seiner sozialen Welt bedroht" (S. 441), und er findet in der Freundschaft *Bestätigung* und *Stabilisierung* der eigenen Individualität. Unter Freundschaft versteht TENBRUCK „die aus eigenständigen Gefühlen emporwachsende und im anderen die Erfüllung der eigenen Identität suchende und findende und deshalb auch dem anderen wiederum die Erfüllung seiner Individualität schenkende persönliche Beziehung" (S. 437). Wichtig seien die Momente des „eigenständigen Gefühls" und „das je unverwechselbare Eingehen auf ein anderes Individuum" (S. 449).

Ähnlich argumentiert LUHMANN (1983), wenn er sagt, daß das Streben nach persönlicher Individualität nicht durch anthropologische Konstanten zu erklären sei, sondern durch sozialstrukturelle Bedingungen, wie Komplexität und Differenzierung des Gesellschaftssystems. Das Individuum suche in Intimbeziehungen, die sich durch „höchstpersönliche, intim-vertrauliche Kommunikation" auszeichneten, eine *Bestätigung seiner Welt- und Selbstsicht*. Beide schüfen sich eine gemeinsame Privatwelt, in der dem anderen eine Sonderstellung zugewiesen werde, „weil er in dieser Welt des anderen vorkommt als der, der geliebt wird" (S. 18). In derartigen Beziehungen würden „individuelle, einzigartige Eigenschaften der Person oder schließlich prinzipiell alle Eigenschaften einer individuellen Person bedeutsam" (S. 14).

Wichtige Konstrukte in diesen Theorien, welche über den Grad der Personalisierung von Freundschaftsbeziehungen in differenzierten Gesellschaften bestimmen, sind die *Intimität* und *Emotionalität* der persönlichen Beziehungen sowie die *Bestätigung und Stabilisierung von Individualität*. - Es soll nun versucht werden, diese Konstrukte zu operationalisieren und empirische Indikatoren zu finden, die es gestatten, die vier Untergruppen unserer Untersuchungsstichprobe hinsichtlich dieser Konstrukte zu beschreiben.

Zunächst ist zu unterscheiden zwischen *Emotionalität*, also den die Freundschaft begleitenden und begründenden „eigenständigen" Gefühlen, einerseits und der *Intimität* der Beziehung andererseits, die darauf verweist, inwieweit die Kommunikationspartner bereit sind, über persönliche Angelegenheiten, private Probleme, Gefühle und Ängste zu sprechen. Diese Bereitschaft muß nicht notwendigerweise mit einer gefühlsmäßigen Bindung verknüpft sein. So ist allgemein das Phänomen bekannt, daß sich z. B. Fremde, die eine relativ kurze Reisestrecke miteinander verbringen, höchst intime Einzelheiten ihres Lebens mitteilen können. Umgekehrt führt eine emotionale Beziehung nicht automatisch zu der Bereitschaft, dem anderen auch alles über sich mitzuteilen. Aus diesem Grunde werden die beiden Aspekte *Intimität* und *Emotionalität* zunächst getrennt ausgewertet und erst später zusammengefaßt, da sie in Freundschaftsbeziehungen vermutlich eng miteinander zusammenhängen.

Als weiteres Konstrukt soll die Bestätigung und Stabilisierung sowie die Entfaltung der Individualität, operationalisiert als *Personale Selbstentfaltung*, untersucht werden. Personale Selbstentfaltung hängt zwar eng mit Intimität zusammen, denn erst wenn sich Personen gegenseitig ihre privaten und persönlichen Erfahrungen, Befindlichkeiten und Gefühle offenbaren, ist die Voraussetzung für eine personale Selbstentfaltung gegeben. Aber eine Unterscheidung zwischen personaler Selbstentfaltung und Intimität ist dennoch sinnvoll, weil der Austausch von intimen Gedanken nicht unbedingt zur Selbsterkenntnis und Weiterentwicklung genutzt werden muß. Intimität und Emotionalität im Sinne einer warmen, von Respekt und Achtung getragenen Beziehung sind somit notwendige, aber nicht hinreichende Bedingungen für die personale Selbstentfaltung.

Aufgrund der Interviewäußerungen wurde ein Gesamtwert *„Personalisierung der Freundschaft (PF)“* gebildet, der sich aus drei Einzelwerten zusammensetzt: *Intimität (I)*, *Emotionalität (E)* und *Personale Selbstentfaltung (PS)*. Es ist zu erwarten, daß sich die Ost- und Westberliner in bezug auf diese (Gesamt- und Einzel-)Werte unterscheiden, und zwar in dem Sinne, daß bei den Westberlinern ein höherer Gesamtwert „Personalisierung der Freundschaft (PF)“ zu erwarten ist, während bei den Ostberlinern - gemäß TENBRUCKs These - die Erwartungen an Freundschaft mit „angebbaren äußeren Tätigkeiten“ und festen Freundschaftspflichten, wie z. B. Hilfsbereitschaft, Solidarität und Zuverlässigkeit, verknüpft sind. Im folgenden soll zunächst der Frage der Personalisierung von Freundschaft anhand der drei erwähnten Einzelwerte nachgegangen werden:

3.2.1 Intimität

Zur Quantifizierung der *Intimität* wurde eine Skala mit drei Items gebildet (die dazugehörigen Ergebnisse enthält Tabelle 10):

1. *Sich-Anvertrauen* als wichtige Komponente von Vertrauen in der Freundschaft. Eine Frage im Interview bezog sich auf die Bedeutung des Vertrauens in der Freundschaft. Die Befragten thematisierten dabei vor allem drei Aspekte: (1) sich anvertrauen, Privates enthüllen können in der Gewißheit, vom anderen akzeptiert und gemocht zu werden; (2) Sicherheit vor Verletzung, Verrat, Ausnutzung; (3) Glaube an die Verläßlichkeit und Zuverlässigkeit des Freundes in Wort und Tat. Wenn die Befragten sich auf den ersten Aspekt „sich anvertrauen und Privates enthüllen können“ bezogen,

wurde dies als ein Indikator für die Intimität der Beziehung gewertet. (Einzelheiten zu den übrigen Dimensionen finden sich oben in Kapitel 2.6 über „Vertrauen in der Freundschaft“.)

Tabelle 10: Anzahl der Personen, die Aspekte von Intimität thematisieren

	Gesamt	West-♀	West-♂	Ost-♀	Ost-♂
1. Sich-Anvertrauen	36	12	10	9	5
2. Selbstoffenbarung	35	12	8	11	4
3. Selbstentblößung	14	8	2	3	1
Gesamtzahl der Nennungen pro Gruppe	85	32	20	23	10

Mehr als die Hälfte der Erwachsenen thematisiert Vertrauen im Sinne von Sich-Trauen und Sich-Anvertrauen als Mitteilen intimer Gedanken oder Offenlegung privater Angelegenheiten. Die Westberliner sprechen hier von Vertrauen als „Offenlegung des ganzen persönlichen Handelns und Denkens dem Freund gegenüber“ bzw. „Offenheit“ oder „offenbaren“, wohingegen die Ostberliner distanzierter und unpersönlicher von „Sachen“ oder „Dingen“ sprechen, die sie ihren Freunden mitteilen, und im übrigen Vertrauen häufiger im Kontext von Zuverlässigkeit und Verläßlichkeit des Freundes thematisieren, die sich in einer Übereinstimmung von Wort und Tat und der Bereitschaft zur Unterstützung des anderen zeige.

2. *Selbstoffenbarung:* Preisgabe von intimen Gedanken. Da vorausgesetzt werden kann, daß alle Freunde in irgendeiner Art auch persönliche Angelegenheiten miteinander besprechen, wurden hier nur Äußerungen gezählt, die auf eine besonders intime Qualität dieser Gespräche schließen lassen, wie z. B. „sehr Intimes bereden“, „Geständnisse machen können“, „wirklich in mein Inneres hineingehen“.

Von den Befragten betonen signifikant mehr Frauen (nämlich 23) als Männer (nur 12), daß sie in ihren Freundschaftsbeziehungen Privates und Persönliches preisgeben. Bei keiner Frau lassen sich Äußerungen finden, die auf eine Einschränkung dieser Intimität hinweisen. Es sind dagegen ausschließlich Männer (und zwar fünf), die ausdrücklich betonen, es gebe eine Grenze der Intimität in der Freundschaft. So meint beispielsweise Jens aus Westberlin: „Freundschaft heißt ja nicht, die Haut aufschlitzen und dem anderen alle Innereien zeigen", und er führt aus: „Es gibt Sachen, über die ich nicht mit anderen rede - teilweise, weil ich es nicht für nötig halte, teilweise, weil ich denke, daß es für den anderen nur Belastung wäre, teilweise, weil der andere dafür überhaupt keine Verständnisebene hätte, weil er das Problem überhaupt nicht verarbeiten oder würdigen könnte." Paul aus Westberlin will seinen Freund nicht „zum seelischen Mülleimer" machen. Und Wilfried aus Ostberlin betont, daß Männer im Vergleich zu Frauen größere Schwierigkeiten hätten, sich zu öffnen: „Die Bereitschaft, sich zu öffnen, ist im allgemeinen nicht so entwickelt; das ist alles etwas komplizierter usw. Also, da drückt man sich nicht sofort an die Brüste, ist klar. Aber in der Freundschaftsbeziehung werden diese Vertrauensbereiche etwas geöffnet."

Männer sprechen auch häufiger als Frauen von den Gefahren, die die Intimität mit sich bringen kann. Einerseits sehen sie als Folge von zu großer Intimität „Schalheit" und „Überdruß". („Wenn man zuviel von sich preisgibt, dann wird das schal, dann wird man enttäuscht." - „Es ist ja eine ganz große Gefährlichkeit dabei, daß man - wenn man zuviel kontaktet - überdrüssig wird.") Auf der anderen Seite werden das Risiko („Es ist natürlich immer ein Risiko dabei und er wird mich schädigen dadurch, daß ich ihm das gesagt habe", wie Benjamin aus Westberlin anmerkt) und die Gefahr der Verletzlichkeit beschworen. Schon in der zitierten Metapher von Jens, der von „Haut aufschlitzen" und „Innereien zeigen" spricht, wird auf die Verwundbarkeit aufmerksam gemacht. In den Interviews wird von insgesamt 26 Personen Intimität oder Offenheit in den Kontext von Verletzlichkeit gestellt, meist in dem Sinne, daß man unter Freunden *keine Angst* vor Verletzungen zu haben brauche. Dabei verteilen sich die Äußerungen folgendermaßen: sieben Frauen und zehn Männer aus Westberlin, sieben Frauen und zwei Männer aus Ostberlin.

Während fast alle Frauen und auch die beiden Ostberliner Männer Ausdrücke wie „Verletzung", „verletzlich sein" und „weh tun" verwenden, bevorzugen die meisten Westberliner Männer, wie bereits festgestellt, eine aggressive, kämpferische Sprache und verwenden Ausdrücke, die aus der Geschäftswelt stammen.

Im Vergleich mit den Frauen, so kann zunächst einmal konstatiert werden, sehen Männer die Intimität mit größeren Gefahren und Kosten verbunden. Hinter ihren Äußerungen steht zumindest die Befürchtung, daß eine Preisgabe intimer Informationen zu ihrem Schaden verwendet werden könnte, wobei die Mitmenschen als Aggressoren, Konkurrenten und Gegner gesehen werden. - Daß bei den Ostberliner Männern derartige Äußerungen fehlen, ist vor allem darauf zurückzuführen, daß sie in ihren Freundschaftskonzepten so gut wie gar nicht die Themen „Selbstoffenbarung" und „Sich-Anvertrauen" ansprechen.

3. *Selbstentblößung:* Thematisierung eigener Schwächen und Fehler in den Gesprächen mit dem Freund. Im Unterschied zur Selbstoffenbarung wird hier als ein weiterer Aspekt berücksichtigt, daß nicht nur intime Gedanken dem anderen gegenüber offengelegt, sondern daß auch die eigenen Schwächen zum Thema eines Gesprächs gemacht werden.

   Wiederum sind es die Frauen, die eher bereit sind, in Gesprächen mit der Freundin eigene Schwächen und Fehler zu offenbaren und darüber zu reden. Auch insgesamt sprechen sie der Interviewerin gegenüber häufiger eigene Schwächen und Fehler an. Derartige Verweise finden sich bei elf Westberliner und fünf Ostberliner Frauen und nur bei sechs Westberliner und drei Ostberliner Männern. Während alle Frauen explizit von ihren eigenen „Schwächen", „Fehlern", „Macken" und „Blößen" sprechen, tun dies nur drei Männer ausdrücklich. Die übrigen Männer reden in einem eher abgehobenen Ton - sei es, daß eher äußere und situative Verhaltensweisen anstelle von Persönlichkeitseigenschaften angesprochen werden (Thilo spricht von seinem „Fehlverhalten"), sei es, daß nicht die eigene Person als Urheber und mit Mängeln behaftetes Wesen benannt wird: Paul spricht vom „Fehlverhalten", das er „beobachtet", Daniel von „negativen Eigenschaften, die jeder Mensch ja hat"; Dietmar erwartet, daß man „sich Schwachpunkte mitteilen" könne, und Hans, daß der Freund „Schwächen, die man zeigt", nicht ausnütze.

   Dieses Ergebnis entspricht dem kulturellen Stereotyp, daß Männer keine Schwächen haben bzw. zeigen dürfen. Männer sind offenbar auch seltener als Frauen bereit, in Gesprächen mit ihren Freunden über ihre Schwächen zu sprechen. Über negative Seiten oder „Schattenseiten" der eigenen Persönlichkeit mit einer vertrauten Person reden zu können ist nicht nur wichtig für die Selbsterkenntnis, sondern auch für die Selbstakzeptanz. So sprechen drei Frauen ausdrücklich davon, daß sie negative Seiten oder „tiefe Schattenseiten", die sie an sich selber nicht akzeptieren können, mit der Freundin „ergründen und erforschen". Das Reden darüber hilft, auch Fehler und Schwächen als Teil der Persönlichkeit anzunehmen, sie eventuell zu verarbeiten oder sie zu relativieren („daß wir auch über Macken lachen können", wie Maria aus Westberlin es ausdrückt). Offensichtlich hat das Reden darüber auch eine wichtige therapeutische Funktion.

Betrachten wir den Wert für Intimität, so zeigen sich die größten Unterschiede zwischen den Westberliner Frauen und den Ostberliner Männern. Bei einem Vergleich der Personen mit niedrigem Intimitätswert (0 und 1) und hohem Intimitätswert (2 und 3) ergibt sich ein signifikanter West/Ost-Unterschied. Der Geschlechterunterschied dagegen ist nicht signifikant. Allerdings werden von den Frauen insgesamt signifikant mehr Aspekte von Intimität thematisiert als von Männern.

3.2.2 Emotionalität

Analog zum Bereich der Intimität wurde auch hier versucht, anhand der Interviewäußerungen einen Wert zu bilden. Dabei wurde ausgewertet, wie häufig im Gesamtinterview von den Befragten welche in ihrer Freundschaftsbeziehung wichtigen emotionalen Aspekte angesprochen wurden. Drei Aspekte haben wir unterschieden: 1. die emotionale Verbundenheit, 2. die emotionale Anteilnahme und 3. den der Freundschaft zugeschriebenen besonderen positiven emotionalen Wert. Hinweise auf diese emotionalen Aspekte ließen sich vor allem in den Antworten auf die folgenden Fragen finden: Warum sind Sie befreundet? Warum ist es wichtig für Sie, Freunde zu haben? Wie stellen Sie sich den idealen Freund vor?

Im folgenden sind die Aspekte zusammengestellt, und zwar illustriert mit den Worten der Befragten:

1. *emotionale Verbundenheit:* „gegenseitige Zuneigung", „fast eine Form der Liebe", „Gefühl der Verbundenheit", „ohne Freunde wäre da eine schmerzliche Lücke";
2. *emotionale Anteilnahme*, die man sich in den konkreten Interaktionen entgegenbringt: „Mitweinen und mitlachen", „Teilen von Kummer und Freuden"; neben der Anteilnahme selbst thematisieren die Befragten auch die dazu notwendigen psychologischen Fähigkeiten, wie Empathie, Warmherzigkeit, Einfühlungsvermögen;
3. *Freundschaft als positiver emotionaler Wert:* „Freundschaft vermittelt ein Gefühl der Sicherheit", „bietet Rückhalt und Geborgenheit".

Die folgende Tabelle 10 gibt einen Überblick darüber, wie viele Befragte in unseren Untergruppen jeweils diese drei Aspekte thematisiert haben.

Tabelle 10: Anzahl der Personen, die emotionale Aspekte thematisieren

	Gesamt	West-♀	West-♂	Ost-♀	Ost-♂
1. Verbundenheit	41	13	11	12	5
2. Anteilnahme	42	16	10	10	6
3. emotionaler Wert	28	10	9	6	3
Gesamtzahl der Nennungen pro Gruppe	111	39	30	28	14

Die Westberliner, vor allem die Frauen, thematisieren insgesamt häufiger emotionale Aspekte, und insbesondere messen sie der Freundschaft häufiger einen positiven emotionalen Wert zu. Von den 64 Erwachsenen sprechen 28 von Freundschaft in Begriffen von Sicherheit, Rückhalt bzw. Halt oder „sich aufgehoben oder geborgen fühlen". Es sind 19 Personen aus Westberlin und neun aus Ostberlin; dieser Unterschied ist signifikant. Während 13 Westberliner direkt von „Sicherheit" sprechen, wird dieser Ausdruck von den Ostberlinern nicht in bezug auf die Freundschaft verwendet (nur einmal in bezug auf die Liebesbeziehung). Fünf Ostberliner, unter ihnen vier Frauen, sprechen von „Geborgenheit", die ihnen ihre Freunde vermitteln, die übrigen sprechen von Stabilität oder Halt, den Freunde bieten. Falls die Ostberliner überhaupt über die emotionale Bedeutung von persönlichen Beziehungen sprechen, so beziehen sie sich stärker auf die Liebesbeziehungen (s. dazu das Kapitel 2.9: „Freundschaft und Liebe").

Diese Ergebnisse verweisen darauf, daß die befragten Westberliner das Sicherheits-Motiv stärker hervorheben und der Freundschaft eine höhere Bedeutung für die Stabilität und Sicherheit des sozialen Nahraums zumessen. Interessanterweise betonen drei Ostberliner, daß sie den Wert der Freundschaft nach der politischen Wende höher einschätzen als vorher. So antwortet z. B. eine Frau aus Ostberlin auf die Frage nach der Wichtigkeit von Freunden: „Weil sie einem Halt geben im Leben. Und ich finde es gerade jetzt wichtig. Nach der Maueröffnung ist also der Wert für mich gestiegen von Freundschaften, weil man eigentlich keinen Halt mehr hat.“ Und auf die Nachfrage, was sie unter Halt verstehe, erläutert sie: „Na, das ist ein Pol, der stabil ist.“

Vergleicht man wieder Personen mit niedrigem Emotionalitätswert (0 und 1) und hohem Wert (2 und 3), so ergeben sich sowohl Ost/West-Unterschiede als auch Geschlechterunterschiede, die beide auf das Konto der Westberliner Frauen und der Ostberliner Männer gehen. Vor allem die Ostberliner Männer sind sehr sparsam im Thematisieren der emotionalen Aspekte der Freundschaft.

3.2.3. Personale Selbstentfaltung

Die Dimension der Personalen Selbstentfaltung bezieht sich, wie oben bereits erläutert, auf die Bestätigung und Stabilisierung von Individualität und Identität. Es werden zwei Aspekte unterschieden:

1. *Selbst-sein-Können:* Freundschaft wird als ein Ort der Möglichkeit gesehen, seine persönliche Identität darzustellen und Bestätigung für seine Individualität zu erhalten. Hierzu zählen Äußerungen wie: „Ich kann so sein, wie ich will.“ - „Ich muß mich nicht verstecken.“ - „Ich kann mich zeigen ohne Maske“ oder „ohne Fassade.“
2. *Entwicklung und Lernen:* In der Freundschaft wird die Möglichkeit gesehen, vom Freund Lernimpulse und Anregungen zur Selbsterkenntnis, zur Weiterentwicklung und zum persönlichen Wachstum zu erhalten. Gewertet wurden alle Äußerungen, die ausdrücklich auf den Wunsch nach Lernen, Weiterentwicklung und Wachstum verweisen („daß man viel über sich lernen kann“, „ich brauche Reflexion“, „der Freund kann mich auf den richtigen Weg bringen“), nicht aber solche, die eher unspezifischer Art sind, wie z. B., der Freund möge auch Kritik üben.

Die folgende Tabelle 11 faßt die Ergebnisse zusammen:

Tabelle 11: Anzahl der Personen, die Aspekte der Personalen Selbstentfaltung thematisieren

	Gesamt	West-♀	West-♂	Ost-♀	Ost-♂
Selbst-sein-Können	29	14	8	3	4
Entwicklung und Lernen	30	11	7	8	4
Gesamtzahl der Nennungen pro Gruppe	59	25	15	11	8

Da die Ergebnisse zu den beiden genannten Aspekten bereits oben im Zusammenhang mit der Funktion „Selbstverwirklichung" näher beschrieben worden sind (siehe 2.3.3), soll hier ein knapper Verweis genügen:

1. *Selbst-sein-Können:* Die Westberliner thematisieren die Freundschaft signifikant häufiger als die Ostberliner in ihrer Bedeutung für die Sicherung der Individualität („Selbst-sein-Können"), wobei in ihren Alltagstheorien eine Differenzierung von „Kern der Persönlichkeit" und gesellschaftlicher Rolle zum Ausdruck kommt, die mit soziologischen Begriffen ausgedrückt wird.
2. *Entwicklung und Lernen:* In der Westberliner Stichprobe sind es insgesamt 18 Personen (sieben Männer und elf Frauen), die sich vom Austausch mit dem Freund eine Möglichkeit der Weiterentwicklung ihrer Persönlichkeit versprechen. Während viele Westberliner Personen ausdrücklich von Lernen und Weiterentwicklung durch Freundschaft sprechen, äußern sich die zwölf Ostberliner, die diesen Aspekt thematisieren, sparsamer: „... daß man auch seinen Standpunkt und seine Stellung zu klären versucht."

Vergleicht man die Personen mit niedrigem und hohem Wert in bezug auf Personale Selbstentfaltung, so ergeben sich wieder signifikante Ost/West-Unterschiede, die abermals auf das Konto der Westberliner Frauen und Ostberliner Männer gehen; der Geschlechterunterschied dagegen ist nicht signifikant.

Zusammenfassung der Werte

Wenn man die zusammengefaßten Werte für *Intimität* (I) und *Emotionalität* (E) mit dem Wert *Personale Selbstentfaltung* (PS) in Beziehung setzt, so bestätigt sich die Vermutung, daß Intimität und Emotionalität notwendige, aber nicht hinreichende Bedingungen für personale Selbstentfaltung darstellen. Es gibt nur drei „erwartungswidrige" Werte, ansonsten haben Personen mit hoher *Personaler Selbstentfaltung* mindestens gleich hohe I/E-Werte.

In der Folge arbeiten wir mit dem Gesamtwert *„Personalisierung der Freundschaft* (PF)", der aus der Summe der Werte in den Bereichen Intimität, Emotionalität und Personale Selbstentfaltung gebildet wurde. Die folgende Tabelle 12 gibt eine Verteilung der Werte unserer Gruppen beim Gesamtwert „Personalisierung der Freundschaft" wieder. Dabei zeigen sich signifikante Unterschiede sowohl beim Ost/West-Vergleich als auch beim Geschlechtervergleich.

Tabelle 12: Verteilung der Werte „Personalisierung der Freundschaft (PF)“

PF-Wert	Gesamt	West-♀	West-♂	Ost-♀	Ost-♂
0-2	18	0	4	2	12
3-5	26	6	6	11	3
6-8	20	10	6	3	1

Wenn man den Zusammenhang zwischen PF-Wert und der *Anzahl der Freunde* prüft, ergibt sich ein plausibler Zusammenhang: Personen mit niedrigem PF-Wert (0 bis 3) haben häufiger drei und mehr Freunde, während Personen mit hohem PF-Wert (4 bis 8) häufiger nur enge Freundschaftsbeziehungen zu einer oder zwei Personen haben (der Unterschied zwischen diesen beiden Gruppen ist signifikant). Die beiden Westberliner Studenten, die erst kürzlich nach Berlin gezogen sind und äußern, zur Zeit keinen besten Freund zu haben, haben einen hohen PF-Wert von 5 und 6. Sie passen insofern in das Bild, als sie hohe Erwartungen an eine Freundschaft stellen und deshalb offenbar auch noch keinen passenden Freund in ihrer neuen Umgebung gefunden haben.

Ein Blick auf den Zusammenhang zwischen PF-Wert und *Familienstand* läßt erkennen, daß die verheirateten bzw. in eheähnlichen Verhältnissen lebenden Personen etwas häufiger ein Freundschaftskonzept aufweisen, das sich - im Vergleich mit Alleinstehenden - durch eine geringere Personalisierung auszeichnet. Der Unterschied ist zwar nicht signifikant, er könnte jedoch darauf hindeuten, daß verheiratete/gebundene Personen ihre Bedürfnisse nach Intimität und Emotionalität in der Partnerbeziehung ausleben und keinen größeren Bedarf nach weiteren intimisierten Beziehungen haben. Um diese Vermutung zu überprüfen, ist es notwendig, den Zusammenhang von Freundschafts- und Liebesvorstellungen zu untersuchen.

Zusammenhang von Freundschafts- und Liebesvorstellungen

In dem Kapitel über „Freundschaft und Liebe“ wurden bereits verschiedene Ergebnisse dazu mitgeteilt. An dieser Stelle soll zunächst der Zusammenhang zwischen der Auffassung von Gleichheit bzw. Verschiedenheit von Liebe und Freundschaft mit dem Stellenwert verglichen werden, den die Befragten der Liebe oder Freundschaft in ihrem Leben zusprechen.

Es zeigt sich ein signifikanter und plausibler Zusammenhang: Personen, die Freundschaft und Liebe als sehr ähnlich ansehen, weisen ihnen häufiger den gleichen Stellenwert in ihrem Leben zu bzw. bevorzugen die Freundschaft, während Personen, die Liebe und Freundschaft als etwas Unterschiedliches definieren, eindeutig die Liebe bevorzugen.

Wenden wir uns nun den Inhalten dieses eher formalen Unterschieds zu und fragen, ob Personen, die einen niedrigen PF-Wert aufweisen, also geringe Ansprüche an Intimität, Emotionalität und Personale Selbstentfaltung in einer Freundschaft ausdrücken, auch in der Liebesbeziehung eher geringe Ansprüche dieser Art thematisieren oder ob sie diese Ansprüche eher in einer Liebe erfüllt sehen.

Dazu ist festzustellen, daß das Thema „Personale Selbstentfaltung" in bezug auf die Liebe nur ganz selten thematisiert wurde, und wenn, dann eher in dem Sinne, daß die Freundschaft mehr Raum für Selbstverwirklichung eröffnet, wie einige wenige Westberliner betonen. (Da nach dem Konzept von Liebe nicht in der Ausführlichkeit gefragt wurde wie nach dem Freundschaftskonzept, lassen die Ergebnisse nur vorsichtige Schlußfolgerungen zu.)

Während Personen mit höherem PF-Wert etwa gleich häufig Liebe und Freundschaft als verschieden bzw. gleich betrachten, sind etwa drei Viertel der Personen mit niedrigem PF-Wert der Auffassung, daß Liebe und Freundschaft verschieden seien (der Unterschied ist jedoch nicht signifikant).

Wenn wir den PF-Wert mit den von den Befragten geäußerten Präferenzen für Liebe und Freundschaft kombinieren, ergibt sich ein höchst plausibler Zusammenhang: Personen mit hohem PF-Wert schätzen die Freundschaft höher bzw. weisen ihr den gleichen Stellenwert wie der Liebe in ihrem Leben zu. Personen mit niedrigem PF-Wert sprechen der Liebe einen höheren Stellenwert in ihrem Leben zu.

Im Geschlechtervergleich zeigt sich, daß signifikant mehr Männer (17) als Frauen (9) und mehr Ostberliner (18) als Westberliner (8) der Liebe einen höheren Stellenwert zusprechen, wobei vor allem Personen mit niedrigem PF-Wert sich eher für die Liebe entscheiden. Eine Präferenz für Freundschaft äußern zehn Frauen und nur zwei Männer, wobei alle einen hohen PF-Wert aufweisen. Wegen der vielen nicht klassifizierbaren Äußerungen vor allem bei den Westberliner Frauen sind diese Aussagen nur mit besonderer Vorsicht zu betrachten. Allerdings ändert sich nichts an dem Ergebnis, daß vor allem Frauen die Freundschaftsbeziehung dann bevorzugen, wenn sie einen hohen PF-Wert aufweisen und in ihren Freundschaften offenbar einen hohen Grad an Intimität und Emotionalität erleben.

3.3 Typen von Freundschaften

Nachdem wir bislang die Gruppen insgesamt betrachtet und Unterschiede im Ost/West- und im Geschlechtervergleich in bezug auf Funktionen und Qualität der Freundschaft herausgestellt haben, sollen in einem weiteren Auswertungsschritt typische Freundschaftsmuster identifiziert werden. Eine durchaus plausible Typologie stammt von MATTHEWS (1986), die anspruchslos-genügsame, kontaktfreudig-gesellige und anspruchsvolle Freundschaftstypen voneinander unterscheidet. Während MATTHEWS diese Einteilung auf intuitivem Wege gewonnen hat, haben wir ein empirisch fundiertes Vorgehen gewählt. Es erwies sich als ertragreich, Freundschaftstypen in Abhängigkeit von der Höhe des Wertes für die *Personalisierung der Freundschaft* (PF) zu bilden. Im PF-Wert sind Ansprüche an die *Qualität* der Freundschaft in bezug auf Emotionalität, Intimität und Personale Selbstentfaltung operationalisiert worden. Folgende Einteilung ergab eine sinnvoll zu interpretierende Gruppierung:

Typ I: niedrige Ansprüche an Personalisierung der Freundschaft (PF-Wert 0 bis 2),

Typ II: mittlere Ansprüche (PF-Wert 3 bis 5),

Typ III: hohe Ansprüche (PF-Wert 6 bis 8).

(Die Verteilung dieser Typen auf unsere vier Gruppen ist Tabelle 12 zu entnehmen.)

Diese Typen sind nicht nur definitionsgemäß unterschieden in bezug auf Ansprüche an Personalisierung, sondern sie unterscheiden sich auch hinsichtlich der *Gewichtung*, die den einzelnen Qualitäten und Funktionen von Freundschaft zugemessen wird.

Typ I: niedrige Ansprüche an Personalisierung der Freundschaft

Personen, die diesen Freundschaftstyp verkörpern, haben definitionsgemäß niedrige Ansprüche an Freundschaft in bezug auf Emotionalität, Intimität und Personale Selbstentfaltung. Sie heben mit unterschiedlicher Akzentuierung vor allem zwei Funktionen von Freundschaft hervor: Sie schätzen einerseits die *Geselligkeit* und die gemeinsamen Unternehmungen und heben andererseits *gegenseitige Hilfe*, Solidarität, Unterstützung und Füreinander-da-Sein hervor.

Diese Charakterisierung trifft auf zwölf Ostberliner und vier Westberliner Männer sowie auf zwei Ostberliner Frauen zu. - Es zeigt sich, daß Personen dieses Typs ziemlich klar zu unterscheiden sind in zwei Untertypen: den selbstgenügsamen Einzelgänger, der nur ein oder zwei Freunde hat, die er recht selten sieht, und den anspruchslos-geselligen Typ, der viele Freunde, zumeist beiderlei Geschlechts, hat.

Ein Beispiel für den *selbstgenügsamen Einzelgänger* - es handelt sich insgesamt um vier Personen, je zwei Männer aus Ost- und aus Westberlin - ist der Westberliner Student Otto. Er meint, er brauche eigentlich keine Freunde, weil er „zu sehr in sich selbst verkrochen" sei, und sie würden ihm „nicht fehlen, wenn ich sie nicht hätte". Er hat zwei Freunde, einen, der nicht in Berlin wohnt und mit dem er gelegentlich ausgeht, um „aus dem Trott 'rauszukommen. Dann wird bewußt das Erlebnis Weggehen gesucht." Beim anderen Freund ist ihm wichtig, „daß es auch Ebenen gibt, wo man nicht immer über alles redet, daß es auch so laufen kann". Er sucht nicht speziell den Kontakt zum Reden, wenn er Probleme hat. Im übrigen zeigt er anderen Menschen immer sein „schönstes Sonntagslächeln, also freundlich und so. Da bin ich auch so ein Blender, um erst mal mit den Leuten ein zufriedenes Erlebnis zu haben", denn er hat die Erfahrung gemacht: „Wenn man anfänglich zu persönlich wird, zuviel von sich preisgibt, daß es schal wird, daß man sehr enttäuscht werden kann, weil die Leute das ausnutzen. ... Ich denke, daß ich halt mißtrauisch bin, Angst habe vor Verletzungen und daß von daher eine Schwierigkeit kommt, Freunde zu finden." Es ist aber nicht nur Mißtrauen anderen gegenüber, sondern auch sein Wunsch, daß er für sich sein kann. Häufiges Zusammensein mit anderen geht ihm auf die Nerven. „Da kann man sagen: Jetzt bin ich schon wieder mit dem zusammen. Hat der kein Zuhause? Also das ist für mich wichtig, daß ich für mich sein kann, und wenn mir nicht die Möglichkeit gegeben wird, dann geht mir alles auf den Wekker." Er findet es gut, daß man sich in der Freundschaft „nicht so dicht auf der Pelle hockt". Zwischen Freundschaft und Liebe sieht er keinen wesentlichen Unterschied und findet, „daß eine beste Freundschaft mit einer Liebesbeziehung gleichzusetzen ist, bis auf das Geschlechtliche. Aber so vom Gefühl, wie man miteinander umgeht, würde ich es gleichsetzen." - (Als weiteres Beispiel siehe Günter, dessen Interview im Anhang abgedruckt ist.)

Vertreter dieses selbstgenügsamen Typs, so läßt sich vorsichtig folgern, stellen insgesamt niedrige Ansprüche an zwischenmenschliche Beziehungen, wobei allerdings etwas Enttäuschung mitschwingt (Otto: „Wenn man zuviel von sich preisgibt, wird man ausgenutzt.") In bezug auf Freundschaft kommt es ihnen vor allem auf einen gelegentlichen Freizeitpartner an, wobei sie eine möglichst unkomplizierte Kommunikation und ein Verständnis ohne viele Worte schätzen.

Ein Beispiel für den *anspruchslos-geselligen Typ* ist der Ostberliner Student Andreas. Er ist mit acht Personen beiderlei Geschlechts befreundet. Er findet Freundschaft wichtig, um sich nicht so verlassen vorzukommen in der Großstadt Berlin: „Man kennt sich so gut, daß man einfach mal hingehen kann, auch mal nichts sagen kann, ohne sich blöd vorkommen zu müssen." Er braucht Menschen, „mit denen man reden kann, zu denen man gehen kann und was unternehmen kann". - „Mir ist sehr wichtig, daß ich zum Beispiel mit welchen wegfahren kann", betont er. Vom idealen Freund erwartet er vor allem Unkompliziertheit, auch als Reisegefährte, und daß man sich wortlos versteht. Äußerungen, daß man das unkomplizierte Verständnis ohne viele Worte schätze, finden sich fast ausschließlich bei Personen dieses Freundschaftstyps. Auf die Frage, was gute Freunde füreinander tun, betont er die Gespräche sowie praktische Hilfen, z. B. beim Umzug. Für Andreas bedeutet Vertrauen zum Freund die Gewißheit, daß dieser hinter seinem Rücken nicht schlecht von ihm redet. Mit seinen Freunden streitet er sich eigentlich nicht. „Es kommt vor, daß man verschiedene Meinungen hat und auch damit auseinandergeht für ein paar Tage. Also, daß nicht immer alles zu klären ist." Die Liebesbeziehung ist für ihn im Vergleich zur Freundschaft durch größere Vertrautheit gekennzeichnet. Er findet, daß man sich dort „genauer darstellen muß. Die Grenzen werden da viel mehr abgetastet". Die sexuelle Treue ist für ihn kein zentraler Punkt.

(Als weiteres Beispiel siehe das im Anhang abgedruckte Interview mit Wilfried, der in bezug auf viele Freundschaftsdimensionen typisch für die Mehrheit der von uns befragten Ostberliner Männer ist.)

Der anspruchslos-gesellige Typ trifft sich gern in großem Freundeskreis und schätzt Freunde vor allem als Unterhalter und Freizeitpartner, aber auch als Helfer und Unterstützer in schwierigen Situationen. Die Vorstellungen vom idealen Freund entsprechen diesen Funktionen und beziehen sich hauptsächlich auf Hilfsbereitschaft, Zuverlässigkeit in Wort und Tat sowie Ehrlichkeit. Vertrauen in der Freundschaft wird verstanden als Zuverlässigkeit des Freundes, der zu einem steht, nicht schlecht über einen redet und dem man auch Besitztümer (vor allem den Wohnungsschlüssel!) anvertrauen kann.

Zu fragen bleibt, ob die geringen Ansprüche, die an die Freundschaft gestellt werden, durch größere Ansprüche an die Liebe kompensiert werden. Leider ist diese Frage aus den Interviews nicht eindeutig zu beantworten. Die Mehrheit der Anspruchslos-Geselligen macht einen deutlichen Unterschied zwischen

Liebe und Freundschaft, wobei vor allem die größere Intimität und Vertrautheit in der Liebesbeziehung hervorgehoben wird. Folgerichtig spricht die Mehrheit der Liebe einen größeren Stellenwert in ihrem Leben zu. Betrachten wir ihr Treuekonzept, das als Hinweis auf die Ausschließlichkeit der Liebesbeziehung gedeutet werden kann, so zeigen sich interessante Zusammenhänge: Die wenigen Ledigen sprechen sich fast ausnahmslos für die sexuelle Treue aus, die verheirateten oder in einer eheähnlichen Beziehung Lebenden vertreten eine gelockerte Auffassung von Treue. Der erste Eindruck, daß diese Personen, vor allem die unverheirateten, höhere Ansprüche an die Liebe haben, hält einer genaueren Analyse aber nicht stand. Es zeigt sich nämlich, wie wir in Kapitel 2.9 gesehen haben, daß von den sechs Ostberliner Männern, für die Liebe einen eher negativen Beiklang hat, fünf zu diesem Typ I gehören. Bei ihnen finden sich Äußerungen wie: „Liebe ist Verliebtheit im fortgeschrittenen Stadium, ein Abflachen von Verliebtheit, daß man sich doch schon zu sehr [!] kennt." „Verliebtheit ist ja wohl, daß man doch die Sachen sehr positiv betrachtet, ohne jetzt Folgen zu bedenken. Liebe ist schon mit sehr viel Kenntnis des anderen verhaftet [!]."

Unter den anspruchslos-geselligen Freundschaftstypen, so läßt sich vorsichtig folgern, befinden sich vor allem solche Personen, die insgesamt eher niedrige Ansprüche an Intimbeziehungen stellen. Sie bevorzugen zwar die Liebesbeziehung, aber den Äußerungen einiger Personen (vor allem der Ostberliner Männer) zum Vergleich zwischen Verliebtheit und Liebe ist zu entnehmen, daß sie das genaue Kennen der Partnerin eher als Ernüchterung denn als Erfüllung erleben.

Es geht Personen dieses anspruchslosen Typs - seien sie selbstgenügsam oder gesellig - offenbar mehr um rollen- als um personspezifische Merkmale des Freundes. Individuelle Besonderheiten scheinen keine große Bedeutung in der Freundschaft zu haben, was auch dadurch unterstrichen wird, daß es bei ihnen - zumindest ihren Aussagen nach - nicht zu emotional getönten Auseinandersetzungen bei persönlichen Differenzen kommt. Diese Personen zählen überwiegend zum Streittyp 0 und I, der sich gar nicht streitet bzw. Streit als sachliche Auseinandersetzung, die rational gelöst wird, ansieht. Ferner befürworten sie höfliche Umgangsformen auch unter Freunden, wobei Höflichkeit hier als distanzerzeugendes Verhalten interpretiert werden kann.

Typ II: mittlere Ansprüche an Personalisierung der Freundschaft

Vertreter dieses Typs heben als Funktionen der Freundschaft vor allem den vertrauten, intimen Austausch mit anderen Personen hervor, aber auch Beistand und Unterstützung. Vor allem die Ostberliner Frauen, die mehrheitlich diesen Typ verkörpern, betonen, daß ihnen die Wahrung der Grenzen und die Respektierung der Distanz in der Freundschaft sehr wichtig sind. Entsprechend gehören sie in der Typologie des Streitens zu den sachlichen und den moderaten Streitern und schätzen höfliches, respektvolles Verhalten auch in der Freundschaft. Auch ihre Vorstellungen vom idealen Freund sind entsprechend bestimmt: Ehrlichkeit, Zuverlässigkeit, Hilfsbereitschaft, Diskretion und Taktgefühl sind wichtige Eigenschaften des idealen Freundes.

Was die Unterscheidung zwischen Freundschaft und Liebe angeht, treffen wir hier wieder den schon bekannten Ost/West-Unterschied an. Die Ostberliner, die diesem Typ II zugehören, bewerten Liebe und Freundschaft unterschiedlich. Die beiden Ostberliner Männer sprechen sich für die Liebe und die sexuelle Treue aus; die Ostberliner Frauen unterscheiden sich zu etwa gleichen Teilen in solche, die Liebe höher als Freundschaft schätzen, und solche, die beiden einen gleichgewichtigen Stellenwert in ihrem Leben einräumen. Die große Mehrheit dieser Frauen spricht sich für die sexuelle Treue aus. Die meisten Ostberliner dieses Freundschaftstyps scheinen an die Liebesbeziehung höhere Erwartungen in bezug auf Intimität, Emotionalität und Ausschließlichkeit zu stellen als an die Freundschaft.

(Das im Anhang wiedergegebene Interview mit Kerstin ist ein charakteristisches Beispiel für diesen Freundschaftstyp und kann als typisch für die Mehrheit der Ostberliner Frauen unserer Stichprobe gelten.)

Die Westberliner Vertreter dieses Typs betrachten fast alle Freundschaft und Liebe als gleichrangig. So heben drei der vier Männer dieses Typs die Gleichgewichtigkeit von Freundschaft und Liebe hervor und sprechen davon, daß sie die Freundschaft als Bereicherung und Erweiterung ihrer Partnerbeziehung brauchen („ohne Freund würde ich mich zu sehr an meine Familie, an Frau und Kinder binden"). Keiner der Westberliner Männer dieses Typs und nur eine Westberliner Frau sprechen sich für die sexuelle Treue in der Liebe aus. Mit aller Vorsicht läßt sich folgern, daß Westberliner Vertreter dieses Typs auch an ihre Liebesbeziehungen nur Ansprüche mittlerer Höhe stellen.

Da in Ost und West - gesellschaftlich bedingt - Freundschaft einen unterschiedlichen Stellenwert einnimmt, dürfen die Ost- und die West-Variante von Typ II nicht gleichgesetzt werden. Da die Ostberliner insgesamt nur geringere Ansprüche an die Personalisierung von Freundschaft stellen, ist Typ II bei ihnen durchaus als „anspruchsvoller“ Freundschaftstyp zu kennzeichnen, während bei den Westberlinern der (im folgenden zu erläuternde) Typ III der „anspruchsvollere“ Freundschaftstyp ist. Dem entsprechen auch die Zusammenhänge mit Anzahl und Geschlecht der Freunde: Die Ostberliner vom Typ II haben überwiegend einen kleinen Freundeskreis, und sie sind mit einer gleichgeschlechtlichen Person befreundet. Die Westberliner dieses Typs haben in der Mehrzahl drei und mehr Freunde beiderlei Geschlechts.

Typ III: hohe Ansprüche an Personalisierung der Freundschaft

Dieser Freundschaftstyp, der sich vorwiegend unter Westberlinern und dort vor allem bei den Frauen findet, ist durch hohe Ansprüche an Emotionalität, Intimität und Personale Selbstentfaltung charakterisiert.

Betrachtet man die Funktionen der Freundschaft, so finden sich hier definitionsgemäß die höchsten Anteile von Äußerungen, welche die Selbstverwirklichung (das Selbst-sein-Können und die Entwicklung) thematisieren. Heidi aus Westberlin findet es zum z. B. für eine Freundschaft sehr wichtig, „daß ich also so, wie ich bin, auch mit negativen Seiten, mich nicht verstecken muß. Wenn ich das Gefühl hätte, ich kann nur einen Teil von mir zeigen und der andere kann nur mit einem Teil von mir etwas anfangen, dann wäre mir das wahrscheinlich zu wenig, das wäre dann so eine Rolle und nicht der ganze Mensch.“

Vom intimen Austausch mit dem Freund oder der Freundin erwarten sich Vertreter dieses Typs auch ein Korrektiv oder ein Feedback, so z. B. Elisabeth aus Westberlin: „Freunde sind wichtig, weil man eine Spiegelung braucht, man braucht Widersprüche, und man braucht Austausch. Man muß über seine Probleme reden können; man muß sich immer wieder vergewissern. Also, wenn ich nur über mich selbst nachdenke, für mich allein, habe ich keine Reflexion. Ich muß hören, was andere Menschen von mir halten, was andere Menschen von mir denken, und ich muß auch den Mut aufbringen, Kritik zu empfangen.“

Vom idealen Freund werden Offenheit, Echtheit und Authentizität erwartet, aber auch Empathie, Warmherzigkeit, emotionale Unterstützung und Hilfe bei der Selbsterkenntnis. Dieser Freundschaftstyp ist am häufigsten unter den heftig-aggressiven Streitern vertreten und unter denen, die Höflichkeit und Treue ablehnen.

(Das im Anhang abgedruckte Interview mit Bärbel aus Westberlin liefert ein charakteristisches Beispiel für diesen Freundschaftstyp und ist in bezug auf viele Freundschaftsdimensionen typisch für Westberliner Frauen.)

Die *Frauen* dieses Typs sind mehrheitlich (10 von 13) alleinstehend bzw. geschieden. Es überwiegen zwar die Personen, die nur eine oder zwei Freundinnen haben (es sind acht), allerdings in Abhängigkeit vom Familienstand. Von den fünf Frauen, die drei und mehr Freundinnen haben, ist nur eine verheiratet. Diese Frauen betonen am häufigsten, daß Freundschaft mit Arbeit und Einsatzbereitschaft verbunden sei - d. h. auch, daß Verheiratete sich möglicherweise schon aus Zeitgründen dieses nicht leisten können. Was das Geschlecht der Freunde betrifft, so ist es aufschlußreich, daß bis auf eine Ausnahme alle Frauen Freundinnen haben; das bestätigt ein auch in der Literatur häufig berichtetes Ergebnis, daß nämlich Frauen ihre hohen Ansprüche an Intimität, Vertrautheit und emotionale Nähe vor allem in Beziehungen zu anderen Frauen realisiert sehen. - Von den acht *Männern*, die aufgrund ihres hohen PF-Wertes diesem Typ III angehören, sind je vier verheiratet/gebunden bzw. alleinlebend. Es zeigt sich ferner ein Zusammenhang mit der Anzahl und dem Geschlecht der Freunde: Bis auf zwei Männer, die mit drei und mehr Personen beiderlei Geschlechts befreundet sind, haben alle nur einen oder zwei Freunde.

Ein Blick auf das Liebeskonzept der Frauen des Typs III erlaubt Hinweise darauf, ob sie ihre hohen Erwartungen an Freundschaft auch in der Liebesbeziehung als erfüllt ansehen. Dies scheint nun aber nicht der Fall zu sein. Nur zwei dieser Frauen sprechen der Liebe einen größeren Stellenwert in ihrem Leben zu, sieben Frauen - alle alleinlebend - bevorzugen eindeutig die Freundschaft (bei den übrigen ist keine Einschätzung möglich). Unter denjenigen, die die Freundschaft bevorzugen, sind nur zwei Anhängerinnen des Konzepts der sexuellen Treue, die übrigen vertreten überwiegend ein relativiertes Treueverständnis. Dies mag einerseits daran liegen, daß sie in einer Liebesbeziehung auch vorwiegend die freundschaftlichen Anteile schätzen, andererseits aber vielleicht auch daran, daß sie aufgrund enttäuschter Erwartungen an sexuelle Ausschließlichkeit in ihrem Leben der Freundschaft eine größere Priorität einräumen. Fast alle Frauen halten Liebe für etwas von Freundschaft Verschiedenes Sie betonen, daß die Liebe zwar Bestandteile von Freundschaft enthalte, daß sich aber durch das Hinzukommen der Sexualität auch die Qualität der Beziehung verändere, indem eine stärkere emotionale Abhängigkeit und Verletzlichkeit entstehe.

Was den Vergleich von Liebe und Freundschaft angeht, so ist es interessant, daß von den drei Ostberliner Männern, die als einzige die Gleichheit beider Beziehungsformen hervorheben, zwei zum Typ III gehören. Auch die Westberliner Männer dieses Typs schätzen Freundschaft und Liebe - anders als die Frauen dieses Typs - als gleichrangig ein; dennoch zeigt sich bei ihnen nicht, wie bei den Frauen, eine Präferenz für die Freundschaft. Mit Ausnahme eines Alleinlebenden, der der Freundschaft einen größeren Stellenwert in seinem Leben zumißt, halten die anderen die Liebe für gewichtiger bzw. für gleichrangig mit der Freundschaft. Ebenso wie bei den Frauen sprechen sich auch in dieser Gruppe nur zwei Männer für sexuelle Treue aus, und ebenso wie bei den Frauen handelt es sich um Ledige, also jüngere Personen.

Zusammenfassend läßt sich zu Typ III feststellen, daß sich plausible Zusammenhänge mit der Anzahl und der Geschlechtszugehörigkeit der Freunde ergeben, wobei jedoch Unterschiede zwischen den Männern und Frauen unserer Stichprobe zu verzeichnen sind: Es sind vor allem alleinstehende Frauen, welche diese hohen Ansprüche an Freundschaft haben, offenbar aber diese hohen Ansprüche nicht in gleicher Weise in einer Liebesbeziehung realisieren können. Es scheint, als ob Freundinnen kompensatorisch die Rolle des Ehepartners und der Familie einnehmen und den ledigen Frauen den wichtigsten emotionalen und sozialen Halt bieten. Dabei kann nicht geklärt werden, was Ursache und was Folge ist: hohe Ansprüche, die in bisherigen Liebesbeziehungen enttäuscht wurden, oder schlicht ein Ersatz für einen fehlenden Liebespartner. Die skeptischen Äußerungen einiger Frauen, daß sie in einer Liebesbeziehung größere Unsicherheiten, Ängstlichkeiten und Abhängigkeiten erleben und sich in einer Freundschaft besser verwirklichen können, sprechen eher dafür, daß diese Frauen ihre Freundinnen, also andere Frauen, als vertrauter, unterstützender und verständnisvoller erleben. Daß auch das Bedürfnis von Männern nach Intimität und Emotionalität ebenfalls eher von Frauen befriedigt wird, zeigt sich in unserer Gruppe an dem Sachverhalt, daß Männer des Typs III, die in der Regel mit einem oder zwei Männern eng befreundet sind, Freundschaft und Liebe zwar für vergleichbar in ihrer Bedeutung halten, aber dennoch die Liebe - also die Beziehung zu einer Frau - bevorzugen.

Zusammenfassung: Es gibt unterschiedliche Ansprüche an Funktion und Qualität der Freundschaft, wobei sich in Bestätigung der These von TENBRUCK zeigt, daß die Westberliner als Gruppe einen höheren Grad an Personalisierung der Freundschaft aufweisen. Es lassen sich unterschiedliche Typen von Freundschaftsmustern erkennen, die ungleich unter den West- und Ostberlinern und unter Frauen und Männern verteilt sind: Typ I als anspruchslos Selbstgenügsame und anspruchslos Gesellige, jeweils mit starker Betonung gemeinsamer

Freizeitaktivitäten, findet sich häufiger unter den Männern bzw. den Ostberlinern. Typ II mit mittleren Ansprüchen an die Personalisierung der Freundschaft ist am häufigsten bei den Ostberliner Frauen festzustellen. Typ III mit hohen Ansprüchen an Emotionalität, Intimität und Selbstentfaltung und engen freundschaftlichen Beziehungen zu ein oder zwei Personen desselben Geschlechts findet sich am häufigsten unter ledigen Westberliner Frauen bzw. Frauen, die der Freundschaft einen höheren Stellenwert in ihrem Leben als der Liebe zumessen. Die größte Heterogenität ist dabei unter den Westberliner Männern zu finden: Unter ihnen finden sich sowohl Männer, die zur Zeit keine Freundschaften zu Männern haben, wohl aber mit einer Liebespartnerin leben, also hinsichtlich Freundschaft anspruchslos Selbstgenügsame, als auch Männer mit hohen Ansprüchen an Emotionalität, Intimität und Personale Selbstentfaltung.

3.4 Zusammenfassende Diskussion unter Einbeziehung von Schlüsselwörtern

Im folgenden werden die Hauptergebnisse der Arbeit zusammenfassend vorgetragen, wobei die Interpretation durch die Analyse von Schlüsselwörtern sowie durch die Einbeziehung von weiterer Literatur ergänzt wird. Im Verlauf der Auswertung stellten sich folgende Begriffe als bedeutsam für die Interpretation unserer Daten und vor allem die Unterscheidung von Ost- und Westberlinern heraus: Offenheit und Ehrlichkeit, (Un-)Sicherheit, Angst, Verletzung sowie Freundschaft als Arbeit und Investition.

Die Ergebnisse werden unter den beiden Hauptfragestellungen betrachtet:

- Unterscheiden sich Ost- und Westberliner in bezug auf die Funktionen und die Qualität der Freundschaftsbeziehung? Nach TENBRUCK ist zu vermuten, daß die in der BRD gegebene größere Orientierungsunsicherheit aufgrund fehlender einheitlicher Lebensentwürfe zu unterschiedlichen Funktionen von Freundschaft im Sinne einer besonderen Betonung der Individualität sowie zu einem größeren Bedarf an Emotionalität und Intimität der Freundschaftsbeziehung führt.
- Unterscheiden sich Männer und Frauen in ihren Freundschaftskonzepten? Aufgrund bisheriger Untersuchungen ist zu erwarten, daß sich Personen in ihren Vorstellungen zu persönlichen Beziehungen stark an Geschlechtsrollenstereotypen orientieren, die nach wie vor bei Männern auf Leistung, Durchsetzungsfähigkeit und Konkurrenz konzentriert sind und bei Frauen auf Fürsorglichkeit, Empathie und Beziehungsarbeit.

3.4.1 Anzahl und Geschlecht der Freunde

Etwas mehr als ein Drittel der Befragten gibt an, einen oder zwei beste gleichgeschlechtliche Freunde zu haben. Zwei Frauen zählen zu ihren engsten beiden Freunden jeweils eine Frau und einen Mann. Die übrigen Personen geben an, drei und mehr Freunde, zumeist gemischtgeschlechtliche, zu haben. In bezug auf Anzahl und Geschlecht der Freunde gibt es keinen Ost/West-Unterschied. Es zeigt sich jedoch ein signifikanter Unterschied zwischen Männern und Frauen im Hinblick auf das Geschlecht der Freunde: Während etwas mehr als die Hälfte der Männer unserer Stichprobe (nämlich 18) auch Frauen zu ihren Freunden zählen, sind es nur neun Frauen (fünf von ihnen verheiratet), die Männer zu ihren Freunden rechnen. Freundschaften mit Personen des anderen Geschlechts sind ferner viel häufiger bei denjenigen zu beobachten, die verheiratet sind bzw. in fester Beziehung zusammenleben. Enge Freundschaften zwischen Männern und Frauen, vor allem, wenn diese ledig sind, scheinen sehr selten zu sein und sind, jedenfalls von seiten der Männer, offenbar nur dann möglich, wenn die Sexualität einigermaßen unter Kontrolle gebracht worden ist, z. B. wenn es sich um eine Freundschaft zu einem Paar oder wenn es sich um „verflossene" Liebschaften handelt.

Da wir in unserem Interview keine Definition von Freundschaft vorgegeben, sondern die Bestimmung den Befragten überlassen haben, ist aus dem Befund, daß Frauen häufiger nur Frauen zu ihren Freundinnen rechnen, Männer jedoch sowohl Männer als auch Frauen, abzuleiten, daß Frauen offenbar andere Kriterien an Freundschaften anlegen. Daß sie tatsächlich mehr als Männer in ihren Freundschaften Verständnis, Vertrautheit, emotionale Nähe und Intimität erwarten und erfahren, wird durch die weiteren Ergebnisse gestützt.

Diese Befunde entsprechen auch den Ergebnissen anderer Untersuchungen. Beispielsweise fanden sich in amerikanischen Studien folgende Unterschiede zwischen Männern und Frauen hinsichtlich Anzahl und Geschlecht des Freundes oder der Freundin: So konnten drei Viertel der von L. RUBIN (1985) befragten alleinlebenden Frauen mindestens eine „beste Freundin" benennen, und das restliche Viertel beklagte das Fehlen einer solchen „besten Freundin". Bei den alleinlebenden Männern war es fast genau umgekehrt, indem zwei Drittel von ihnen keinen „besten Freund" benennen konnten, und sie fügten hinzu, daß ein solcher ihnen auch nicht fehle. Bei den übrigen Männern, die angaben, einen „besten Freund" zu haben, stellte sich heraus, daß es sich dabei häufig um eine Frau handelte. DAVIS (1988) fand heraus, daß zwar insgesamt die gleichgeschlechtlichen Freundschaften überwogen, aber 56% der Männer mindestens eine Frau als Freundin nannten und 44% der Frauen mindestens einen Mann als Vertrauten und Freund hatten. Dabei ergab sich allerdings auch, daß gleichgeschlechtliche Freundschaften durch stärkere gegenseitige Anteilnahme, größere Vertrautheit und Intimität sowie stärkeren Einsatz für die Freundschaft gekennzeichnet und - vermutlich aus diesen Gründen - auch stabiler sind. Gemischtgeschlechtliche Freundschaften scheinen auch wegen der möglichen erotischen und sexuellen Implikationen instabiler zu sein. Bei einer Repräsentativbefragung in der Bundesrepublik Deutschland stimmte die Hälfte der Männer und Frauen der Äußerung zu: „Eine Freundschaft zwischen Mann und Frau wird häufig durch die Sexualität bedroht“, wobei sich jedoch ein bedeutsamer Effekt der Schulbildung abzeichnete: Von den Hochschulabsolventen stimmten 63% der Frauen, aber nur 36% der Männer dieser Äußerung zu (SAMPLE INSTITUT MÖLLN 1986). Ob dieser deutliche Unterschied in einer größeren Sensibilität der Frauen in sexuellen Belangen begründet ist oder darin, daß männliche Akademiker sich für kontrolliert und in Freundschaftsbeziehungen mit Frauen für wenig zudringlich halten oder sie lediglich in höherem Maße „sozial erwünschte“ und damit verzerrte Antworten geben, muß hier offenbleiben.

3.4.2 Dimensionen von Freundschaftsbeziehungen

Begründung von Freundschaften

Insgesamt ist in den vier Untergruppen eine große Übereinstimmung in den Aussagen zu der Frage „Warum sind Sie befreundet?“ zu finden: Gemeinsamkeiten der Lebenserfahrung und der Interessen, der Weltanschauungen und der Einstellungen begründen eine Freundschaft, führen zum guten gegenseitigen Verstehen und zur Möglichkeit, sich frei auszutauschen. Unterschiede zeichnen sich nur dahingehend ab, daß die Frauen die Möglichkeit des intimen Austauschs stärker hervorheben und von den Ostberlinern häufiger die politische Übereinstimmung genannt wird. Gleichartigkeit in der politischen Einstellung, vor allem wenn sie nicht regimekonform war, hatte in der DDR verständlicherweise eine besondere Bedeutung, während dies in der alten BRD ein ungefährlicheres Terrain darstellte, so daß auch politische Differenzen in einer Freundschaft aufgefangen werden konnten.

Bedeutung der Freundschaft

Um die Fülle der Antworten zur Bedeutung der Freundschaft sinnvoll zu ordnen, wurden sie drei Funktionen von Freundschaft zugeordnet, wobei die Funktionen einerseits aus dem Material herausgearbeitet, andererseits aufgrund der in der Freundschaftsliteratur vorliegenden theoretischen Ansätze bestimmt wurden.

Am häufigsten beziehen sich unsere Befragten auf die Funktion „*Geselligkeit und Austausch*". Dabei zeichnen sich insbesondere folgende Unterschiede ab: Während Männer hauptsächlich den rein geselligen Charakter ihrer Freundschaftsbeziehungen und den größeren Stellenwert von gemeinsamen Unternehmungen betonen, heben Frauen vor allem die Bedeutung der Rolle von Gesprächen in der Freundschaft hervor. Sie erwarten sich davon - und erfahren tatsächlich dabei - Hilfe bei der Bewältigung von Problemen sowie emotionale Unterstützung, Trost und Anteilnahme. Darüber hinaus stellt für Frauen die Freundschaft ein Mittel gegen die Einsamkeit dar, und sie betonen häufiger als Männer, wie wichtig ihnen die Intimität des gedanklichen Austauschs ist (letzteres gilt gleichermaßen für die Westberliner insgesamt im Vergleich zu den Ostberlinern).

Die zweite Funktion der Freundschaft besteht in „*Beistand und Unterstützung*". Während bei der ersten Funktion „Geselligkeit und Austausch" mehr das alltägliche Zusammensein der Freunde thematisiert wird, steht hier der Aspekt der Hilfe in Not- und Krisensituationen im Vordergrund. Es geht um lebenspraktische Dinge: der Freund als Helfer in Notlagen und Ratgeber in schwierigen Situationen, wobei es sich um psychische Unterstützung, aber auch um konkrete Hilfestellung handeln kann.

Die Ergebnisse zeigen, daß für Frauen die emotionale Unterstützung in der Freundschaft bedeutsamer ist als für Männer. Dafür scheinen insbesondere die bei Frauen offensichtlich stärker entwickelte „Kultur der Hilfsbereitschaft" und das besser ausgebaute und enger verflochtene soziale Netzwerk dienlich zu sein. In diesem Sinne wird die Freundin auch - beispielsweise im Vergleich mit Familienmitgliedern - weitaus stärker als eine Krisenhilfe in Anspruch genommen.

Beistand und Unterstützung in *praktischer* Hinsicht spielt bei den Ostberlinern eine größere Rolle als bei den Westberlinern. Dies hängt, wie bereits oben erwähnt, gewiß mit den knappen Ressourcen an Dienstleistungen und dem schmalen Warenangebot, die den Alltag in der DDR kennzeichneten, in der Weise zusammen, daß die konkrete Unterstützung durch Freunde bei der Bewältigung konkreter Alltagsprobleme einen höheren Stellenwert hatte als in der westlichen „Überflußgesellschaft".

Während es bei den ersten beiden Funktionen „Geselligkeit und Austausch" und „Beistand und Unterstützung" eher um die Lebensbewältigung im Alltag geht, steht bei der dritten Funktion, der *„Selbstverwirklichung"*, die Individualität des einzelnen im Vordergrund. Hier geht es darum, daß Freundschaft eine Intimsphäre schafft, in der intime Gefühle, Gedanken und Probleme offengelegt werden können, ohne daß gesellschaftliche Sanktionen oder ein Prestigeverlust zu befürchten sind. Dadurch ist Raum gegeben dafür, daß die Personen einerseits sie selbst sein und ihre persönlichen Besonderheiten dem anderen gegenüber ausdrücken können (Selbst-sein-Können, Darstellung und Stabilisierung ihrer Identität). Andererseits können sie durch den Freund Lernimpulse und Anregungen zur Selbsterkenntnis und Weiterentwicklung erhalten. Ein weiterer Aspekt dieser Freundschaftsfunktion ist, daß die Personen durch ihre Freunde ein Gefühl der Sicherheit oder des Rückhalts erleben (ähnlich spricht WRIGHT [1977] vom „security value" der Freundschaft).

Insgesamt unterscheiden wir bei dieser dritten Funktion also drei Aspekte: Selbst-sein-Können, Entwicklung der Individualität und Lernen sowie Sicherheit und Rückhalt. Es zeigte sich, daß beim Nachdenken über die Bedeutung von Freundschaft die Westberliner Befragten insgesamt signifikant häufiger personale Aspekte des Selbst-sein-Könnens, des persönlichen Wachstums und der Sicherheit, die ihnen Freundschaft vermittelt, hervorheben. Dies steht im Einklang mit TENBRUCKs These, daß sich in westlichen Gesellschaften häufiger ein Typ von sozialer Beziehung bildet, in dem die individuellen einzigartigen Eigenschaften der Person bzw. die Individualität (ausgedrückt in Worten wie „Ich kann sein, wie ich bin") bedeutsam werden.

Unter den Westberlinern sind es abermals die Frauen, für die dieser Aspekt der Selbstverwirklichung bzw. Identitätssicherung von besonderer Bedeutung ist. Frauen spiegeln sich in ihrer Freundin, entdecken sich selbst in ihr und verstehen sich somit besser, denn damit erlangen sie auch Zugang zu eigenen fremden Bereichen ihres Seelenlebens. Sie können sich ohne Angst vor Verurteilung und ohne Angst, falsch verstanden zu werden, unverstellt, „authentisch" zeigen, sich zum Ausdruck bringen und sich somit bestätigen, mithin ihre Identität sichern. „Bei der besten Freundin spüren die Frauen Nähe, Wärme, fühlen sie sich geborgen und sicher, akzeptiert, auch wenn sie etwas machen, das die Freundin eigentlich nicht versteht. Sie können schwach und stark sein, sie können sich aufeinander verlassen in guten und in schlechten Tagen, wobei gerade auch die guten Tage betont werden, sie können offen sie selbst sein, ohne sich verstellen zu müssen, ohne eine Rolle zu spielen; sie haben den Raum, um wieder neu herauszufinden, wer sie selbst sind, wer sie selbst sein können. Und das alles ist verbunden mit Freude, Spaß und Wohlbefinden." (KAST 1992, S. 18) - Daß dieser Aspekt auch Gefahren enthalten kann, darauf hat DORST (1993, S. 157) hingewiesen: „Manche Frauenfreundschaften weisen zeitweise durchaus symbiotische Züge auf, erlauben Frauen ein Nachholen von vielleicht zu kurz gekommenen symbiotischen Erfahrungen in der eigenen Kindheit. Dies kann neben heilenden und fördernden Aspekten gelegentlich auch problematische Seiten haben und zu Fixierungen und neurotischen Umklammerungen führen."

Vorstellungen vom idealen Freund

Die von den Befragten genannten Persönlichkeitsmerkmale und Eigenschaften des idealen Freundes hängen eng zusammen mit der Bedeutung und der Funktion, die den Freunden bzw. der Freundschaft zugemessen werden. Betrachtet man die Anzahl der verwendeten Kategorien, so zeigt sich, daß die Westberliner eine etwas größere Anzahl nennen als die Ostberliner, was man mit aller Vorsicht als ein Anzeichen nicht nur für differenziertere, sondern auch für höhere Ansprüche an Freundschaft interpretieren kann. Ostberliner Männer thematisieren die wenigsten Kategorien, wobei ihre häufigsten Äußerungen zu den Kategorien „Ehrlichkeit" und „Vorbild/Ergänzung" gehören. Zwischen Ost- und Westberlinern ergibt sich ein weiterer Unterschied in bezug auf die Kategorien Ehrlichkeit und Offenheit. Die Westberliner fordern häufiger Offenheit im Sinne von Authentizität, Echtheit und Ausdruck von Gefühlen, während die Ostberliner den Aspekt Ehrlichkeit im Sinne von Direktheit in der Meinungsäußerung und Zu-seinem-Worte-Stehen betonen. Bei den Westberlinern sind die Vorstellungen vom idealen Freund stärker als bei den Ostberlinern auf die Individualität im Sinne von Authentizität und Selbstentfaltung bezogen. Zählt man die Kategorien Selbstbestätigung/Akzeptanz und Kritik/Lernimpulse zusammen zur Dimension „Selbstverwirklichung", so ergibt sich, daß hier signifikant mehr Westberliner (nämlich 20) als Ostberliner (nur sieben) Nennungen abgeben. Dies deutet wiederum darauf hin, daß in den Freundschaftskonzepten der Westberliner die Individualität eine größere Rolle spielt. Als signifikanter Geschlechterunterschied zeichnet sich ab, daß Frauen häufiger als Männer Vorstellungen des idealen Freundes thematisieren, die auf Beistand und Unterstützung ausgerichtet sind. Dies entspricht Ergebnissen aus der sozialpsychologischen Literatur, denen zufolge für Frauen die emotionale Unterstützung in der Freundschaft einen größeren Stellenwert hat als für Männer (AUHAGEN 1991).

Vom Freund werden im wesentlichen soziale Tugenden erwartet. Man selbst möchte unterstützt, verstanden, geliebt bzw. kritisiert und angeregt werden. Moralische Qualitäten werden ganz selten angesprochen, es sei denn, man rechnet „Ehrlichkeit" und „Zuverlässigkeit" dazu. Diese werden jedoch häufig in einem Atemzug genannt mit ihrer dem eigenen Ich nützlichen Funktion.

Auch die vom „Vorbild" erwarteten Qualitäten sind nicht auf moralische Einstellungen bezogen, sondern auf die Dimensionen Intelligenz, Tatkraft, Selbständigkeit, Wachheit und Neugier. In dieser Vorbild-Kategorie werden vorwiegend Merkmale thematisiert, die in bezug auf klassische Geschlechtsrollenstereotype den männlichen Rollenattributen und Werten (Aktivität, Reflexionsvermögen, Durchsetzungskraft) zuzuordnen sind. Auf den ersten Blick mag es scheinen, als würden unsere Befragten hier einer Hochschätzung von Maskulinität Ausdruck verleihen. Diese Interpretation ist jedoch nicht haltbar, weil in vielen der übrigen Kategorien zu den Vorstellungen vom idealen Freund Eigenschaften und Merkmale enthalten sind, die klassischen weiblichen Werten entsprechen, wobei es sich vor allem um soziale Tugenden, wie Hilfsbereitschaft, Einfühlungsvermögen, emotionale Anteilnahme, Verständnisbereitschaft und Eingehen auf den anderen, handelt. Bezogen auf Geschlechtsrollenstereotype, wäre der ideale Freund also als androgyne Persönlichkeit aufzufassen.

Unsere Befragten liegen damit durchaus im Trend der Zeit, für die eine „androgyne Revolution" (BADINTER 1987) konstatiert worden ist. Wenngleich es für unsere Ergebnisse hinsichtlich des idealen Freundes bzw. der idealen Freundin zutreffen mag, so wäre es doch voreilig, dies auch auf Vorstellungen von den Idealpartner/-innen zu beziehen. Gleichwohl kann eine innere Nähe vermutet werden, so daß ein Vergleich mit der Untersuchung von SIEVERDING (1988) lohnend erscheint. Sie hat (West-)Berliner Personen zu ihren Vorstellungen vom Idealpartner bzw. von der Idealpartnerin befragt. Da ihre Stichprobe (Studierende und in akademischen Berufen Tätige) hinsichtlich Bildung und Alter den von uns Befragten ähnlich ist, dürften ihre Ergebnisse auch für unsere Stichprobe relevant seien. SIEVERDING fand heraus, daß sich, verglichen mit älteren Befragungen, die Erwartungen von Männern und Frauen an ihre Idealpartner/-innen angeglichen haben, insofern beide Geschlechter sich in hohem Maße expressive Eigenschaften wünschen (einfühlsam, liebevoll, zärtlich, verständnisvoll, warmherzig), gleichzeitig aber auch instrumentelle Fähigkeiten (Unabhängigkeit, Selbständigkeit, Durchsetzungsfähigkeit, Initiative). Allerdings erwarten Männer von der Idealpartnerin signifikant häufiger als umgekehrt, daß sie attraktiv, gutaussehend, hübsch, schön, ansehnlich, chic und süß sein soll.

SIEVERDING weist auf die Konflikthaftigkeit dieser Erwartungen für moderne Frauen hin: Einerseits werden von ihr männliche Fähigkeiten erwartet, andererseits wird an der femininen Rolle festgehalten. Männer wünschen sich zwar instrumentelle Qualitäten bei ihrer Partnerin, aber zu emanzipiert darf sie nicht sein, so daß sie nicht mit ihm in Konkurrenz gerät und sein Selbstbild antastet. Beim Freund, so zeigen unsere Befunde, sind neben expressiven auch instrumentelle Fähigkeiten erwünscht, und diese werden offenbar nicht als bedrohlich angesehen.

Höflichkeit in der Freundschaft

Die Antworten auf die Frage nach der Bedeutung von Höflichkeit unter Freunden zeigen drei Einstellungsmuster, die jeweils mit unterschiedlichen Konzepten von Höflichkeit zusammenhängen. Eine ungeteilte Anerkennung von Höflichkeit findet sich signifikant häufiger bei den Ost- als bei den Westberlinern, wobei sich jeweils mehr Frauen als Männer dafür aussprechen. Diese Personen haben einen weitgefaßten positiven Begriff von Höflichkeit, der nicht nur das Befolgen gesellschaftlicher Umgangsformen meint, sondern auch Respekt, Achtung und Wertschätzung des anderen einschließt, wobei sie auf jeden Fall Höflichkeit gegenüber Freunden und Fremden gewahrt wissen möchten.

Einige Personen unserer Stichprobe vertreten einen differenzierten Höflichkeitsbegriff. Bei aller Kritik an den formalen Umgangsformen sehen sie doch einen positiven Kern von Höflichkeit, wobei am häufigsten auf die Achtung gegenüber dem anderen verwiesen wird. Eine letzte Gruppe sieht Höflichkeit von allen positiven Aspekten entleert und betont nur die negativen Seiten der von ihnen rein formal verstandenen Höflichkeit. Diese Ablehnung von Höflichkeit findet sich nur bei Westberlinern, die sich dabei im wesentlichen auf ihr Recht auf Individualität und Authentizität beziehen und Höflichkeit als Einschränkung ihrer Persönlichkeitsentfaltung und als Ausdruck von Unehrlichkeit betrachten.

In Deutschland hat es Tradition, Höflichkeit und Ehrlichkeit im Widerstreit miteinander zu sehen. „Im Deutschen lügt man, wenn man höflich ist", läßt Goethe im zweiten Teil des „Faust" den Bakkalaureus sagen und verweist damit auf ein gängiges Anti-Höflichkeitsklischee (vgl. dazu WEINRICH 1986). In der internationalen Forschung zu Höflichkeit werden jedoch andere Schwerpunkte gesetzt. BROWN/LEVINSON (1978) betrachten Höflichkeit als eine soziale Strategie im Umgang miteinander, die darauf abzielt, daß die Interaktionsteilnehmer gegenseitig ihr Gesicht (*„face"*) bzw. ihr gesellschaftliches Image (*„public self-image"*) wahren können und die Bedrohung, die sie füreinander darstellen

(„Der Mensch ist des Menschen Wolf"), möglichst klein gehalten wird. Das Höflichkeitsregister besteht dabei aus einem kulturell standardisierten Repertoire von sprachlichen und nichtsprachlichen Routinen, die in positive und negative Höflichkeit differenziert werden kann. Erstere bezieht sich auf das positive Selbstbild des Adressaten und signalisiert, daß der Sprecher sich bemüht, die Wünsche des Adressaten nach Zustimmung, Selbstachtung und Zuneigung zu erfüllen. Mit negativer Höflichkeit wird der Wunsch des Adressaten nach Freiheitsräumen und Distanz respektiert, und sie ist charakterisiert durch ein Zurückstellen der eigenen Person, durch Einhaltung formeller Regeln und Selbstkontrolle.

Legt man diese Differenzierung zugrunde, so wird besonders deutlich, daß in unserer Stichprobe die einzelnen Gruppen *unterschiedliche Höflichkeitskonzepte* aufweisen. Für die Ostberliner ist Höflichkeit am häufigsten mit der Befolgung gesellschaftlicher Umgangsformen verbunden, die als Ausdruck der Achtung Freunden und Fremden gegenüber gelten. Während die Ostberliner Männer dabei das Thema Ehrlichkeit am häufigsten erwähnen, beziehen sich die Ostberliner Frauen am häufigsten auf die Wahrung der gegenseitigen Freiräume und die Achtung des anderen im Sinne negativer Höflichkeit. Frauen in Westberlin sprechen am häufigsten positive Höflichkeit im Sinne prosozialer Verhaltensweisen an, was im Einklang mit anderen Forschungsergebnissen der westlichen Literatur steht (vgl. BROWN/LEVINSON 1978). Die Westberliner Männer - betrachtet man alle von ihnen genannten positiven und negativen Beispiele - thematisieren am häufigsten im Sinne von ELIAS (1976) die Aggressionskontrolle, aber auch andere Formen der Selbstkontrolle wie Einhaltung von Tischsitten und Bekleidungsvorschriften. Frauen, die in ihrer Sozialisation stärker als Männer unter dem Diktat der Attraktivität stehen, was Pflege von Körper und Kleidung sowie „schickliche" Verhaltensweisen angeht, betonen diese Aspekte von Selbstkontrolle möglicherweise deshalb weniger, weil sie sie schon internalisiert haben. Diese Ergebnisse aus Westberlin passen jedenfalls gut zu den Geschlechtsrollenklischees, die Männern ein aggressives und Frauen ein fürsorgliches Wesen zuschreiben. Allerdings wird die Aggressionskontrolle auch von den Westberliner Frauen angesprochen, ein Thema, das - so kann man vorsichtig folgern - in der „Konkurrenzgesellschaft" des Westens eine größere Bedeutung erlangt hat als in der DDR.

Insgesamt wird Höflichkeit stärker von den Ostberlinern favorisiert. Dies entspricht durchaus den Erziehungszielen der DDR-Bildungsinstitutionen, in denen

Höflichkeit, Achtung, Respekt und Rücksichtnahme einen herausragenden Stellenwert einnahmen.

Vertrauen in der Freundschaft

Fassen wir das Bedeutungsspektrum von Vertrauen in der Freundschaft zusammen, wie es von den von uns befragten Erwachsenen verstanden wird, so besteht es aus verschiedenen Aspekten: (1) der Sicherheit, sich dem Freund öffnen und Intimes preisgeben zu können; (2) der Zuversicht, vom Freund nicht hintergangen, benutzt oder verletzt zu werden; (3) dem Glauben an die Verläßlichkeit und Zuverlässigkeit des Freundes; (4) dem Glauben an die Verschwiegenheit und Diskretion des Freundes. - Der von SELMAN betonte Aspekt, Vertrauen bedeute, die Autonomiebestrebungen des Freundes akzeptieren und fördern zu können, wird von unseren Erwachsenen nur einmal angesprochen („mir die Chance geben, so zu leben, wie ich möchte").

Vertrauen in der Freundschaft wird von unseren befragten Gruppen in unterschiedlichen Bedeutungshorizonten verwendet. Bei den Westberlinern steht das Offenbaren intimer Gedanken und die damit verbundene Schutzlosigkeit im Vordergrund, verbunden mit der Gewißheit, daß der Freund einem nichts Böses wolle. Von den Ostberlinern wird Vertrauen häufiger im Kontext von Zuverlässigkeit und Verläßlichkeit des Freundes thematisiert. Im Vordergrund stehen bei ihnen der Glaube an die Zuverlässigkeit des Freundes, die sich in einer Übereinstimmung von Wort und Tat und der Bereitschaft zur Unterstützung des anderen zeigt, sowie die Gewißheit, daß man dem Freund „Besitztümer" anvertrauen kann.

Während die Ostberliner Männer vor allem den Aspekt „allgemeine Verläßlichkeit in Wort und Tat" betonen, ist für die Ostberliner Frauen zusätzlich Vertrauen als Sich-Anvertrauen bedeutsam (Sprechen über persönliche und intime „Sachen" oder „Dinge"), verbunden mit der Gewißheit, daß die Freundin diese Informationen nicht mißbraucht und nicht weiterträgt. Auch hier zeigt sich wieder der bekannte Unterschied, daß für Frauen in ihren Intimbeziehungen Gespräche bedeutsamer als für Männer sind. Doppelt so viele Frauen wie Männer betonen auch die Verschwiegenheit als Ausdruck von Vertrauen. Über die Gründe kann hier nur spekuliert werden: Handelt es sich dabei um die schon sprichwörtliche Klatschsucht von Frauen oder aber um die besondere Rolle, die Gespräche und persönliche Mitteilungen bis hin zur Selbstenthüllung bei Frauen haben?

Insgesamt zeigen die unterschiedlichen Bedeutungen von Vertrauen in unseren vier Gruppen einen sinnvollen Bezug zu unserer Fragestellung der größeren Intimität von Freundschaftsbeziehungen bei Westberlinern bzw. bei Frauen.

Streit in der Freundschaft

Auf der Basis der Angaben der Befragten zu ihrem Verhalten in konfliktträchtigen und strittigen Situation wurden vier Streittypen herausgearbeitet:

Streittyp 0: Der *Nichtstreiter* geht Auseinandersetzungen aus dem Wege oder löst Meinungsverschiedenheiten mit rationalen Mitteln (in letzterem ähnelt er dem folgenden Streittyp).

Streittyp I: Der *sachliche Streiter* bevorzugt sachliche, ruhige und vernünftige Auseinandersetzungen; das Austragen von Meinungsverschiedenheiten wird jedoch schon als Streit aufgefaßt.

Streittyp II: Der *moderate Streiter* erregt sich zwar und reagiert emotional, wahrt aber noch die Formen.

Streittyp III: Der *heftig-aggressive Streiter* kann verletzend und ausfallend werden.

Die identifizierten Streittypen unterscheiden sich in plausibler Weise hinsichtlich Formen, Gründen und Beilegung von Streit sowie in ihren Auffassungen über die Bedeutung von Streit für die Freundschaft. Sie lassen sich vor allem in dreierlei Hinsicht unterscheiden:

- erstens in bezug auf Emotionalität, d. h. ihre Einstellung zu Gefühlen und die emotionalen Anteile beim Austragen des Streits (wird, wenn überhaupt, eher sachlich-vernünftig oder heftig-emotional gestritten?);
- zweitens in bezug auf die Intimität der Beziehung, ablesbar an der Art der Gründe, die zu Streit führen (eher sachlich, eher persönlich oder beides?);
- drittens in bezug darauf, ob Streiten grundsätzlich als etwas Negativ-Destruktives oder Positiv-Konstruktives angesehen wird.

Stellt man diese Ergebnisse in den Kontext unserer Frage nach der Emotionalisierung und Intimisierung von Freundschaftsbeziehungen, so läßt sich folgendes feststellen: Streittyp I ist durch geringe emotionale und intime Anteile charakterisiert und Typ III durch hohe. Die Verteilung der Ost- und Westberliner auf diese Streittypen (bei Typ I: 16 Ost- und sechs Westberliner; bei Typ III: ein Ost- und zwölf Westberliner) würde also die TENBRUCKsche Hypothese stützen.

In bezug auf Geschlechterunterschiede sind mehrere Ergebnisse bedeutsam: Frauen geben als Gründe für Streitigkeiten in der Freundschaft signifikant häufiger persönliche Gründe an (Verletzungen, Enttäuschungen, Mißachtung der Person) als Männer. Sie regeln Streit signifikant häufiger, indem sie Gespräche führen, während Männer häufiger Strategien nennen, die durch weniger verbale Anstrengungen gekennzeichnet sind, wie z. B. Gesten (auf den anderen zugehen und Versöhnungsbereitschaft signalisieren, ohne den Streit zu thematisieren) oder Rückzug (ohne Worte aus dem Feld gehen, in der Hoffnung, daß sich alles von selber einrenkt; „vergessen").

Frauen geben insgesamt auch häufiger an, daß sie bei der Beilegung von Streitigkeiten sich besinnen, nachdenken und Selbstkritik üben, d. h., sie zeigen eine größere Bereitschaft, Fehler bei sich selbst zu suchen, aber auch, von der Freundin zu lernen. Dem entspricht, daß sie signifikant häufiger die positive Bedeutung des Streits hervorheben und Streit als Lernmöglichkeit betrachten, insofern als er zu neuen Sichtweisen, zum besseren Verständnis für die anderen, aber auch zu neuen Einsichten über sich selbst führt. Dies kann zur Weiterentwicklung der Persönlichkeit beitragen. Männer dagegen haben signifikant häufiger eine indifferente Einstellung (im Sinne von: „Streit gehört einfach dazu").

Unsere Ergebnisse zum Thema „Streit in der Freundschaft" entsprechen anderen Befunden in der Literatur. So fand beispielsweise AUHAGEN (1993b) heraus, daß Frauen entgegen einer weitverbreiteten Ansicht, nach der sie in ihren Freundschaftsbeziehungen Konflikte unter den Teppich kehren würden, durchaus häufig Streitigkeiten austragen. Kommunikationsforscher verweisen auf unterschiedliche Konfliktlösungsstrategien von Männern und Frauen (TANNEN 1991).

Dies steht auch in Übereinstimmung mit einer großen Zahl von Ehe-, Familien- und Erziehungsratgebern, in denen geradezu ein Loblied auf den Streit gesungen wird. So heißt das vermutlich am weitesten verbreitete Buch, in dem „Spielregeln für Liebe und Ehe" gesammelt sind: „Streiten verbindet" (BACH/WYDEN 1983). Es beginnt mit dem Satz: „Wortstreit zwischen Intimpartnern ... ist ... konstruktiv und höchst wünschenswert" (S. 7). Man denke nur an den psychischen Druck, der auf jemanden ausgeübt wird, der sich einem Streit zu entziehen versucht, indem ihm dieser Versuch, aus dem Felde zu gehen, als mangelndes Engagement für die Zweierbeziehung oder gar als Vertrauensbruch angelastet wird.

In einem weitverbreiteten Elternratgeber (ENDRES 1987) finden sich Äußerungen wie: „In der Tat finden Geschwister gerade im Streit zueinander. Streitigkeiten sind der Bagger der Geschwisterliebe: Es werden viele Gräben gezogen, insgesamt aber vertiefen sich die Zuneigung und Liebe." (S. 17) „Aggressionen und damit verbundene Streitigkeiten sind nicht nur natürlich, sondern für die soziale Entwicklung des Kindes sogar notwendig." (S. 14) Konflikte und Streit „bieten ... eine Chance zur Weiterentwicklung der Persönlichkeit." (S. 15) Und mehrmals wird ein Wort von KURT TUCHOLSKY zitiert: „Man liebt sich auseinander, aber man zankt sich zusammen."

Hinter solchen Aussagen steht - mehr oder weniger unausgesprochen - die Bewertung, daß es in jedem Fall besser sei, seine Gefühle auszuleben, als diese zu „verbergen" oder zu „unterdrücken", wie es dann heißt. Und die Männer, die - wie ja auch in unserer Untersuchung bestätigt - ihre Gefühle im Streit nicht in dem Maße, wie Frauen es tun, nach außen tragen, werden dann entsprechend als emotional verkrüppelt dargestellt, die in hohem Maße die Probleme, die in sozialen Beziehungen anzutreffen sind, verstärken und die überdies, im globalen Maßstab, zum Unheil in der Welt beitragen. Nicht bedacht wird dabei freilich, daß ein solches Verhalten vielleicht auch eine spezifische Form des Umgangs mit Gefühlen und der Rücksichtnahme auf den Partner oder die Partnerin ausdrücken kann.

Auf jeden Fall erscheint es uns unzutreffend, diese geschlechtsspezifischen Unterschiede einfach mit dem Hinweis zu erklären, daß Männer im Laufe ihrer Sozialisation dazu gebracht worden seien, Gefühle zu unterdrücken und soziale Beziehungen hauptsächlich mit dem Verstand zu bewältigen, während Frauen gelernt hätten, ihre Gefühle zu bejahen, sie auszudrücken und auch und gerade in soziale Beziehungen einzubringen.

Dagegen ist auf jeden Fall festzuhalten, daß es ganz offensichtlich unterschiedliche Auffassungen von „Streit" gibt. Die eine Auffassung besteht darin, daß es sich um das Austragen einer Meinungsverschiedenheit handelt, um eine Sachdiskussion, die von zwei unterschiedlichen Standpunkten aus geführt wird. Eine solche Auseinandersetzung findet nur mit Worten, also diskursiv, statt und involviert vor allem den Verstand. Wenn sich die Gefühlsebene einmischt, dann - darüber besteht unausgesprochene Einigkeit - sollte diese nach Möglichkeit nicht die rationale Auseinandersetzung beeinträchtigen. Die andere Auffassung, die sich mit dem Wort „Streit" verbindet, besteht darin, daß es sich um die engagierte Austragung eines Konflikts in mehreren Dimensionen handelt, wobei die emotionale Dimension mindestens gleichwertig neben der kognitiven steht. Gründe oder nur auch Anlässe für Auseinandersetzungen dieser Art liegen meist ebenfalls im emotionalen Bereich: Verletzungen, Vertrauensbruch, Eifersucht, Ärger usw.

In jeder zwischenmenschlichen Beziehung, die durch Nähe und Vertrautheit gekennzeichnet ist, können sowohl Meinungsdifferenzen als auch emotionale Spannungen auftreten. Je intensiver zwei (oder mehr) Personen freundschaftlich miteinander verbunden sind, je länger sie Umgang miteinander pflegen, um so größer wird das Konfliktpotential und um so eher kann es zu konflikthaften Auseinandersetzungen, zu Streit kommen (jedenfalls im Vergleich zu Personen, die eher distanziert und formell miteinander verkehren). Denn die starke positive emotionale Tönung einer Beziehung hat auch deren Gegenteil im Gefolge, nämlich Abneigung, Ablehnung. Es bestehen gewiß keinerlei Zweifel darüber, daß solche Meinungsdifferenzen oder Spannungen geklärt, ausgetragen, bereinigt werden müssen, weil nur dann die zwischenmenschliche Beziehung wieder frei wird für gemeinsam erfüllende Erlebnisse und Erfahrungen.

Die eigentliche Differenz tut sich in der Frage auf, auf welche Weise diese Austragung erfolgen solle. Hier zeigt sich nun ziemlich eindeutig, daß Frauen eine primär gefühlsbetonte Austragungsform bevorzugen; Männer hingegen haben nach unseren Befunden in sehr viel geringerem Maße untereinander Streit um emotional getönte Themen. Einige von ihnen meinen sogar, daß, wenn es zu ernsthaftem Streit auf dieser Ebene komme, die freundschaftliche Beziehung entweder gar keine richtige Freundschaft gewesen oder aber für die Zukunft ernsthaft gefährdet sei. Deswegen nennen sie sehr viel häufiger Meinungsdifferenzen als Streitgrund.

Daraus aber zu schließen, daß Männer etwa konfliktscheuer seien, scheint uns unzulässig. Vielleicht sind gerade sie verletzlicher, vielleicht erachten sie die emotionale Austragung von Streit als viel gefährlicher im Vergleich zu den Frauen, so daß sie - wohl überlegt! - lieber für eine Weile aus dem Felde gehen, damit keine Wunden geschlagen werden, die später viel schwerer heilen.

Zwischenmenschliche Beziehungen - dazu gehören Liebesverhältnisse genauso wie Freundschaftsverhältnisse, aber auch Geschwisterbeziehungen oder Beziehungen zwischen Bekannten - ruhen auf einer Basis, die nicht ein für alle Mal fest und sicher ist, sondern immer wieder neuer Sicherung bedarf, und zwar durch eine gemeinsame Anstrengung der beteiligten Partner/-innen. Das bedeutet, daß Beziehungen, in diesem Fall also Freundschaftsbeziehungen, durch aktive Anstrengungen erhalten und gefestigt werden müssen. Auf der anderen Seite bedeutet dies, daß die Partner in einer solchen freundschaftlichen Beziehung tendenziell von der Unsicherheit erfüllt sind, daß die Tragfähigkeit der

Beziehung nicht mehr gegeben sein könnte. Da es nun - teils aus Konvention, teils weil es ohnehin nichts bringen würde - ausgeschlossen ist, den jeweiligen Partner danach zu fragen, ob die Freundschaft noch so bestehe wie vormals, wird in den meisten Fällen versucht, durch bestimmte Verhaltensweisen zu explorieren, wie das Verhältnis beschaffen ist, wie tragfähig noch die Grundlage der Freundschaft ist. Es handelt sich also um einen regelrechten „Test", wenn ein Streit ausgelöst wird, weil sich hierbei dann erweisen soll, „wie der andere zu einem steht". Der Test ist natürlich um so aufschlußreicher, je stärker die Gefühlsebene in die Auseinandersetzung involviert wird.

Im Lichte unserer Befunde würde dies bedeuten, daß Frauen offenbar ein viel stärkeres Bedürfnis nach einer solchen emotionalen Vergewisserung haben. Möglicherweise sind sie im Hinblick auf ihre (freundschaftlichen) Beziehungen unsicherer und haben deshalb stärker das Bedürfnis, zu überprüfen, wie es mit der (freundschaftlichen) Beziehung bestellt ist.

Gründe für die Beendigung einer Freundschaft

Das Ende einer Freundschaft wird von den Befragten in der großen Mehrzahl als ein langsamer Prozeß geschildert, wobei im wesentlichen Änderungen der Lebensumstände, der persönlichen Entwicklung, der Interessen und Erfahrungen eine Rolle spielen, so daß die Gemeinsamkeiten und das gegenseitige Verständnis abnehmen und keine Basis mehr vorhanden ist. Ein Ortswechsel kann ebenfalls in den Augen der Befragten zu einer Veränderung in der Persönlichkeitsentwicklung führen und zur Entfremdung beitragen, wobei vor allem Ostberliner Männer häufiger die objektiven Schwierigkeiten der Aufrechterhaltung des Kontaktes betonen, während Frauen eher die psychischen Folgen des Ortswechsels thematisieren. Probleme durch Dritte werden signifikant häufiger durch die Westberliner angesprochen. Auch dieser Befund deutet auf unterschiedliche Freundschaftskonzepte. Für viele Westberliner scheint die Freundschaft eine exklusivere, intimere und gefühlsbeladenere Beziehung zu sein, so daß ein Eindringen eines anderen stören bzw. eine andere Prioritätensetzung seitens des Freundes oder der Freundin eine narzißtische Kränkung bedeuten kann, in deren Folge man die Freundschaftsbeziehung beendet.

Freundschaft und Liebe

Insgesamt ist festzustellen, daß über ein Drittel der Befragten, es sind dies vorwiegend Westberliner, keine prinzipielle Unterscheidung zwischen Freundschaft und Liebe treffen. Sie verweisen entweder auf die große Ähnlichkeit oder definieren Liebe als Beziehung, deren wichtigster Bestandteil die Freundschaft ist. Typisch ist die folgende Definition einer Westberliner Frau: „Liebe ist gleichzusetzen mit guter Freundschaft, Vertrauen und Füreinander-da-Sein und Das-Erleben-Teilen, halt Freude und Leid miteinander durchleben." Signifikant mehr Ost- als Westberliner halten Liebe jedoch für etwas von Freundschaft Verschiedenes und beziehen sich dabei die Sexualität, eine andere Gefühlsqualität, auf Intimität und besondere Verpflichtungen.

Während in unserer Untersuchung die Ostberliner der Liebe eine andere Qualität als der Freundschaft zuschreiben, betonen die Westberliner die großen Ähnlichkeiten zwischen den Konzepten von Freundschaft und Liebe, bzw. sie definieren Freundschaft als wesentlichen Bestandteil von Liebe. Ein derartiges Ergebnis zeigte sich auch bei Befragungen von US-Amerikanern (DAVIS 1988): Sie definierten Liebe im wesentlichen als „Liebe ist Freundschaft plus Leidenschaft". DAVIS selbst faßt seine Befunde folgendermaßen zusammen (1988, S. 65): „Liebesbeziehungen unterscheiden sich von sehr engen und guten Freundschaften durch Faszination, Exklusivität, sexuelles Verlangen, Anteilnahme am Leben des anderen, intensivere Freude aneinander und andere positive Emotionen." Enge Freundschaften wurden von den Befragten im Vergleich zu Liebes- und Ehebeziehungen als stabiler angesehen, wobei dies - wenig überraschend - vor allem von unverheirateten Personen geäußert wurde. Die Befragten meinten, bei der Liebe sei man anfälliger für Kummer, Ambivalenz, Konflikt und gegenseitige Kritik, und es gebe allgemein mehr Schwierigkeiten bei der Aufrechterhaltung der Beziehung.

Zum Thema „Freundschaft und Liebe" liegt im deutschsprachigen Bereich bislang nur wenig Forschungsliteratur vor. Relevant ist vor allem eine Repräsentativerhebung des SAMPLE INSTITUTS MÖLLN (1986), deren Ergebnisse zum Vergleich herangezogen werden können. Unter den Abiturienten und Hochschulabsolventen - also denjenigen Personen, die die gleiche Schulbildung wie unsere Befragtengruppe aufweisen - waren es etwas mehr als ein Viertel, die der Äußerung zustimmten: „Ich glaube, daß Freundschaft für einen Menschen wichtiger ist als Liebe." In der Gesamtbevölkerung war die Zustimmungsrate noch höher und lag bei über 40%, allerdings bei den Verheirateten etwas niedriger. Bei der Äußerung: „Liebe ist vergänglicher als Freundschaft", war die Meinung geteilt: Jeweils etwa die Hälfte der Befragten gaben zustimmende bzw. ablehnende Antworten. Die Äußerung: „Eine harmonische Partnerschaft kann Freundschaft nur teilweise ersetzen", fand ebenso viele befürwortende wie ablehnende Stimmen. Bei all diesen Antworten ergaben sich nur unwesentliche

Unterschiede zwischen Männern und Frauen, allerdings mit einer Ausnahme: Sie betraf den Stellenwert von Sexualität. Mehr Frauen (57%) als Männer (33%) stimmten nämlich der Äußerung zu: „Auf körperliche Liebe könnte ich eher verzichten als auf Freundschaft."

Soweit es sich aus den Aussagen unserer Interviewpartner/-innen erschließen läßt, sprechen signifikant mehr Ostberliner als Westberliner der Liebe den größeren Stellenwert in ihrem Leben zu. Dieser Befund entspricht den bisher vorliegenden Forschungsergebnissen, denen zufolge die Ostberliner eine größere Familienorientierung aufweisen.

Betrachten wir die Bevorzugung von Freundschafts- bzw. Liebesbeziehungen unter geschlechtsspezifischem Aspekt, so ist festzuhalten, daß in unserer Stichprobe mehr Männer die Liebesbeziehung (zu einer Frau) und mehr Frauen die Freundschaftsbeziehung (zu einer Frau) bevorzugen. Frauen sind demnach vergleichsweise das bevorzugte Geschlecht.

Dies stimmt auch überein mit dem Ergebnis einer repräsentativen Befragung in Westdeutschland und Osteuropa zum Beziehungsklima zwischen Frauen und Männern (JAECKEL 1994): Frauen haben fast überall eine wesentlich positivere Beziehung zu Frauen als zu Männern. Sie erhalten Verständnis, emotionale und praktische Unterstützung vornehmlich von anderen Frauen. In Westdeutschland berichten Frauen, daß sie auch häufiger von anderen Frauen als von Männern Impulse erhalten und sie als Vorbild ansehen. Männer haben ebenfalls eine größere Affinität zu Frauen; sie berichten häufiger Erfahrungen von Nähe, gefühlsmäßiger Unterstützung und Verständnis mit Frauen, während sie praktische Unterstützung eher durch Männer erfahren. JAECKEL bezeichnet insgesamt Frauen als „das faszinierendere Geschlecht": „Männer sind mehr von Frauen fasziniert, als Frauen voneinander fasziniert sind. Frauen sind jedoch stärker voneinander fasziniert, als Männer es von Männern sind. Und Männer sind viel faszinierter von Frauen (60%), als Frauen von Männern fasziniert sind (47%). Somit sind Frauen eindeutig als das faszinierendere Geschlecht zu bezeichnen." (JAECKEL 1994, S. 15)

Fragt man danach, ob sich in den Liebesvorstellungen der Befragten romantische Visionen erkennen lassen, wie sie in dem moralischen Anspruch der unbedingten sexuellen Treue bestehen, so ist festzustellen, daß sich signifikant mehr Ost- als Westberliner für die Treue in sexueller Hinsicht bzw. in sexueller und emotionaler Hinsicht aussprechen. Sofern sie überhaupt ausdrücklich darauf zu sprechen kommen, finden sich zwei unterschiedliche Auffassungen und dementsprechend unterschiedliche Umgangsweisen mit der Treue bzw. der Untreue: *Einerseits* sprechen sie sich für Treue - als sexuelle Treue - aus, definieren sie aber eher im Sinne einer „seriellen Treue", wobei Treue durchaus als Bestandteil einer Liebesbeziehung, nicht aber als Verpflichtung, die Untreue verhindert, aufgefaßt wird. Untreue gilt dann als ein Anzeichen dafür, daß die Beziehung nicht mehr stimmt, und es wird - wie ein Mann es drastisch formuliert - „gewechselt". Während sexuelle Treue vor allem für die Ostberliner als ein wichtiges Element einer Liebesbeziehung gilt, wird die Beziehung selbst als etwas wenig Dauerhaftes angesehen - was angesichts der hohen Scheidungszahlen gerade auch in der DDR durchaus realistisch war. - *Andererseits* wird zwischen emotionaler und körperlicher (also sexueller) Treue unterschieden; das erlaubt ein relativiertes Treueverständnis, wobei körperliche Treue „nicht so eng" gesehen wird und gelegentliche Seitensprünge des Partners verkraftet werden können. In seiner Analyse „Sexualität und ostdeutscher Alltag" bezeichnet MÜHLBERG (1995) dies als eine wichtige Strategie der Sicherung von Partnerbeziehungen.

Abschließend läßt sich festhalten: Für TENBRUCKs Vermutung, daß die Personalisierung der Intimbeziehung gleichermaßen zu hochpersonalisierten Freundschaftsbeziehungen und zu romantischen Liebesvorstellungen führe, gibt es bei unseren Befragten kaum Belege. Allenfalls sind bei einigen wenigen Ostberliner Männern stark idealisierte Vorstellungen von Liebe zu finden, und bei der Mehrzahl tauchen in ihren Verliebtheitskonzepten Elemente von Liebe als Passion auf. Die Ostberliner Frauen schildern die Verliebtheit deutlich sachlicher. Aus amerikanischen und deutschen Untersuchungen ist bekannt, daß Frauen eher eine der Freundschaft vergleichbare pragmatische Einstellung zur Liebe haben und Männer stärker zu einer romantischen und spielerischen Auffassung von Liebe neigen (vgl. KRAFT 1993). Männer geben sich eher als Frauen romantischen Gefühlen hin, die sie sich leisten (können), während es für Frauen vorteilhafter ist, wenn sie bei der Partnerwahl rationaler vorgehen, da ihre soziale Position und häufig auch ihre ökonomische Versorgung von der des Mannes abhängen.

Funktionen von Freundschaft

Die Ergebnisse zu verschiedenen Freundschaftskonzepten, die im 2. Kapitel dargestellt wurden, deuten darauf hin, daß für unsere Teilgruppen unterschiedliche Freundschaftsfunktionen bedeutsam sind. Dieser Frage sind wir in einem weiteren Auswertungsschritt nachgegangen, indem wir die relative Bedeutsamkeit einzelner Funktionen - relativ zur Gesamtzahl der Nennungen - bestimmt haben. Es zeigte sich, daß alle Gruppen der Funktion „Austausch/Gespräche" das größte Gewicht zumessen: etwa 45% aller Antworten zu den von uns als bedeutsam ausgewählten Fragen nach Freundschaftsfunktionen fallen in diese Kategorie. Erwartungsgemäß werden von den Ostberlinern die Funktionen „Unterstützung" und vor allem „Praktische Hilfe" häufiger thematisiert (insgesamt zu etwa 45%) als von den Westberlinern, die ihrerseits häufiger die Kategorie „Selbstverwirklichung" (zu etwa 23%) ansprechen. Dieses Ergebnis deutet darauf hin, daß auf der Ebene der Funktionen der Begriff „Freundschaft" von Ost- und Westberlinern in jeweils unterschiedlicher Bedeutung verwendet wird, und es steht im Einklang mit TENBRUCKs These, daß in festgefügten Gesellschaten die Inhalte der Freundschaft eher an feste Freundschaftspflichten und angebbare äußere Leistungen gebunden sind, während in hochdifferenzierten Gesellschaften Freundschaft eine wichtige Bedeutung für die Bestätigung und Sicherung der Individualität hat. - Eine Analyse der Schlüsselwörter „Offenheit" und „Ehrlichkeit" unterstreicht dieses Ergebnis.

„Offenheit" und „Ehrlichkeit"

Einen bedeutsamen Unterschied gibt es im Hinblick auf die Häufigkeit und die Semantik der Verwendung von „Ehrlichkeit" und „Offenheit". Während die Westberliner sehr häufig „Offenheit" als Qualität des Freundes nennen, benutzen die Ostberliner sehr häufig den Ausdruck „Ehrlichkeit", vor allem in der Kombination „ehrlich und offen". Mit „Ehrlichkeit" des Freundes ist gemeint, daß dieser „ehrlich bzw. geradeheraus" seine Meinung sagen soll und „dazu stehen soll". „Ehrlich" meint auch, „direkt, ohne Schleichwege und Spielchen" dem anderen eine Meinung, die ihm vielleicht unangenehm ist, zu sagen. Ehrlichkeit als Forderung an den Freund oder die Freundin wird von neun Frauen und zehn Männern aus Ostberlin und von zwei Frauen und vier Männern aus Westberlin thematisiert.

Der Ausdruck „Offenheit" wird mit unterschiedlicher Häufigkeit in drei Bedeutungszusammenhängen verwendet:

- erstens im Sinne von „*offen reden*" als Synonym für *Ehrlichkeit*: „Offenheit? Das ist doch dasselbe wie Ehrlichkeit", „offen und ehrlich sein: man sagt, was Sache ist", „offen sein: sagen, was man denkt und eben halt in der Öffentlichkeit zu dem stehen, was man sagt", „Offenheit: harte Meinungsäußerungen, deutliche Äußerungen";
- zweitens im Sinne von *Aufgeschlossenheit:* „aufgeschlossen sein, keine Hemmungen haben", „sich offen und flexibel zeigen", „offen sein für Leute

und Probleme anderer", anderen gegenüber unvoreingenommen sein, „nicht vernagelt und festgelegt sein", „Distanz zu anderen aufgeben", sich nicht verschließen, anderen gegenüber „interessiert und neugierig", tolerant sein, „mir gegenüber offen sein, also auch in dem, was er nicht mag an mir";

- drittens im Sinne von *Echtheit und Authentizität:* „offen ausdrücken, was ist, Gefühle, Ärger, Enttäuschung", „mich in meinen Ängsten, Befürchtungen und Unsicherheiten zeigen", „Offenlegung nahezu jeglicher Intimität", „Wünsche und Vorstellungen offenlegen", „einfach so sein, wie man ist", „seine negativen Seiten zeigen", „sich nicht hinter einer Fassade verstecken", „sich gehen lassen". Mehrfach wird betont, daß diese Art der Offenheit zu Konflikten und Verletzungen führen kann bzw. daß man sich selber dabei verletzlich mache (zum Stichwort „Verletzung" s. unten).

Die drei Bedeutungsdimensionen haben jeweils einen unterschiedlichen Fokus: Bei der ersten Dimension geht es um konkretes Verhalten, um die Kongruenz von Sprache und Verhalten als einen Ausdruck von Zuverlässigkeit und Vorhersagbarkeit. Bei der zweiten Dimension geht es um die Beziehung zum anderen und die dafür notwendigen psychischen Qualitäten. Bei der dritten Dimension steht das Individuum im Mittelpunkt. In bezug auf diese Bedeutungsdimensionen ergeben sich nun signifikante Unterschiede zwischen den Ost- und Westberlinern. Die Ostberliner verwenden am häufigsten die erste Dimension: Offenheit als Synonym für Ehrlichkeit und Direktheit der Meinungsäußerung. Die zweite Dimension wird von beiden Gruppen etwa gleich häufig genannt, wobei es bei den Ostberlinern im wesentlichen die Frauen sind, die diese Dimension hervorheben. Die Westberliner (es sind insgesamt 16) bringen Offenheit am häufigsten in Verbindung mit Echtheit, Authentizität und Zugang zu Gefühlen: „den Mut haben, dem anderen Zugang zu seiner Gefühlswelt zu geben, ohne dabei Ängste oder Hemmungen zu haben", wie eine Frau es ausdrückt.

In den unterschiedlichen Bedeutungen von Ehrlichkeit und Offenheit als Forderung an die Freunde zeigen sich also wiederum die schon bekannten Unterschiede: Bei den Westberlinern steht die Dimension der Individualität im Vordergrund, bei den Ostberlinern eher das konkrete Verhalten mit den Dimensionen Zuverlässigkeit und Vorhersagbarkeit.

3.4.3 Zur Qualität der Freundschaft

Im analytischen Kapitel gingen wir ferner der Frage nach, ob sich Ost- und Westberliner, Männer und Frauen in der Qualität der Freundschaft, speziell der Personalisierung, unterscheiden. Dabei haben wir die Konstrukte „Intimität", „Emotionalität" und „Personale Selbstentfaltung" operationalisiert und in unserem Material empirische Indikatoren bestimmt, die es gestatten, die vier von uns gebildeten Untergruppen hinsichtlich dieser Konstrukte zu beschreiben.

Intimität

In bezug auf den Intimitäts-Wert (gebildet aus den Items Sich-Anvertrauen, Selbstoffenbarung und Selbstentblößung) zeigen sich signifikante Ost/West- und Geschlechterunterschiede in der Gesamtzahl der Nennungen pro Gruppe.

Vor allem die Westberliner Frauen, aber auch einige wenige Westberliner Männer, äußern hohe Ansprüche an die Intimität der Freundschaftsbeziehung. Wenn überhaupt Grenzen von Intimität angesprochen werden, dann von einigen Männern, die - so läßt sich aus ihren gelegentlichen Äußerungen folgern - im Vergleich zu den Frauen die Intimität mit größeren Gefahren und Kosten verbunden sehen. Während die Ostberliner Männer auf „Schalheit" und „Überdruß" als Folge allzu großer Intimität verweisen, steht hinter den Äußerungen der Westberliner Männer die Befürchtung, daß eine Preisgabe intimer Informationen zu ihrem Schaden verwendet werden könnte: So bemerkt Paul: Nur einem guten Freund gegenüber könne er „etwas von mir preisgeben, was mich angreifbar macht, und zwar so angreifbar, daß es für mich gefährlich werden könnte". Freundschaft scheint für einige Westberliner Männer ein Ort zu sein, der analog zur Geschäftswelt und zu einer Welt des Kampfes strukturiert ist. Vorsichtig kann gefolgert werden, daß hinter diesen Äußerungen ein großes Mißtrauen gegenüber den eigenen Geschlechtsgenossen steht, die als Aggressoren, Konkurrenten und Gegner gesehen werden.

Bei den Frauen fehlt diese dem Geschäftsleben entlehnte Sprache, ebenso fehlt bei ihnen die Kampfsprache. Dieser Befund entspricht im übrigen generell dem unterschiedlichen Beziehungsklima zwischen Frauen und Männern, wie die Untersuchung von JAECKEL (1994) gezeigt hat. Danach berichten weitaus mehr Männer als Frauen von Konflikten untereinander und von beruflicher Konkurrenz mit Männern. Im übrigen galt dies auch für Länder im Ostblock, wo außerdem private Konkurrenzerfahrungen mit anderen Männern weitaus häufiger von Männern als von Frauen berichtet wurden - was, nebenbei bemerkt, gegen die ebenso beliebte wie undifferenzierte Ansicht spricht, Konkurrenzdenken sei ein spezifisches Merkmal kapitalistischer Produktions- und Gesellschaftsverhältnisse.

Die in unserer Interviewstudie festgestellte größere Intimität der Frauenfreundschaften steht im Einklang mit vorliegenden Untersuchungen: Frauen stellen im Vergleich zu Männern höhere Ansprüche an Bindung, Intimität, Selbstenthüllung und emotionale Unterstützung in ihren Freundschaftsbeziehungen. Frauen pflegen eher beziehungs- und gesprächsorientierte, Männer eher aktivitätsorientierte Freundschaften (L. RUBIN 1985; AUHAGEN 1993a). Intensität und Kontinuität der Beziehung sind in Frauenfreundschaften deutlich höher. Das drückt sich vor allem in einem besonderen Maß an Nähe, wechselseitiger Einfühlung, tiefem Verstehen und Sich-verstanden-Fühlen aus. Das könnte - mit GILLIGAN (1984) - auf der besonderen Fähigkeit von Frauen zur Einfühlung, Fürsorglichkeit und wechselseitigen Anteilnahme beruhen, die auch die Beziehungen von Frauen untereinander generell kennzeichnet (DORST 1993). Auf eine größere Intimität von Frauenfreundschaften verweist auch die Repräsentativbefragung des SAMPLE INSTITUTS MÖLLN (1986). Die Äußerung: „Mit meiner besten Freundin bzw. meinem besten Freund kann ich Dinge besprechen, die ich mit meinem Partner/meiner Partnerin kaum besprechen kann“, erhielt Zustimmung von 48% Frauen und 41% Männern, wobei dies vor allem für unverheiratete gilt (je 54%). Bei den verheirateten Männern sank die Zustimmungsrate auf 33%, bei den verheirateten Frauen auf 43%. Bei der Mehrzahl der Befragten sind also die Ehepartner bevorzugter Gesprächspartner, es gibt jedoch mehr verheiratete Frauen als Männer, die eine größere Vertrautheit mit ihren Freundinnen bekunden.

Emotionalität

Gefühle begründen und begleiten die Freundschaft, denn diese Beziehung ist - im Vergleich zu Verwandtschaftsbeziehungen - auf Freiwilligkeit gegründet und wird nur bei gegenseitiger Sympathie geschlossen und aufrecht erhalten, solange eine tragfähige emotionale Basis besteht.

Unser Emotionalitäts-Wert bezog sich auf Äußerungen zur emotionalen Verbundenheit, zur emotionalen Anteilnahme sowie zu der besonderen emotionalen Wertschätzung von Freundschaft. Dabei ergab sich ein signifikanter Ost/West-Unterschied, sowohl was die Gesamtzahl der Nennungen als auch die Unterteilung der Gruppen in Personen mit niedrigem und hohem Wert betraf. Frauen thematisieren insgesamt häufiger als Männer emotionale Aspekte, wobei sich allerdings keine nennenswerten Unterschiede zwischen Westberliner Männern und Ostberliner Frauen ergeben. Vor allem die Ostberliner Männer sind sehr sparsam im Thematisieren der emotionalen Aspekte der Freundschaft.

Eine quantitative Auswertung des Schlüsselworts „*Gefühle*" unterstreicht diese Ergebnisse. Während die Westberliner mit großer Häufigkeit und positivem Beiklang von ihren Gefühlen reden, zeigt sich, daß viele Ostberliner zwar den Ausdruck „Gefühle" gebrauchen, aber hauptsächlich in der Wendung: „Ich habe das Gefühl, daß ...". Dabei beziehen sie sich jedoch nicht auf subjektives Befinden, sondern auf Ansichten, Meinungen und Denkweisen, also Zusammenhänge, in denen Westdeutsche die Ausdrücke: „Ich denke ...; es ist meine Auffassung ...; ich meine ...", verwenden würden. Es drängt sich die Vermutung auf, daß diese sprachliche Regelung dazu dienen solle, die Gefährlichkeit (abweichender) persönlicher Meinungen zu mindern.

Auffallend ist jedenfalls die seltene Thematisierung von Gefühlen bei den Ostberlinern, vor allem bei den Männern. Für diese Unterschiede sind mehrere Erklärungen möglich:

(1) Westberliner sind beim Reden über Gefühle eloquenter, vor allem weil sie über einen „Psychojargon" verfügen. Darauf deuten Äußerungen hin, wie z. B., „daß das eine stark affektiv besetzte Beziehung ist" (Carola) bzw. „mit positiven Gefühlen besetzt" ist (Jens), „gute Freunde können auch irgendwo mehr mitziehen, trauern oder sich freuen" (Dietmar).

(2) Frauen reden freier und selbstverständlicher von Gefühlen, während bei einigen Männern die Sprache recht umständlich und distanziert ist. „Es ist einfach schön, jemandem nah zu sein", sagt z. B. eine Frau (Paula, Westberlin), während Männer sich eher wie folgt ausdrücken: „Es ist mehr der emotionale Background" (Wilfried, Ostberlin) bzw. das sind „Dinge, die als positiv empfunden werden" (Peter, Ostberlin).

Während die ersten beiden Interpretationsmöglichkeiten davon ausgehen, daß eine gleiche Gefühlslage vorhanden ist, aber eine verschiedenartige Fähigkeit oder Bereitschaft, darüber zu reden, sind die beiden folgenden Deutungen darauf bezogen, daß es tatsächlich Unterschiede in den gefühlsmäßigen Einstellungen gibt. Diese können sich einmal darin ausdrücken, daß es in Freundschaft und Liebe unterschiedliche Gefühlsqualitäten gibt, und andererseits darin, daß tatsächlich Unterschiede im Erleben und Ausleben der Gefühle bestehen.

(3) Die dritte Erklärungsmöglichkeit besteht darin, daß die geringe Thematisierung der emotionalen Aspekte in der Freundschaft darauf zurückzufüh-

ren ist, daß Gefühle nicht in der Freundschaft, sondern primär in der Liebesbeziehung gelebt und ausgedrückt werden. Tatsächlich äußern sich mehrere Ostberliner Personen in der Hinsicht, daß die Freundschaft „nicht so emotional" sei und die Gefühle in der Liebe intensiver und stärker seien. Sven aus Ostberlin definiert Liebe so: „Es ist natürlich das Emotionale, wenn man jemanden liebt, als wenn es nur eine Freundschaft wäre." Wilfried aus Ostberlin meint: „Bei Freundschaften versuche ich solche Dinge [Gefühle!] nach Möglichkeit nicht in den Vordergrund treten zu lassen." Kerstin aus Ostberlin verweist darauf, daß eine Freundschaftsbeziehung nicht so stark „emotional determiniert" [!] sei. Die Aussagen einiger Ostberliner deuten also darauf hin, daß für sie die Liebesbeziehung bzw. die Familie in emotionaler Hinsicht bedeutsamer ist als die Freundschaftsbeziehung, was aus Äußerungen wie den folgenden ablesbar ist: „Ohne Liebesbeziehung und ohne familiäre Bindung - das ist für mich identisch - bin ich nur ein halber Mensch." - „Liebe erfüllt den Menschen doch wahrscheinlich in seiner Ganzheit mehr als Freundschaft."

(4) Eine letzte Erklärungsmöglichkeit besagt, daß tatsächlich Unterschiede im Erleben und Ausleben von Gefühlen bestehen. So bescheinigt MAAZ (1990) den Ostdeutschen generell einen „Gefühlsstau", während HOLLSTEIN (1993) bei Männern überhaupt ein „gehemmtes sexuelles und affektives Verhalten" feststellt: „Die männliche Angst, die eigenen weiblichen Seiten zuzulassen, verhindert Hingabe, Sinnlichkeit und wahre Intimität" (HOLLSTEIN 1993, S. 9). Tatsächlich finden sich bei einigen Männern Hinweise auf ein karges Gefühlsleben. Otto aus Westberlin, der sich sehr selbstgenügsam präsentiert und seine beiden Freunde sehr selten zwecks Freizeitgestaltung sieht, konstatiert: „Ich brauche eigentlich Freunde nicht. Wenn ich sie nicht hätte, würden sie mir nicht fehlen." In bezug auf eine Liebesbeziehung meint er: „Gefühlsmäßig gibt es keinen Unterschied zur Freundschaft." (Im rührenden Widerspruch dazu steht allerdings seine Bemerkung, er könne abends nicht einschlafen, wenn seine Liebespartnerin, mit der er zusammenlebt, noch nicht zu Hause sei.)

Mehrere Ostberliner Männer thematisieren Gefühle, wenn überhaupt, nur sehr allgemein und zurückhaltend. Maro bemerkt: „Jeder Mensch hat Emotionen, und dafür braucht man sich nicht zu schämen. Das muß einfach sein." In bezug auf die Freundschaft meint er: „Man sollte wahrscheinlich mit seinen Gefühlen auch nicht so fürchterlich verschwenderisch sein." Wilfried sagt: „Wenn Beziehungen oder Streitpunkte sind, wo keine besondere emotionale Bindung erforderlich [!] ist, dann braucht man sich auch nicht so intensiv darüber zu streiten."

Auch bei den unterschiedlichen Auffassungen von Streit wurde schon deutlich, daß sich Unterschiede in der Einstellung zu den Gefühlen zwischen einigen Ost- und Westberlinern abzeichnen. Während sich unter den Ostberliner Männern unserer Stichprobe niemand findet, der den Gefühlen ein Lob spendet, gibt es unter den Westberliner Männern und auch Frauen durchaus einige, die geradezu einen Gefühlskult betreiben und Gefühle als Echtheits- und Wahrheitskriterium betrachten. Typisch ist hier eine Äußerung des Sozialpädagogen Dietmar aus Westberlin: „Also, momentan lebe ich nach dem Gefühl: Wenn die Tür aufgeht und jemand kommt 'rein, weiß ich, ob ich ihn sympathisch finde oder nicht. Früher habe ich stärker darüber nachgedacht, habe oft versucht, Antipathien umzukehren, zwangsweise irgendwo per Nachdenken und Logik. Und momentan leiste ich mir das, daß ich einfach erst mal nach Empfindungen gehe, nach dem Bauch mehr."

Personale Selbstentfaltung

Auch beim Wert *Personale Selbstentfaltung*, den wir aus den Items „Selbst-sein-Können" und „Entwicklung und Lernen" gebildet haben, ergab sich ein signifikanter Ost/West-Unterschied, dies wiederum im Einklang mit der These, daß für die Westberliner die Selbstverwirklichung im Sinne einer Bestätigung und Absicherung der Individualität eine große Bedeutung in der Freundschaft hat.

In den bisherigen Analysen wurden verschiedene Aspekte, die sich auf die Selbstverwirklichung bezogen, betrachtet: Selbst-sein-Können, Authentizität, Entwicklung und Lernen durch Anregungen des Freundes. Die Selbstverwirklichung kann aber auch negative Aspekte haben, und zwar immer dann, wenn sie auf Kosten der anderen geschieht. In unserem Material finden sich einige Hinweise auf eine derartige egoistische Orientierung, die nun gesondert ausgewertet werden sollen.

Egoistische Selbstverwirklichung vs. Respektierung der Grenzen

Im Zentrum der Aufmerksamkeit steht das Individuum mit Handlungen und Einstellungen, die auf die eigene Selbstverwirklichung zielen, was auch auf Kosten des anderen möglich ist. So kann es sein, daß bestimmte Normen als Zwänge abgelehnt werden oder auf das eigene Recht gepocht wird, Gefühle auszuleben, auch wenn andere dadurch beeinträchtigt oder gar verletzt werden. Einige Befragte machen explizit ihr Recht auf Authentizität und Expressivität geltend, wobei Konflikte mit dem Freund oder gar Verletzungen in Kauf genommen werden.

Als Indikatoren für eine derartige egoistische Selbstverwirklichung finden sich in den Interviews bestimmte Argumentationsmuster, die vor allem im Zusammenhang mit Höflichkeit, Streit, Offenheit und Treue stehen. Ausgewertet wurden die folgenden:

1. Ablehnung des Zwangscharakters von Höflichkeitsritualen und Anstandsregeln, Recht auf Expressivität der Gefühle vs. Höflichkeit;
2. Ausleben von Streitigkeiten in heftig-aggressiven Formen;
3. Inkaufnahme der Verletzung des anderen durch Streit oder Offenheit;
4. Ablehnung der Verpflichtung zur Treue.

Mit Ausnahme eines Ostberliner Mannes, der sich zu aggressiven Streitformen bekennt, finden sich derartige Hinweise auf egoistische Selbstverwirklichung nur bei den Westberlinern.

Betrachten wir die einzelnen Punkte etwas genauer: Egoistische Orientierung äußert sich im Zusammenhang mit Höflichkeit als Ablehnung dieser Konventionen mit dem Hinweis, daß sie einen Zwang, eine Pflicht darstelle, was zu einem „aufgesetzten" Verhalten führe, wobei das Individuum sich nicht frei im Hinblick auf seine wahren Gefühle oder seine Wünsche verhalten könne. Sechs Frauen und acht Männer - alle aus Westberlin - lehnen höfliches Verhalten in der Freundschaft ab, weil es bedeute, „seine Persönlichkeit zu verstecken". Ein Mann formuliert es drastisch: „Höflichkeit ist eine Vergewaltigung meiner selbst." Während die Westberliner in der Regel höfliches Verhalten in der Freundschaft ablehnen und es nur Fremden gegenüber anwenden, sprechen sich die Ostberliner generell positiv für höfliches Verhalten auch gegenüber Freunden aus. Sofern die Zurücksetzung der eigenen Person dabei thematisiert wird, was bei drei Frauen der Fall ist, so ist dies nicht negativ besetzt: Man ist bereit, seine eigene Person zurückzustellen oder „sich nicht gehen zu lassen", um „den anderen nicht zu verletzen" oder um nicht „in das Leben des anderen hineinzuplatzen". Während die Westberliner hier die Beschränkung ihrer Rechte im Auge haben (sie bemängeln, wenn sie sich nicht gehen lassen dürfen), so richten die Ostberliner den Fokus auf die Rechte des anderen und - was bei einigen Ostberliner Frauen der Fall ist - auf die Wahrung des Freiraums des anderen sowie die Betonung der Distanz und der Grenzen, die zu respektieren sind.

Den anderen nicht zu verletzen wird von einigen Ostberlinern direkt als Funktion von Höflichkeit genannt. Derartige „Übergriffe“ auf die Person des anderen werden aber, vor allem von den Westberlinerinnen, in Kauf genommen, was im Zusammenhang mit den Antworten zum Streit deutlich wird.

Ebenso wie einige Westberliner den Zwangscharakter von Höflichkeit ablehnen, so sprechen sie sich auch gegen die Verpflichtung zur Treue aus, da dies als Zwang und Einengung empfunden wird.

Aggressive Formen der Streitaustragung berichten neun Frauen und fünf Männer aus Westberlin, jedoch nur einer der Ostberliner, die - falls sie überhaupt streiten - angeben, in der Regel eher sachliche Meinungsverschiedenheiten oder moderate verbale Auseinandersetzungen zu führen. Die Hochschätzung dieser heftig-aggressiven Form von Streit seitens der Westberliner wird einerseits dadurch begründet, daß im Sinne der ‚Dampfkesseltheorie' Gefühle „herausgelassen“ - nicht jedoch verarbeitet oder gar kontrolliert - werden müssen, und andererseits mit dem Argument, daß dies dem besseren Kennenlernen und letztlich der Festigung der Beziehung diene.

Als weiterer Indikator für die egoistische Orientierung wurde die Inkaufnahme der Verletzung des Freundes oder der Freundin durch Streit oder Offenheit gewertet. Auszählungen zur Häufigkeit und zum Kontext des Begriffs „Verletzung“ zeigen, daß die zwölf Ostberliner, die diesen Begriff verwenden (acht Frauen und vier Männer), es nur in dem Kontext tun, daß sie die feste Absicht haben, den anderen nicht zu verletzen bzw. daß Verletzungen aus Versehen oder Unbedachtsamkeit geschehen könnten. Karin aus Ostberlin verurteilt sogar das mutwillige Verletzen des anderen als Zerstörung der Basis der Freundschaft.

Bei den Westberlinern werden die Begriffe „*Verletzung*“ und „*verletzen*“ von 19 Personen verwendet. Bei nur fünf Personen geschieht dies im Zusammenhang mit der Absicht, nicht zu verletzen, die übrigen 14 sprechen von der Tatsache, daß man in der Freundschaft und vor allem beim Streiten verletzt wird („es gibt Momente, wo auch Freundschaft verletzend sein kann“) oder dem anderen Verletzungen zufügt, was offenbar von einigen bewußt in Kauf genommen wird („wenn ich meinem Ärger Luft mache, ist dies natürlich verletzend für sie“, „es passiert leicht beim Streit, daß wir uns verletzt haben“). Allenfalls wird relativiert, indem ein Gradmesser für die Verletzung angegeben wird: „nicht zu sehr verletzen“, „sich nicht bis zum letzten gegenseitig verletzen“. Drei Männer und neun Frauen sprechen wie selbstverständlich von den Verletzungen, die man sich beim Streiten zufügt. Ein weiterer Mann (Knut) hält es geradezu für unerläßlich, daß man sich auseinandersetzt und sich dabei wehtut. Als einen möglichen Grund für das Ende einer Freundschaft nennt er, „daß man sich nicht gegenseitig wehtun wollte und sich nicht auf wirkliche Auseinandersetzungen einlassen wollte".

Insgesamt sprechen also etwas mehr Frauen als Männer von Verletzungen der Freundin. Dies wollen wir nicht als Zeichen größerer Skrupellosigkeit und fehlender Rücksichtnahme deuten, sondern als größere Sensibilität für psychische Befindlichkeiten. Wir vermuten auch, daß für Frauen, die in ihrer Sozialisation eher als Männer aggressionshemmende Verhaltensweisen gelernt haben, „Verletzungen" einen weniger bedrohlichen Charakter haben.

Aufs ganze gesehen, zeigen unsere Daten, daß die egoistische Selbstverwirklichung fast ausschließlich von Westberlinern thematisiert wird. Die Ostberliner sprechen sich in der Mehrzahl für höfliche Umgangsformen auch unter Freunden aus, was als distanzerzeugendes Verhalten interpretiert werden kann, und betonen häufiger als die Westberliner die Respektierung von Grenzen. „Es ist für mich sehr wichtig", findet Beate (Ostberlin), „daß da noch eine Restdistanz bleibt", und Heike (Ostberlin) bemerkt, obwohl sie sich mit ihrer Freundin sehr nahe sei, könne man „Distanzen wahren". Einige Westberliner betrachten dies eher als unerwünschtes Verhalten in einer Freundschaft. So findet Alfons (Westberlin), es sei „eine Gefahr, eine Distanz aufzubauen", und „Streitvermeidung führt zu Distanz". Und Ute (Westberlin) beklagt, daß „jeder sich sehr abgrenzt, so: komm' mir nicht zu nahe oder stell' ja nicht zu viele Ansprüche".

Personalisierung der Freundschaft

Die Summe der Einzelwerte zu Emotionalität, Intimität und Personaler Selbstentfaltung bildet den Gesamtwert *„Personalisierung der Freundschaft (PF)"*, der die Ansprüche an die Freundschaftsbeziehung abbildet und erwartungsgemäß bei Westberlinern höher als bei Ostberlinern und bei Frauen höher als bei Männern liegt.

Dabei zeigt sich ein Zusammenhang von Höhe des PF-Werts und Äußerungen dazu, ob es leicht oder schwer ist, eine Freundschaft zu schließen und aufzubauen. Auswertungen zu den Stichworten „Freundschaft als *Arbeit*", *„Investition"* und *„Einsatz"* zeigen: Hohe Erwartungen an die Freundschaft im Sinne hoher PF-Werte hängen mit größerer Einsatzbereitschaft und größerem Engagement zur Pflege der Freundschaft zusammen. In den Interviews finden sich viele spontane Äußerungen dazu, daß Freundschaft in irgendeiner Form mit Arbeit und mit Aufwand zu tun hat. Sie stammen von elf Westberliner Frauen, zwei Westberliner Männern, vier Ostberliner Frauen und drei Ostberliner Männern.

Dabei verwenden vor allem die Westberliner Ausdrücke aus der Geschäftswelt. Direkt von Arbeit in bezug auf zwischenmenschliche Beziehungen sprechen zehn Personen, sieben aus West- und drei aus Ostberlin. Andere betonen die Notwendigkeit, etwas „zu investieren", Einsatz zu leisten oder Unannehmlichkeiten in Kauf zu nehmen. Die Ostberliner sprechen eher davon, daß man Freundschaften „pflegen" muß. Insgesamt sind es mehr Frauen, die auf Arbeit und Einsatz verweisen, was aus Äußerungen wie den folgenden hervorgeht: „Freundschaft ist mit einem Stück Arbeit verbunden." - „Eine gute Freundschaft muß doch relativ schwer erarbeitet werden". All dies steht im Einklang mit dem kulturellen Stereotyp, daß Frauen die Beziehungsarbeiterinnen sind. Vor allem Männer, die einen niedrigeren PF-Wert aufweisen, betonen, daß Freundschaft sich ergeben müsse: „Man kann nicht darauf hinarbeiten. Das muß sich ergeben." - „Man braucht nicht intensiv daran zu arbeiten. Das ergibt sich von selbst."

Interessant ist die Äußerung von Fritz aus Westberlin: „Bei neuen Freunden arbeitet man an der Freundschaft. Bei alten Freunden ist das nicht nötig. Man versteht sich, ohne daß man viel sagen muß." Diese Äußerung verweist wieder auf die unterschiedlichen Auffassungen von Freundschaft bei Männern und Frauen, denen wir schon häufiger begegnet sind: Bei vielen Frauen ist Freundschaft mit kontinuierlichen Bemühungen und Gesprächen verbunden, für Männer ist das Sich-Verstehen wichtig, das seinen Ausdruck nicht unbedingt in vielem Reden und häufigem Beisammensein finden muß.

Der PF-Wert steht weiterhin in plausiblen Zusammenhängen mit anderen Merkmalen:

- *Anzahl der Freunde:* Personen mit hohem PF-Wert haben häufiger nur enge Freundschaftsbeziehungen zu ein oder zwei Personen, Personen mit niedrigem PF-Wert haben häufiger einen größeren Freundeskreis;
- *Familienstand:* Alleinlebende haben etwas höhere Erwartungen an Freundschaft als verheiratete bzw. in eheähnlichen Beziehungen lebende Personen;
- *Präferenz von Freundschaft bzw. Liebe:* Personen mit hohem PF-Wert bevorzugen häufiger die Freundschaft bzw. weisen ihr den gleichen Stellenwert in ihrem Leben wie der Liebe zu. Personen mit niedrigem PF-Wert sprechen der Liebe einen höheren Stellenwert in ihrem Leben zu (dieser Unterschied ist jedoch nur als Tendenz zu sichern).

Diese auf die Gruppen bezogenen Zusammenhänge werden teilweise noch deutlicher, wenn man die Befragten in verschiedene Freundschaftstypen differenziert.

Typen von Freundschaft

Auf der Grundlage des PF-Wertes ließen sich sinnvolle Unterscheidungen in drei Freundschaftstypen erarbeiten:

Typ I (PF-Wert 0 - 2): der *anspruchslos Selbstgenügsame* (mit nur einem oder zwei Freunden) und der *anspruchslos Gesellige* (mit einem Kreis von Freunden beiderlei Geschlechts). Die anspruchslos Selbstgenügsamen finden sich bei unseren Befragten nur unter den Männern, die anspruchslos Geselligen vorwiegend unter den Ostberliner Männern bzw. verheirateten Männern, die mit anderen Paaren gute Kontakte pflegen. Geselligkeit bei gemeinsamen Freizeitaktivitäten, aber auch Beistand und praktische Unterstützung in schwierigen Situationen sind ihnen besonders wichtig ist. Personen dieses Typs schätzen offenbar mehr rollen- als personenbezogene Attribute von Freunden und erwarten Ehrlichkeit, Zuverlässigkeit, Hilfsbereitschaft und Höflichkeit.

Typ II (PF-Wert 3 - 5): mit *mittleren Ansprüchen* an die Personalisierung der Freundschaft, wobei vor allem gemeinsame Gespräche, seelischer Beistand und Vertrautheit wichtig sind. Dieser Typ findet sich hauptsächlich unter den Ostberliner Frauen in unserer Stichprobe. Sie legen Wert auf Vertrautheit der Gespräche, seelische Unterstützung und auch Kritik durch die Freunde, betonen aber auch die zu wahrenden Grenzen.

Typ III (PF-Wert 6 - 8): mit *hohen Erwartungen* an Emotionalität, Intimität und Personale Selbstentfaltung in der Freundschaft. Personen dieses Typs sind in der Regel nur mit wenigen anderen Menschen desselben Geschlechts eng befreundet. In unserer Stichprobe ist dieser Typ vor allem bei ledigen oder geschiedenen Westberliner Frauen zu finden, welche insgesamt die Freundschaftsbeziehung bevorzugen, während die wenigen Männer dieses Typs auch die Liebesbeziehung hoch einschätzen.

Diese Freundschaftstypen finden sich also in unserer Stichprobe in den einzelnen Untergruppen mit einer charakteristischen Häufigkeit, wobei die Ostberliner insgesamt einen niedrigeren PF-Wert aufweisen und damit geringere Ansprüche an die Personalisierung der Freundschaft artikulieren. Sie weisen demgegenüber der Liebesbeziehung einen größeren Stellenwert zu und charakterisieren die Liebe als Ort der Intimität, Vertrautheit und gefühlsmäßigen Nähe.

Für die Westberliner, die signifikant häufiger eine Gleichheit von Freundschaft und Liebe betonen, wird die Freundschaft mit denselben Worten charakterisiert wie die Liebe von den Ostberlinern. Es kann aufgrund unserer Vorgehensweise leider nicht entschieden werden, ob die Ansprüche an Emotionalität und Intimität in den Liebesbeziehungen bei Ost- und Westberlinern vergleichbar sind.

Da unsere Befragungsmethode keine Gewichtung der Ansprüche an die Freundschafts- und an die Liebesbeziehung erlaubt, können auch nur vorsichtige Schlußfolgerungen über den Zusammenhang von Freundschaftstyp und Präferenz bzw. Qualität der Ansprüche an die Liebesbeziehung gezogen werden. In Anschlußuntersuchungen müßte vor allem der Frage nachgegangen werden, ob Menschen mit niedrigen, mittleren und hohen Ansprüchen an die Emotionalität und Intimität von Freundschaft gleichartige oder etwa höhere Ansprüche in bezug auf die Liebesbeziehung aufweisen. Zu fragen wäre auch, welche Faktoren dazu beitragen, daß derartige Ansprüche entstehen und daß mögliche Diskrepanzen zwischen verschiedenartigen persönlichen Beziehungen (Freundschaft und Liebe) auftreten. Generell sind jedenfalls bei den Ostberlinern vergleichsweise geringere Ansprüche an die Freundschaft und eine stärkere Prioritätensetzung bei der Liebesbeziehung festzustellen. Dies steht im Einklang mit der auch in anderen Untersuchungen festgestellten stärkeren Familienorientierung in der DDR. Für die Westberliner hat die Liebesbeziehung viel Ähnlichkeit mit der Freundschaft, und letzterer wird ein hoher emotionaler Wert beigemessen. Daß Freunde sich ein Gefühl der Sicherheit, des Rückhalts und der Geborgenheit geben, wird signifikant häufiger (von mehr als der Hälfte der Westberliner) hervorgehoben.

Da vermutet werden kann, daß die Ostberliner zu DDR-Zeiten eine große soziale Sicherheit erlebten, während die Westberliner Chancen und Risiken der Individualisierung zu tragen hatten und haben, ist es von Interesse, wie häufig und in welchen Kontexten die Ausdrücke „Sicherheit", „sicher", „unsicher" von den Befragten verwendet wurden.

Freundschaft: ein Ort der Sicherheit und Angstfreiheit

Es zeigte sich, daß das Wort *„sicher"* (und auch „sicherlich") von fast allen Ostberlinern verwendet wurde, und zwar fast dreihundert Mal, allerdings als Füllwort im Sinne einer Bekräftigung und Unterstreichung der Äußerung. Dagegen verwendeten nur vier Westberliner dieses Füllwort.

Der Ausdruck *„Sicherheit"* wird von den Ostberlinern dreimal verwendet: zweimal als Füllwort („Da würde ich mich mit Sicherheit aufregen") und einmal als

Definition für Treue („sie ist auch eine gewisse Sicherheit“; Peter). Die Westberliner verwenden den Ausdruck Sicherheit insgesamt 26 Mal, und zwar einmal als Füllwort („Treue ist mit Sicherheit so'n Moment bei dieser Kontinuität von Liebe“) und ansonsten in bezug auf zwischenmenschliche Beziehungen (zumeist Freundschaft und Vertrauen in der Freundschaft, aber auch, wenngleich selten, in bezug auf Liebe).

Das Gegenteil („Unsicherheit“ und „unsicher“) wird von den Ostberlinern sechsmal verwendet, und zwar in folgenden Kontexten: dreimal als Unsicherheit, die nach der Wende eingetreten ist, einmal als Definition von Verliebtheit („ein Gefühl der Unsicherheit“), einmal als „Schwächen, Stärken und Unsicherheiten“, die man dem Freund anvertrauen kann, sowie einmal als Ausdruck des Zweifels an einem Sachverhalt („ich bin unsicher, ob es das gibt“).

Von den Westberlinern wird fünfmal die Unsicherheit angesprochen, und zwar viermal von Frauen im Kontext eines mangelnden Selbstbewußtseins. Der Ausdruck „unsicher“ wird 13 Mal verwendet, und zwar von sieben Frauen im Sinne von „orientierungslos“ und von drei Männern im Sinne von „im Zweifel sein“.

Daß Freundschaft von den Westberlinern häufiger als Ort der Sicherheit angesehen wird, zeigt sich auch in ihrer Definition von Vertrauen in der Freundschaft. Von 23 Befragten wird Vertrauen als Sicherheit vor Verletzung und Verrat charakterisiert. Es sind dies 15 Westberliner (fünf Frauen und zehn Männer) und acht Ostberliner (sieben Frauen und ein Mann).

Freundschaft wird auch von den Westberlinern häufiger als Ort der Angstfreiheit betrachtet. Dies zeigt sich an einer Auswertung des Wortes *„Angst/Ängste“*, das insgesamt 31 Mal von den West- und sechsmal von den Ostberlinern in diversen Kontexten verwendet wird. Während nur zwei Ostberliner von Angstfreiheit in bezug auf Freundschaft reden (im Sinne, daß sie keine Angst vor Verletzungen haben müssen), sind es von den 13 Westberlinern, die über Angst/Ängste reden, insgesamt zwölf. Sieben von ihnen verweisen darauf, daß sie keine Angst vor Freunden haben müssen, und fünf, daß sie mit Freunden über ihre Ängste reden können, was ja auch als eine Befreiung von Ängsten angesehen werden kann.

Insgesamt, so läßt sich zusammenfassend feststellen, hat die Freundschaft für die Westberliner einen höheren Stellenwert in bezug auf Sicherheit und Angstfreiheit. Diese Wortfrequenzanalysen unterstreichen also die Hypothese, daß die Westberliner in ihrer offenen Risikogesellschaft einerseits ein größeres Gefühl von Unsicherheit und Orientierungslosigkeit empfinden, wobei dies wiederum häufiger für Frauen zutrifft bzw. dies von Frauen häufiger zugegeben wird, andererseits daß eine Sicherheit in intimen Beziehungen wie der Freundschaft gesucht wird.

Bezeichnend ist auch, daß die von den Ostberlinern insgesamt jedoch nur selten verwendeten Ausdrücke „Unsicherheit" und „unsicher" mit der Situation der Wende in Beziehung gebracht werden. So meint Inge: „Im politischen Umfeld der Wende beginnt hier natürlich eine Unsicherheit, und da gibt es Probleme", und Eva spricht „von der im Moment ganz unsicheren Situation, über die man schon gar nicht mehr reden mag". Diese Äußerungen stehen also im Einklang mit unserer Vermutung, daß die Menschen in der DDR vor der Wende einen vergleichsweise hohen Grad an sozialer Sicherheit im öffentlichen Leben verspürten.

Erst die gesellschaftlichen Umwälzungen nach der Wende werden als Unsicherheit erlebt. Sechs Ostberliner Frauen und drei Ostberliner Männer thematisieren die Wende und auch deren Relevanz für die Freundschaft. Da ihre Aussagen sich sinnvoll in unsere theoretische Fragestellung einordnen lassen, sollen sie hier noch etwas näher betrachtet werden.

3.4.4 Aussagen zum politischen Umbruch

Drei Frauen verweisen darauf, daß es nach der Wende viel schwieriger geworden sei, Freunde zu finden oder Freundschaften zu bewahren. Monika führt aus, daß man zur Pflege einer Freundschaft auch Zeit und Ruhe brauche und die Zeiten sich ungünstig geändert hätten: „Ich finde, daß wir früher zu DDR-Zeiten mehr Zeit hatten für alles mögliche andere, weil wir uns über bestimmte Dinge eben keine Gedanken machen mußten. Zum Beispiel, wie ich im nächsten Monat die Miete bezahle, wenn die wieder erhöht wird. Das gab es eben halt nicht. Und ich brauchte mir auch keine Gedanken zu machen, daß ich arbeitslos werde, daß mein Kind keine Lehrstelle kriegt oder keinen Studienplatz. Das waren alles Dinge, die mich nicht belastet haben. Natürlich will ich nicht sagen, daß da alles rosig war. Es gab viele Dinge, die mich fürchterlich aufgeregt haben. Aber insgesamt habe ich das Gefühl, und auch bei meinem Mann, daß die Zeiten viel stressiger geworden sind und man kaum noch füreinander Zeit hat." Monika benennt wichtige Bereiche, die in der DDR zur größeren sozialen Absicherung geführt haben: garantierte Wohnung mit niedriger Miete, Recht auf Arbeit und Ausbildung für Kinder.

Eva bemerkt: „Gerade in der augenblicklichen Situation sind für mich Freunde das wichtigste; wenn man weiß, daß man jemanden hat, der einen absolut unterstützt, ohne lange zu diskutieren, ohne selbst irgendwelche Vorteile zu haben." Sie berichtet von Enttäuschungen über einige Bekannte, „weil sie sich um ihrer eigenen Vorteile willen so mit Ellbogenmentalität durchgesetzt haben gegen andere", und hat den Eindruck, daß „Werte, die wir früher hatten, zum Beispiel so eine Hilfsbereitschaft oder gegenseitiger Austausch von Materialien, was in unserem Beruf [Dozentin am Lehrerfortbildungsinstitut] sehr wichtig ist", nun verschwunden sind. Sie ist auch enttäuscht über die Westberliner Kollegen, mit denen sie Kontakt aufgenommen hat, weil diese „nur nach ihrem Vorteil fragen". Aber auch viele ihrer früheren Kollegen findet sie verändert: „... daß dort auch Angst besteht und daß in der Wissenschaft auch wir als Konkurrenten erkannt worden sind und daß von daher auch eine Verschlossenheit besteht." Allerdings ist sie der Meinung, daß „schon in den letzten Jahren der DDR, seit 1984, viele Leute verschlossener waren; schon weil man gespürt hat, es kann so nicht weitergehen. Aber man konnte auch nicht öffentlich werden mit dieser Meinung, weil das ja Folgen hatte, wenn man mit dieser Meinung an die Öffentlichkeit trat. Aber es wurde ja im Freundeskreis so eine Art innere Emigration praktiziert, wo viel diskutiert wurde. Und jetzt nach der Wende gab es so eine kurze Zeit der Euphorie, wo alle gedacht haben, es kann ganz anders werden, und wir könnten auch alle miteinander leben." Eine Hoffnung, die sie offenbar aufgegeben hat.

Negative Auswirkungen der Wende auf zwischenmenschliche Beziehungen thematisiert auch Inge. Sie bedauert, daß sich einige ihrer Bekannten „als Wendehälse" herausgestellt haben, die nur Karriere machen, „um wer zu sein". Sie beklagt, daß die Unsicherheiten der Wende zu Spannungen im engeren zwischenmenschlichen Bereich führen würden. In ähnlicher Weise bemerkt Sven, daß die Menschen nach der Wende neue Prioritäten haben, nur noch leistungsorientiert sind und „alle so ein bißchen Scheuklappen haben". Auch Maro findet, daß zunehmend eine Ellbogenmentalität durchkomme. Allerdings meint er, daß dies kein Nachwende-Phänomen sei: „Vor der Wende" konnte man sich besser „tarnen. Da wir ja im Sozialismus sowieso alle kameradschaftlich und freundschaftlich zusammengearbeitet haben - so wie die Parolen waren -, war das auch leicht zu verbergen."

Soweit die Befragten sich zur Situation nach der Wende äußern, so läßt sich zusammenfassend feststellen, bedauern sie den Verlust sozialer Sicherheiten (Kollektiv, Wohnung, Arbeitsplatz, Ausbildung) und das Verschwinden alter DDR-Werte (Hilfsbereitschaft, Solidarität), und sie beklagen die Auswirkungen und die Kosten des Kapitalismus (Karrieresucht, Definition über Konsumgüter, Konkurrenzorientierung und Ellbogenmentalität). Allerdings weisen einige von ihnen darauf hin, daß nach der Wende Freundschaften für sie einen größeren Stellenwert bekommen haben. So bemerkt Peter: „Unter unseren neuen Verhältnissen hier erlangt es eine andere Gewichtung als vorher. Vorher hat man auch innerhalb des sogenannten Arbeitskollegiums oder -kollektivs viele Beziehungen gehabt, die man als positiv erlebt hat. Die fallen jetzt mehr und mehr weg. Es richtet sich alles gegeneinander. Und da ist es schon wichtig, daß man im privaten Kreis Freunde hat." Und Berit meint: „Nach der Maueröffnung ist der Wert von Freundschaften für mich gestiegen, weil man eigentlich keinen Halt mehr hat."

Peters und Berits Bemerkungen stehen im Einklang mit unserer zentralen These, daß in hochdifferenzierten Gesellschaften der Freundschaft eine große Bedeutung für die Stabilität und Sicherheit des sozialen Nahraums zukommt.

3.5 Ausblick

Unsere Befragungen beziehen sich auf einen schon relativ lange zurückliegenden Zeitraum: Die Westberliner wurden Ende der achtziger Jahre, die Ostberliner zu Beginn der neunziger Jahre interviewt. Sind die Ergebnisse, die ohnehin nur einen Kreis von akademisch gebildeten Personen im mittleren Alter (20 - 52 Jahre) betreffen, noch aussagekräftig? Wir glauben, daß dies auf jeden Fall für die Westberliner gilt, nicht unbedingt aber für die Ostberliner, die einen radikalen Umbruch ihrer Lebenssituation erfahren mußten: Neuordnung der politischen Landschaft, komplette Umgestaltung des Wirtschafts- und Rechtssystems, der Sozialordnung und familienrechtlicher Verhältnisse. Mit dem Verlust der Sicherheiten des DDR-Systems (Verläßlichkeit der Lebenssicherung, Uniformierung der Lebensläufe, Gleichartigkeit der Wertorientierungen) haben sich die Handlungsspielräume und -angebote sprunghaft erweitert. Von den meisten Menschen wird dieser ungewohnte Zwang zur Individualisierung nicht nur als Chance zur Selbstverwirklichung, sondern als Verunsicherung und Bedrohung erlebt. „Der Zerfall sozialer Netze, nachbarschaftliche Distanz, Mißtrauen gegenüber Freunden und Bekannten, also die Erfahrung des Verlustes der in der DDR aufgebauten ‚sozialen Notgemeinschaft', trägt zur Verunsicherung der Menschen bei" (DORBRITZ 1993, S. 355f.). In der DDR war eine Vollzeit-Berufstätigkeit und das Vereinbaren von Elternschaft und Berufstätigkeit selbstverständlich, und es gab kaum Ehe- und Kinderlosigkeit. Die Krisensituation auf dem Arbeitsmarkt bewirkt nun Angst vor Arbeitslosigkeit und sozialem Abstieg. Wichtige Lebenslaufentscheidungen sind häufig durch ökonomische Notlagen bedingt und nicht Ergebnis freier Entscheidungen.

Die Veränderungen der wirtschaftlichen und sozialen Situation erfordern kulturelle Anpassungsleistungen und die Ausbildung individualistischer Orientierungen und Werthaltungen, ein Prozeß, der allerhöchstens in der Anfangsphase steckt.

Nach wie vor belegen die Umfrageergebnisse, daß die Menschen in den neuen Bundesländern an tradierten Werten festhalten und eine Neuorientierung erst ansatzweise feststellbar ist. So wurde in der Allgemeinen Bevölkerungsumfrage der Sozialwissenschaften 1992 festgestellt, daß sich die Menschen in Ost und West in der Bewertung der Wichtigkeit von Lebensbereichen deutlich unterscheiden (ZENTRALARCHIV 1993). Nehmen wir als Beispiel diejenigen Lebensbereiche, die für die Ausbildung und Abstützung von Identität besonders wichtig sind: In den neuen Bundesländern nahmen die Bereiche „Eigene Familie und Kinder", „Beruf und Arbeit" sowie „Freunde und Bekannte" die Rangplätze 1, 2 und 8 ein, in den alten Bundesländern die Rangplätze 2, 6 und 5. Entsprechende Differenzen zeigten sich in den Mittelwerten. Dies stimmt mit den Ergebnissen unserer Befragung überein, die bei den Ostberlinern eine stärkere Familienorientierung und bei den Westberlinern eine größere Bedeutung der Freundschaftsbeziehungen ergab. Auch in der *Schering-Frauenstudie '93* zeigt sich die größere Bedeutung, die Kinder für das Lebensglück der Menschen in Ostdeutschland haben. Auf die Frage: „Glauben Sie, daß eine Frau Kinder haben muß, um glücklich zu sein?", antworteten in Ostdeutschland 60% der Frauen und 50% der Männer mit Ja, in der Weststichprobe lauteten die entsprechenden Zahlen nur 33% und 29% (INSTITUT FÜR DEMOSKOPIE 1993, S.69). Allerdings, so zeigt diese Studie, sind 25% aller Frauen der Meinung, die heutigen gesellschaftlichen Verhältnisse böten keine guten Voraussetzungen dafür, Kinder zu bekommen (op. cit., S.74). Ferner ergab sich, daß ostdeutsche Frauen häufiger als westdeutsche neben Kindern und Familie den Beruf als eine Quelle von Lebenszufriedenheit und Glück bezeichnen (op. cit., S.56).

Bestätigt wird dieser Befund durch die auf dem „Wohlfahrtssurvey 1993" basierende Untersuchung von SPELLERBERG (1994) über Unterschiede und Gemeinsamkeiten der Alltagskultur in Ost- und Westdeutschland. Danach sind sowohl Männer als auch Frauen aus der ehemaligen DDR „stärker familien- und arbeitsorientiert". In der Freizeit leben sie eher häuslich, und ihr Privatleben „konzentriert sich stärker als im Westen auf die Familie und seltener auf Freunde". Für Westdeutsche dagegen sind „Werte wie die Entfaltung von Kreativität, Hedonismus und außerhäusliche Freizeitgestaltung ... von höherer Bedeutung" (op. cit., S. 48). Als naheliegende Ursache für diese Unterschiede werden die „Nachwirkungen historisch unterschiedlich geprägter Gesellschaften" benannt. Fazit: „Die Lebensbereiche Arbeit und Familie sind in Ostdeutschland weiter von zentraler Bedeutung, während das Alltagsleben im Westen stärker durch den Freizeitbereich und individuellere Lebensausrichtungen geprägt ist" (S. 49). In bezug auf Unterschiede zwischen den Geschlechtern hält die Untersuchung fest: „Geschlechtsspezifische Interessen ergeben sich ebenfalls in fast allen Aspekten, so daß Männer und Frauen noch weitgehend in getrennten alltagskulturellen ‚Welten' leben" (S. 48).

Es ist damit zu rechnen, daß die traditionellen Wertorientierungen und Lebensvorstellungen sich erst in einem langsamen Prozeß verändern werden. Das heißt aber auch, daß die in unserer Interviewstudie festgestellten Unterschiede in wichtigen Dimensionen zwischenmenschlicher Beziehungen, wie Vertrauen, Höflichkeit, Ehrlichkeit/Offenheit, Treue, noch lange fortbestehen und die sozialen Beziehungen zwischen Menschen aus Ost und West beeinflussen und beeinträchtigen werden. So sind die Unterschiede in den Wertorientierungen und Einstellungen zwischen Menschen in Ost- und Westberlin nach wie vor erheblich (und scheinen unter den Jugendlichen von Jahr zu Jahr sogar stärker zu werden, wie eine Studie von MERKENS/BOEHNKE [1995] belegt). Eheschließungen über die frühere Grenze hinweg kommen höchst selten vor, wobei der Anteil der Ehen zwischen Ostberliner Männern und Westberliner Frauen nur ein Drittel der Eheschließungen zwischen Westberliner Männern und Ostberliner Frauen ausmacht. Dies entspricht den Ergebnissen unserer Studie: Die meisten Unterschiede gehen auf das Konto der Westberliner Frauen und Ostberliner Männer, während sich die Ostberliner Frauen und die Westberliner Männer, zumindest in den mittleren Häufigkeiten, in vielen Merkmalen sehr ähnlich sind.

Die Menschen in den neuen Bundesländern, darin sind sich die Sozialforscher einig, werden in den kommenden Jahren eine Ausdifferenzierung und Pluralisierung ihrer Lebensformen erfahren. Schon in den ersten Jahren nach der Wende haben sie mit einer auffälligen Veränderung bei der Familienbildung reagiert: Ein deutlicher Geburtenrückgang und eine Heraufsetzung des Heiratsalters sind zu verzeichnen. Gerade für Frauen wird mit einer starken Ausdifferenzierung von Lebensmustern gerechnet: Zunahme von Kinderlosigkeit, längere Berufsunterbrechungen, Teilzeitarbeit oder sogar Ausstieg aus der Erwerbsarbeit. Diese Veränderungstendenzen werden weniger als Ergebnis einer freien Wahl des Lebensstils betrachtet, sondern als Ausdruck ökonomischer

Zwänge und geschlechtsspezifisch ungleich verteilter Chancen und Risiken im Erwerbssystem (SCHENK/SCHLEGEL 1993, S. 381).

Mit der zunehmenden Individualisierung und Pluralisierung der Lebensformen rechnen wir langfristig damit, daß eine Angleichung an die Westverhältnisse erfolgt (vgl. KAUFMANN 1995) und daß auch die Bedeutung von Freundschaft für die Selbstverwirklichung und die Sicherung und Bestätigung der Individualität zunehmen wird (vgl. NÖTZOLDT-LINDEN 1994). Die *Schering-Frauenstudie '93* vermerkt, daß die Abhängigkeit von privaten Beziehungen, von Familie und Freunden, in Westdeutschland kontinuierlich wächst. In den fünfziger Jahren waren 49% der repräsentativ Befragten überzeugt, daß sie unglücklich seien, wenn sie häufiger ohne Familie und Freund sein müßten. 1979 stieg diese Zahl auf 58% und zu Beginn der neunziger Jahre auf 65%. Auch die Zahl der sozialen Kontakte hat in diesem Zeitraum in der westdeutschen Bevölkerung zugenommen (INSTITUT FÜR DEMOSKOPIE 1993, S. 61f.). Für die Personen in den neuen Bundesländern ist ein ähnlicher Trend zu erwarten.

Die Epoche der „postmodernen Familie" (LÜSCHER 1990) beschert den Freundschaftsbeziehungen nicht nur eine verstärkte Bedeutung hinsichtlich ihrer emotionalen und ihrer Selbstverwirklichungsfunktion, sondern diese werden - innerhalb und außerhalb von Partnerschaftsbeziehungen - mehr und mehr zu einem Ersatz für ehemals lebenslange Ehe- und Familienbindungen. Freunde könnten somit, wie der „Stern" (Nr. 39/1995) als „Trend der 90er" ausmachte, „die neue Familie" werden.

4. Kurzzusammenfassung

In unserer Untersuchung[7] ging es um folgende *Fragen:*

(1) Welche Konzepte haben Erwachsene im Hinblick auf folgende Dimensionen von Freundschaftsbeziehungen: Motive der Freundschaft, Entstehen von Freundschaft, Vorstellungen vom idealen Freund, Höflichkeit und Vertrauen in der Freundschaft, Streit und Konfliktlösung unter Freunden, Ursachen für die Beendigung einer Freundschaft, das Verhältnis Liebe/ Freundschaft?

(2) Welche Unterschiede bestehen zwischen Personen aus dem Westteil und dem Ostteil (ehemals DDR) von Berlin? Da die Interviews im Ostteil der Stadt im Frühjahr und Sommer 1991, also relativ kurz nach dem politischen Umbruch stattfanden, ist damit zu rechnen, daß die Freundschaftsvorstellungen der Befragten noch nicht allzu stark von den gesellschaftlichen und politischen Veränderungen, welche die sog. „Wende" mit sich brachte, geprägt gewesen sind. Es wird also der Frage nachgegangen, ob unter eher restriktiven gesellschaftlichen und politischen Bedingungen, wie sie in der DDR geherrscht haben, den Freundschaftsbeziehungen eine andere Funktion und Qualität zugemessen wird als unter den andersartigen Bedingungen im Westen.

(3) Welche Unterschiede bestehen zwischen Männern und Frauen? Bisherige Untersuchungen verweisen zumindest in den westlichen Industriegesellschaften auf geschlechtsspezifische Unterschiede in bezug auf die Bedeutung von Freundschaft und das Bedürfnis nach Emotionalität und Intimität.

(4) Gibt es unter Erwachsenen unterschiedliche Freundschaftstypen, die sich im Hinblick auf die genannten Dimensionen und Funktionen von Freundschaft differenzieren lassen? Es kann vermutet werden, daß gesellige Menschen mit einem großen Freundeskreis andere Freundschaftskonzepte haben als z. B. Menschen mit einer eher exklusiven Freundschaftsbeziehung. Von Interesse ist auch die Frage, ob sich verheiratete bzw. in festen Part-

---

7 Diese Untersuchung ist Teil eines größeren - von der Deutschen Forschungsgemeinschaft geförderten - Projekts, in dem Freundschaftskonzepte und Freundschaftsbeziehungen im Kindes-, Jugend- und Erwachsenenalter erforscht wurden. Die Studie über die Kinder (im Alter von fünf bis zwölf Jahren) ist bereits veröffentlicht worden (VALTIN 1991). Die Publikation der Jugendstudie, die außer westdeutschen und ostdeutschen auch Schweizer Jugendliche einbezieht, befindet sich in Vorbereitung.

nerbeziehungen lebende von alleinlebenden Personen in ihren Ansprüchen an Freundschaft unterscheiden.

Als *Methode* wählten wir das Einzelinterview, wobei ein Leitfaden verwendet wurde, der sich in großen Teilen an das Freundschaftsinterview des amerikanischen Entwicklungspsychologen SELMAN (1984) anlehnt.

Die *Stichprobe* bildeten insgesamt 64 Personen, davon je zur Hälfte Männer und Frauen, Personen aus dem West- bzw. dem Ostteil, Studierende und Berufstätige. Die Vergleichbarkeit der Gruppen in bezug auf wichtige Merkmale ist gegeben. Dennoch sind die vier Untergruppen natürlich keineswegs repräsentativ. In der Stichprobe überwiegen akademisch gebildete Personen, die zum großen Teil aus erziehungs- und sozialwissenschaftlichen Bereichen kommen. Es kann also vermutet werden, daß es sich um einen Kreis von Personen handelt, der sich im Rahmen ihres akademischen Bildungsgangs oder ihrer beruflichen Tätigkeit mit Fragen der sozialen Beziehungen befaßt und - verglichen mit der Gesamtbevölkerung - ein höheres Niveau in bezug auf soziales Reflexionsvermögen aufweist.

Zum Interviewverhalten ist festzustellen, daß sich die Länge der Interviews zwischen Ost- und Westberlinern nicht unterscheidet. Die Männer in beiden Teilen der Stadt lieferten jedoch etwas längere Redebeiträge als die Frauen.

Zum Status der Interviewäußerungen ist anzumerken, daß es sich mit einiger Wahrscheinlichkeit auch um Antworten im Sinne der sozialen Erwünschtheit handelt. Dies halten wir allerdings sogar für einen Vorteil, da dadurch vermutlich kulturelle Deutungen in die Antworten eingehen, die zu einer Akzentuierung gruppenspezifischer Unterschiede, an denen wir interessiert sind, beitragen dürften.

Betrachten wir die *Ergebnisse* in bezug auf unsere eingangs formulierten Fragestellungen, so ist folgendes festzuhalten:

(1) Erwachsene haben im Vergleich zu Kindern Freundschaftskonzepte, die aus einer kognitiv-strukturtheoretischen Sicht durch eine Koordination und Wechselseitigkeit von Perspektiven charakterisiert sind.

(2) Zwischen Erwachsenen aus Ost- und Westberlin zeigten sich etwa ein Jahr nach der Vereinigung (1991) folgende Unterschiede:

- In bezug auf die *Funktionen* von Freundschaft betonen Ostberliner stärker den Aspekt Beistand/Unterstützung mit den entsprechenden Qualitäten des Freundes (Zuverlässigkeit in Wort und Tat, Ehrlichkeit,

Vertrauenswürdigkeit, Höflichkeit und Hilfsbereitschaft) und seltener die Selbstverwirklichung. Bedeutsam ist vor allem die große Betonung der praktischen Hilfe.

- In bezug auf die *Qualität* der Freundschaft heben die Westberliner in stärkerem Maße die Emotionalität und die Intimität der Beziehung hervor sowie die Möglichkeit der personalen Selbstentfaltung (Selbst-sein-Können, Entwicklung der Individualität). Allerdings finden sich bei den Befragten auch negative Aspekte einer egoistischen Selbstverwirklichung, die auf Kosten der anderen gehen kann. Dazu zählen: die Ablehnung des Zwangscharakters von Höflichkeitsritualen und Anstandsregeln sowie das Recht auf Expressivität der Gefühle, das Ausleben von Streit in heftig-aggressiven Formen, die Inkaufnahme der (seelischen) Verletzung des anderen durch Streit oder Offenheit und die Ablehnung der Verpflichtung zur Treue. Äußerungen, die auf eine derartige egoistische Orientierung schließen lassen, finden sich so gut wie ausschließlich bei den Westberlinern, während Ostberliner die Respektierung von Grenzen und die Wahrung von Distanz betonen.

- In bezug auf die Konzepte von *Liebe und Freundschaft* halten die Ostberliner beide Beziehungsformen für unterschiedlich und schätzen häufiger die Liebe, die sie als Ort größerer Emotionalität, Intimität und Vertrautheit kennzeichnen, als für sie höherwertig ein. Von den Westberlinern, die signifikant häufiger eine Gleichrangigkeit von Freundschaft und Liebe hervorheben, wird die Freundschaft mit denselben Worten charakterisiert wie die Liebe von den Ostberlinern. Es kann aufgrund unserer Vorgehensweise leider nicht entschieden werden, ob die Ansprüche an Emotionalität und Intimität in den Liebesbeziehungen bei Ost- und Westberlinern vergleichbar sind. Es kann nur festgestellt werden, daß die Mehrzahl der Ostberliner die Freundschaft als etwas von Liebe Verschiedenes betrachten und der Liebes- bzw. Partnerbeziehung eine Priorität einräumen. Unsere Ergebnisse unterstreichen somit die häufig beschriebene Familienorientierung der Personen aus der DDR. Für die Westberliner hat die Liebesbeziehung viel Ähnlichkeit mit der Freundschaft, und letzterer wird ein hoher emotionaler Wert beigemessen. Daß Freunde sich ein Gefühl der Sicherheit, des Rückhalts und der Geborgenheit geben, wird von ihnen signifikant häufiger hervorgehoben.

- In bezug auf *zentrale Konzepte zwischenmenschlicher Beziehungen* lassen sich Unterschiede zwischen West- und Ostberlinern feststellen. Diese betreffen Begriffe wie Vertrauen, Höflichkeit, Offenheit, Treue und Streit. Ostberliner finden sich häufiger unter den von uns als Streittyp I, den sachlich-vernünftigen Streitern, bezeichneten Personen. Diese bevorzugen sachbezogene, ruhige und rationale Auseinandersetzungen, wobei das Austragen von Meinungsverschiedenheiten schon als Streit aufgefaßt wird. Westberliner gehören häufiger zum Streittyp III, den heftig-aggressiven Streitern, die auch verletzend und ausfallend werden.

Insgesamt stehen diese Ergebnisse zu den Ost/West-Unterschieden im Einklang mit unserer an TENBRUCK (1964) orientierten These, daß Freundschaftsbeziehungen an die Struktur der Gesellschaft gebunden sind. In einer festgefügten Gesellschaft wie der DDR waren Freundschaften nicht in hohem Maße personalisiert, sondern an festen Inhalten von Freundschaftspflichten, wie Zuverlässigkeit, Ehrlichkeit, Unterstützung und Hilfsbereitschaft vor allem auch in praktischen Belangen, orientiert. In einer hochdifferenzierten Gesellschaft wie der BRD, in der die gegebenen sozialen Beziehungen und Rollen nicht mehr zur Orientierung des Individuums ausreicht, haben die Menschen einen größeren Bedarf nach Personalisierung ihrer Freundschaftsbeziehungen, die sich durch hohe Ansprüche an Emotionalität, Intimität und Personale Selbstentfaltung auszeichnen. In Intimbeziehungen wie der Freundschaft können die Menschen die Bestätigung und Stabilisierung der eigenen Individualität finden.

(3) Beim *Vergleich von Männern und Frauen* zeigen sich zahlreiche Differenzen hinsichtlich Anzahl und Geschlecht der Freunde sowie hinsichtlich Qualität und Bedeutung von Freundschaft. In den Grundzügen stimmen diese Befunde mit den in der Literatur berichteten überein, was nochmals deutlich macht, daß unsere Stichprobe, die nicht repräsentativ zusammengesetzt war, keine Ergebnisverzerrungen herborgerufen hat. Darüber hinaus jedoch tragen unsere Befunde zu Differenzierungen und neuen Aspekten in der Bedeutung von Freundschaft für Erwachsene bei:

- Frauen bezeichnen signifikant häufiger Frauen als ihre Freundinnen, d. h., sie haben häufiger gleichgeschlechtliche Freunde, während Männer häufiger auch Frauen zu ihren Freunden zählen.

- Frauen betonen kommunikative Fähigkeiten und Qualitäten in viel stärkerem Maße als Männer; diese pflegen wiederum häufiger aktivitäten- und interessenorientierte Freundschaften.
- Frauen haben größere Ansprüche in bezug auf psychische Unterstützung, Nähe, Intimität und emotionale Anteilnahme. Männer scheinen ihre Bedürfnisse nach Intimität - wenn überhaupt - eher in ihrer Beziehung zur Liebespartnerin auszuleben.
- Männer schätzen häufiger als Frauen die Liebesbeziehung im Vergleich zur Freundschaft höher ein; für viele Frauen dagegen hat die Freundschaft einen wichtigeren Stellenwert in ihrem Leben.
- Frauen sind eher bereit zur Selbstenthüllung und dazu, ihren Freundinnen gegenüber Fehler und Schwächen einzugestehen. Das an Stärke und Überlegenheit orientierte männliche Geschlechtsrollenstereotyp macht es Männern offenbar schwerer, über ihre Fehler und Schwächen zu reden. Vor allem Westberliner Männer sprechen über die Gefahren und psychischen Kosten von Intimität.
- Frauen sehen in Gesprächen mit der Freundin eher eine Möglichkeit der persönlichen Weiterentwicklung; sie versprechen sich vor allem Denkanstöße und Anregungen in Fragen, die ihre Existenz betreffen.
- Auseinandersetzung und Streit werden von den Frauen als wichtige Mittel genannt, sich und die Freundin besser kennenzulernen und sich weiter zu entwickeln. Männer bevorzugen wortlose Formen der Streitbeilegung, indem sie „aus dem Felde gehen".
- Frauen sind in stärkerem Maße bereit, die zur Pflege der Freundschaft notwendige Beziehungsarbeit zu leisten.

(4) Ähnlich wie in der Untersuchung von MATTHEWS zeigten sich in unserer Stichprobe verschiedene *Freundschaftstypen*, die sich vor allem hinsichtlich ihrer Ansprüche an Personalisierung unterschieden - ablesbar an dem von uns gebildeten *PF-Wert*, der sich aus der Summe der Werte zu Intimität, Emotionalität und Personaler Selbstentfaltung zusammensetzt. Auf der Grundlage des PF-Werts ließ sich eine Gruppierung in drei verschiedene Freundschaftstypen vornehmen, die sich vor allem hinsichtlich der Gewichtung, die den Qualitäten und Funktionen der Freundschaft zugemessen werden, unterscheiden.

- *Typ I:* mit geringen Ansprüchen an die Personalisierung der Freundschaft, wobei sich zwei verschiedene Ausprägungen ergaben: zum einen die Selbstgenügsamen, die nur einen einzigen Freund haben, und zum anderen die Geselligen, die eine große Zahl von Bekannten ihre Freunde nennen. In beiden Fällen werden mit den Freunden vor allem gemeinsame Freizeitaktivitäten unternommen. Außer dieser Geselligkeit werden auch Beistand und praktische Unterstützung in schwierigen Situationen des Alltags hervorgehoben. Personen dieses Typs schätzen offenbar mehr rollen- als personenbezogene Attribute von Freunden und erwarten Ehrlichkeit, Zuverlässigkeit, Hilfsbereitschaft und Höflichkeit. Dieser Freundschaftstyp findet sich bei unseren Befragten vorwiegend unter den Männern und dort vor allem bei den Ostberlinern.
- *Typ II:* mit mittleren Ansprüchen an die Personalisierung von Freundschaft: Für Personen dieses Typs sind in bezug auf die Funktionen der Freundschaft vor allem gemeinsame, vertraute und auch intime Gespräche sowie seelischer und praktischer Beistand wichtig. Sie legen aber auch Wert auf die zu wahrenden Grenzen. Dieser Typ findet sich am häufigsten unter den von uns befragten Ostberliner Frauen.
- *Typ III:* mit hohen Ansprüchen an die Personalisierung von Freundschaft: Personen dieses Typs haben sehr hohe Erwartungen an Emotionalität, Intimität und Personale Selbstentfaltung in der Freundschaft. Selbstverwirklichung (Selbst-sein-Können, Selbstentfaltung) bildet für sie eine ganz wichtige Funktion der Freundschaft. Nicht selten sind dabei freilich auch Anzeichen einer egoistischen Selbstverwirklichung erkennbar. Sie pflegen enge Freundschaften zumeist mit wenigen Personen desselben Geschlechts. In unserer Stichprobe ist dieser Typ besonders häufig unter den Westberliner Frauen zu finden.

Zum *Familienstand* ist ergänzend festzustellen, daß die alleinlebenden Personen etwas häufiger ein Freundschaftskonzept aufweisen, das sich - im Vergleich mit verheirateten bzw. in eheähnlichen Verhältnissen lebenden Personen - durch eine höhere Personalisierung auszeichnet.

In der modernen Gesellschaft, die nicht nur oberflächlich durch die Zunahme von alleinlebenden Personen, das Anwachsen der Scheidungsraten und das Sinken der Geburtenzahlen gekennzeichnet ist, sondern im Kern durch eine offensichtlich fortschreitende Individualisierung von Lebenslagen und Pluralisierung von Lebensformen, die die Gesellschaftsmitglieder zwar von überkommenen

Bindungen freisetzt, ihnen aber auch eine aktive Gestaltung ihres Lebensentwurfs einschließlich ihrer persönlichen Beziehungen abverlangt, gewinnen die Freundschaftsbeziehungen eine immer wichtiger werdende Bedeutung sowohl für das Wohlergehen und die Selbstverwirklichung des bzw. der einzelnen als auch für das Funktionieren der Gesellschaft im ganzen.

Literatur

Adams, R. G.: People would talk: Normative barriers to cross-sex friendships for elderly women. In: The Gerontologist 25 (1985), S. 605-611.

Adams, R. G.: Conceptual and methodological issues in studying friendships of older adults. In: Adams/Blieszner 1989, S. 17-41.

Adams, R. G./Blieszner, R. (Eds.): Older Adult Friendship. Structure and Process. Newbury Park, Cal. 1989.

Argyle, M./Henderson, M.: The Anatomy of Relationships. London 1985.

Auhagen, A. E.: Freundschaft im Alltag. Eine Untersuchung mit dem Doppeltagebuch. Bern/Stuttgart 1991.

Auhagen, A. E.: Freundschaft unter Erwachsenen. In: Auhagen/von Salisch 1993, S. 215-233. (a)

Auhagen, A. E.: Ein gutes Miteinander: Freundschaft unter Erwachsenen. (Berliner Wissenschaftlerinnen stellen sich vor. Nr. 21.) Berlin 1993. (b)

Auhagen, A. E./von Salisch, M. (Hrsg.): Zwischenmenschliche Beziehungen. Göttingen 1993.

Bach, G. R./Wyden, B: Streiten verbindet. Spielregeln für Liebe und Ehe. Frankfurt a. M. 1983.

Badinter, E.: Ich bin Du. Die neue Beziehung zwischen Mann und Frau oder die androgyne Revolution. München/Zürich 1987.

Beck, U.: Risikogesellschaft. Auf dem Weg in eine andere Moderne. Frankfurt a. M. 1986.

Beck, U./Beck-Gernsheim, E.: Das ganz normale Chaos der Liebe. Frankfurt a. M. 1990.

Bertram, B.: Zur Entwicklung der sozialen Geschlechterverhältnisse in den neuen Bundesländern. In: Aus Politik und Zeitgeschichte. Beilage zu „Das Parlament" B6/Februar 1993, S. 27-38.

Böckmann-Schewe, L./Kulke, Ch./Röhrig, A.: Wandel und Brüche in Lebensentwürfen von Frauen in den neuen Bundesländern. In: Aus Politik und Zeitgeschichte. Beilage zu „Das Parlament" B 6/Februar 1994, S. 33-44.

Brown, P./Levinson, S.: Universals in language usage: Politeness phenomena. In: Goody, E. (Ed.): Questions and Politeness. Cambridge, Mass. 1978.

Cunningham, J. D./Antill, J. K.: Love in developing romantic relationships. In: Duck/Gilmour 1981.

Davis, K. E.: Liebe ist: Freundschaft plus... . In: Liebe, Freundschaft und so weiter. Hrsg. von der Redaktion „Psychologie heute“. Weinheim/Basel 1988.

Dölling, I.: Gespaltenes Bewußtsein - Frauen- und Männerbilder in der DDR. In: Helwig, G./Nickel, M. (Hrsg.): Frauen in Deutschland. 1945 - 1992. Berlin 1993, S. 23-52.

Dorbritz, J.: Sozialer Systemwandel und die Folgen für die Familienbildung. In: Berliner Journal für Soziologie 3 (1993), S. 355-368.

Dorst, B.: Die Bedeutung von Frauenfreundschaften im weiblichen Lebenszusammenhang. In: Gruppendynamik 24 (1993), S. 153-163.

Duck, S./Gilmour, R. (Eds.): Personal Relationships 2: Developing Personal Relationships. New York 1981.

Elias, N.: Über den Prozeß der Zivilisation. Soziogenetische und psychogenetische Untersuchungen. Frankfurt a. M. 1976.

Endres, W.: Geschwister ... sie haben sich zum Streiten gern. Weinheim 1987.

Faderman, L.: Surpassing the Love of Men. Romantic Friendship and Love Between Women from the Renaissance to the Present. New York 1981.

Fatke, R./Valtin, R.: Wozu man Freunde braucht. In: Psychologie heute 15 (1988), Heft 4, S. 22-29.

Fischer, C. S.: To Dwell among Friends. Chicago 1982.

Flaake, K.: Zur Frau werden. In: Psychologie heute Special. Heft 4. Weinheim 1992, S. 98-101.

Gysi, J./Meyer, D.: Leitbild: berufstätige Mutter. DDR-Frauen in Familie, Partnerschaft und Ehe. In: Helwig, G./Nickel, M. (Hrsg.): Frauen in Deutschland. 1945 - 1992. Berlin 1993, S. 139-165.

Hartup, W. W./Rubin, Z. (Eds.): Relationships and Development. Hillsdale, N. J. 1986.

Hollstein, W.: Die Männerfrage. In: Aus Politik und Zeitgeschichte. Beilage zu „Das Parlament“ B6/Februar 1993, S. 3-14.

Hoppe-Graff, S./Keller, M.: Einheitlichkeit und Vielfalt in der Entwicklung des Freundschaftskonzeptes. In: Zeitschrift für Entwicklungspsychologie und Pädagogische Psychologie 20 (1988), S. 195-213.

Institut für Demoskopie Allensbach (Hrsg.): Frauen in Deutschland. Lebensverhältnisse, Lebensstile und Zukunftserwartungen. Die Schering-Frauenstudie '93. Köln 1993.

Jaeckel, M.: Das Beziehungsklima zwischen Frauen und Männern. In: DJI Bulletin, Heft 30, 1994.

Kast, V.: Die beste Freundin. Was Frauen aneinander haben. Stuttgart 1992.

Kaufmann, F.-X.: Zukunft der Familie im vereinten Deutschland. Gesellschaftliche und politische Bedingungen. München 1995.

Keller, M./Wood, P.: Development of friendship reasoning. In: Developmental Psychology 25 (1987), S. 820-826.

Kistler, E., et al.: „Die Wiedervereinigung der deutschen Männer braucht keine Frauen ...". Frauen als Wendeverliererinnen? In: Aus Politik und Zeitgeschichte. Beilage zu „Das Parlament" B6/Februar 1993, S. 39-52.

Kon, I. S.: Freundschaft. Geschichte und Sozialpsychologie der Freundschaft als soziale Institution und individuelle Beziehung. Reinbek 1979.

Kraft, Ch.: Zur Sozialpsychologie von Liebe und Paarbeziehung. Vortragsreihe „Berliner Wissenschaftlerinnen stellen sich vor". Hrsg. von der Zentraleinrichtung zur Förderung von Frauenstudien und Frauenforschung an der FU Berlin. Berlin 1993.

Kraft, Ch./Witte, E. H.: Vorstellungen von Liebe und Partnerschaft. Strukturmodell und ausgewählte empirische Ergebnisse. In: Zeitschrift für Sozialpsychologie 23 (1992), S. 257-267.

Krappmann, L./Oswald, H.: Alltag der Schulkinder. Beobachtungen und Analysen von Interaktionen und Sozialbeziehungen. (Kindheiten. Bd. 5.) Weinheim/München 1995.

Kuckartz, U. Textanalysesysteme für die Sozialwissenschaften. Einführung in MAX und TEXTBASE ALPHA. Stuttgart 1992.

Lee, J. A.: Love-styles. In: Sternberg, R. J./Bannes, M. L. (Eds.): The Psychology of Love. New Haven: Yale University Press 1988.

Lennox, S.: Schattenriß eines Liebhabers. Traum und Wirklichkeit der Geliebten in der Prosa von DDR-Autorinnen. In: Flitner, E./Valtin, R. (Hrsg.): Dritte im Bund: Die Geliebte. Reinbek, 2. Aufl. 1992, S. 284-304.

Luhmann, N.: Liebe als Passion. Zur Codierung von Intimität. Frankfurt a. M. 1982.

Lüscher, K. (Hrsg.): Die „postmoderne" Familie. Familiale Strategien und Familienpolitik in einer Übergangszeit. Konstanz 2. Aufl. 1990.

Maaz, H.-J.: Der Gefühlsstau. Ein Psychogramm der DDR. München 1990.

Matthews, S. H.: Definitions of friendship and their consequences in old age. In: Ageing and Society 3 (1983), S. 144-155.

Matthews, S. H.: Friendships through the Life Course. Beverly Hills, Cal. 1986.

Mauser, W./Becker-Cantarino, B. (Hrsg.): Frauenfreundschaft - Männerfreundschaft. Literarische Diskurse im 18. Jahrhundert. Tübingen 1991.

Mayring, Ph.: Einführung in die qualitative Sozialforschung. Eine Anleitung zu qualitativem Denken. Weinheim 2. Aufl. 1993.

Merkens, H./Boehnke, K., et al.: Schuljugendliche in Ost und West im Jahre 1995. Arbeitsbericht Nr. V. Berlin: Freie Universität 1995.

Mühlberg, D.: Sexualität und ostdeutscher Alltag. In: Mitteilungen aus der kulturwissenschaftlichen Forschung 18 (1995), Heft 36, S. 8-39.

Müller, K. E.: Die bessere und die schlechtere Hälfte. Ethnologie des Geschlechterkonflikts. Frankfurt a. M. 1989.

Nickel, H. M.: Geschlechtererziehung und -sozialisation in der Wende. Modernisierungsschübe oder -brüche? In: Zeitschrift für Pädagogik. 29. Beiheft. Weinheim/Basel 1992, S. 105-112. (a)

Nickel, H. M.: Frauenarbeitsmarkt in den neuen Bundesländern. In: Bulletin 4, 1992. Hrsg. vom Zentrum für interdisziplinäre Frauenforschung der Humboldt-Universität zu Berlin. Berlin 1992. (b)

Nötzold-Linden, U.: Freundschaft. Zur Thematisierung einer vernachlässigten soziologischen Kategorie. Opladen 1994.

Oswald,H./Pforr, P.: Sexualität und AIDS - Einstellungen und Verhaltensweisen Jugendlicher aus Ost- und West-Berlin. In: Jäger, H. (Hrsg.): AIDS und HIV-Infektionen. Diagnostik, Klinik, Behandlung. Handbuch und Atlas für Klinik und Praxis. Landsberg a. L. 1991.

Pfannenschwarz, Ch.: Androgynes Rollenmodell. In: Psychologie heute 19 (1992), Heft 5, S. 13 - 14.

Pfister, G./Voigt, D.: Geschlechterstereotype im Systemvergleich. Eine Analyse von Heiratsanzeigen. In: Voigt, D./Messing, M. (Hrsg.): Beiträge zur Deutschlandforschung. Bochum 1982, S. 238 - 285.

Raymond, J. G.: Frauenfreundschaft. Philosophie der Zuneigung. München 2. Aufl. 1990.

Reisman, J. M.: Adult friendship. In: Duck/Gilmour 1981.

Rubin, L.: Just Friends. New York 1985.

Rubin, Z.: Kinderfreundschaften. Stuttgart 1981.

Salisch, M. von: Kinderfreundschaften. Emotionale Kommunikation im Konflikt. Göttingen 1991.

Sample Institut Mölln: Freundschaft. Mehrthemenumfrage 6126/27. Mölln 1986.

Selman, R. L.: Die Entwicklung des sozialen Verstehens. Entwicklungspsychologische und klinische Untersuchungen. Frankfurt a. M. 1984.

Sieverding, M.: Was ist dran an der These der „androgynen Revolution“? In: Berliner Wissenschaftlerinnen stellen sich vor, Nr.2. Berlin: Freie Universität. ZE Frauenstudien und Frauenforschung. 1988.

Spellerberg, A.: Alltagskultur in Ost- und Westdeutschland. Unterschiede und Gemeinsamkeiten. Berlin: Wissenschaftszentrum für Sozialforschung 1994.

Sternberg, R. J.: A triangular theory of love. In: Psychological Review 93 (1986), S. 119-135.

Sturzbecher, D./Kalb, K.: Elterliche Erziehungsziele in der ehemaligen DDR und der alten Bundesrepublik. In: Psychologie in Erziehung und Unterricht 40 (1993), S. 143-148.

Tannen, D.: Du kannst mich einfach nicht verstehen. Warum Männer und Frauen aneinander vorbeireden. Hamburg 1991.

Tenbruck, F. H.: Freundschaft. Ein Beitrag zu einer Soziologie der persönlichen Beziehungen. In: Kölner Zeitschrift für Soziologie und Sozialpsychologie 3 (1964), S. 431-456.

Trappe, H.: Emanzipation oder Zwang? Frauen in der DDR zwischen Beruf, Familie und Sozialpolitik. Berlin 1995.

Valtin, R.: Mit den Augen der Kinder. Freundschaft, Geheimnisse, Lügen, Streit und Strafe. Reinbek 1991.

Valtin, R.: Das Thema „Geliebte“ in Zeitschriften und Illustrierten. Ein Lehrstück aus dem Patriarchat. In: Flitner, E./Valtin, R. (Hrsg.): Dritte im Bund: Die Geliebte. Reinbek, 2. Aufl. 1992, S. 37-73.

Valtin, R./Klopffleisch, R.: „Mädchen heulen immer gleich“: Stereotype bei Mädchen und Jungen. In: Valtin, R./Warm, U. (Hrsg.): Frauen machen Schule. Frankfurt a. M., 2. Aufl. 1996, S. 103-117.

Wagner, J. W. L.: Freundschaften und Freundschaftsverständnis bei drei- bis zwölfjährigen Kindern. Sozial- und entwicklungspsychologische Aspekte. Berlin/Heidelberg 1991.

Wander, M.: „Guten Morgen, du Schöne". Frauen in der DDR. Protokolle. Darmstadt/ Neuwied 1979.

Weinrich, H.: Lügt man im Deutschen, wenn man höflich ist? In: Duden-Beiträge, Heft 48. Mannheim/Wien/Zürich 1986.

Weiss, H.: Liebesauffassungen der Geschlechter. In: Soziale Welt 46 (1995), S. 119-137.

Wensierski, H.-J. von: Mit uns zieht die alte Zeit. Biographie und Lebenswelt junger DDR-Bürger im Umbruch. Opladen 1994.

Wright, P. H.: Friendship: The Comfortable Love Relationship. North Dakota 1977.

Wright, P. H.: Men's friendships, women's friendships and the alleged inferiority of the latter. In: Sex Roles 8 (1982), S. 1-20.

Wright, P. H.: Gender differences in adults' same- and cross-gender friendships. In: Adams/Blieszner 1989, S. 197-221.

Youniss, J.: Parents and Peers in Social Development: A Sullivan-Piaget Perspective. Chicago 1980.

Youniss, J.: Die Entwicklung und Funktion von Freundschaftsbeziehungen. In: W. Edelstein/M. Keller (Hrsg.): Perspektivität und Interpretation. Frankfurt a. M. 1982, S. 78-109.

Zentralarchiv für empirische Sozialforschung an der Universität zu Köln: Allgemeine Bevölkerungsumfrage der Sozialwissenschaften. ALLBUS 1992. Codebuch. Köln 1993.

Anhang
Übersicht über die Stichprobe

Ostberliner Stichprobe

Frauen

Name	*Alter*	*Beruf*	*Familienstand*	*Kinder*
Beate	23	Studentin (Medizin)	ledig	-
Berit	21	Studentin (Pädagogik)	feste Beziehung	-
Elke	22	Studentin (Pädagogik)	ledig	-
Eva	44	Fachschullehrerin	verheiratet	2
Evelyn	20	Studentin (Germanistik)	ledig	-
Heike	27	Erzieherin	ledig	-
Helga	57	A[1] wiss. Mitarb.	verheiratet	2
Inge	48	Fachschullehrerin	gesch./Single	4
Karin	32	Assistentin	ledig	-
Katrin	21	Studentin (Pädagogik)	verheiratet	-
Kerstin	23	Studentin (Pädagogik)	ledig	-
Martina	27	A Lehrerin	feste Beziehung	1
Monika	38	A Dipl.-Wiss.	verheiratet	1
Petra	21	Studentin (Pädagogik)	verheiratet	-
Reina	37	Lehrerin/arbeitslos	verheiratet	2
Stephanie	24	Studentin (Psychologie)	ledig	-

1 A = Akademiker

Männer

Name	*Alter*	*Beruf*	*Familienstand*	*Kinder*
André	24	Verkaufsangestellter	verheiratet	3
Andreas	23	Student (Pädagogik)	ledig	-
Klaus	50	Manager	verheiratet	1
Maro	34	A Pförtner	led./Single	1
Mathias	24	Student (Pädagogik)	feste Beziehung	1
Mike	25	Student (Jura)	ledig	-
Moritz	32	A Physiker	verheiratet	-
Peter	42	Fachschullehrer	led./Single	-
Ralf	29	A Masch.-Ing.	feste Beziehung	1
Sven	24	Student (Pädagogik)	ledig	-
Thomas	24	Student (Medizin)	ledig	-
Torsten	29	Student (Pädagogik)	ledig	-
Ulli	21	Student (Jura)	ledig	-
Uwe	40	A Journalist	verheiratet	3
Volker	24	Student (Mathematik)	feste Beziehung	-
Wilfried	48	A Geograph	verheiratet	1

Westberliner Stichprobe

Frauen

Name	*Alter*	*Beruf*	*Familienstand*	*Kinder*
Babette	21	Studentin (Pädagogik)	feste Beziehung	-
Bärbel	34	Therapeutin	ledig	1
Bettina	25	Studentin (Wirtschaft)	feste Beziehung	-
Carola	27	Studentin (Pädagogik)	verheiratet	2
Christine	35	Studentin (Pädagogik)	verheiratet	2
Doris	34	Studentin (Pädagogik)	ledig	-
Elisabeth	37	Angestellte	gesch./Single	-
Heidi	43	A[1] Volkswirtin	gesch./Single	2
Jutta	46	Sekretärin	gesch./Single	2
Mädy	29	Studentin (Pädagogik)	ledig	-
Maria	26	Studentin (Pädagogik)	verheiratet	-
Michaela	34	A Lehrerin	ledig	1
Paula	25	Studentin (Pädagogik)	ledig	-
Renate	32	Arzthelferin	ledig	-
Sabine	36	A Sozialpädagogin	verheiratet	4
Ute	43	A Sozialpädagogin	gesch./Single	-

1 A = Akademiker

Männer

Name	*Alter*	*Beruf*	*Familienstand*	*Kinder*
Alfons	35	A Graphiker	feste Beziehung	1
Benjamin	28	Student (Pädagogik)	ledig	-
Daniel	41	A Lehrer	gesch./Single	2
Dietmar	32	A Sozialpädagoge	gesch./Single	1
Dietrich	24	Student (Pädagogik)	ledig	-
Fritz	43	A Gestalttherapeut	feste Beziehung	1
Günter	35	Erzieher/2. Prüf.	gesch./feste Bez	2
Hans	52	A Professor	verheiratet	2
Jens	38	A Lehrer	verheiratet	3
Jörg	27	Student (Philosophie)	feste Beziehung	-
Knut	32	Zweitstudium (Wirtschaft)	feste Beziehung	-
Otto	25	Student (Pädagogik)	ledig	-
Paul	35	Zweitstudium (Pädagogik)	feste Beziehung	-
Rolf	45	A Pfarrer	verheiratet	3
Thilo	28	Student (Technik)	feste Beziehung	-
Till	22	Student (Pädagogik)	ledig	-

Beispiele für Freundschaftstypen: Interviewauszüge

Typ I: geringe Ansprüche an Personalisierung der Freundschaft (a): anspruchslos-selbstgenügsam

Günter: 35 Jahre, Erzieher in Westberlin, hat einen Mann als Freund und lebt mit seiner Freundin zusammen.

Gründe für eine Freundschaft

I.: Und warum seid ihr so gute Freunde?

G.: Es hat sich einfach ergeben aus Interessengemeinschaften und dadurch, daß wir beruflich eine Zeitlang zusammen sein mußten.

I.: Und dadurch ist man so gut befreundet?

G.: Dadurch ist das entstanden, das entsteht ja nicht immer.

I.: Und daß ihr aber so gut befreundet seid - woran liegt das?

G.: Daß man - einander vertrauen kann. ... Ja und irgendwie 'ne Sicherheit ist auch da. Vertrauen und Sicherheit und kein Anspruch an diese Freundschaft, die ist einfach da.

I.: Noch andere Gründe?

G.: Ja, wir können gemeinsam über andere Leute herziehen. Also, da ist eine Harmonie, ohne große Absprachen klappt das. Er setzt da ein, wo ich aufhöre, und wenn er aufhört, setze ich ein, und das ist immer so gleichbleibend.

Bedeutung von Freundschaft

I.: Warum findest du es wichtig, einen guten Freund zu haben?

G.: Na, dann macht das Leben mehr Spaß. Durch so ein zwangloses Beisammensein kommen doch all die eigentlichen Sachen 'raus, worüber man nicht so von vornherein reden würde, und man verarbeitet da irgendwelche Sachen im normalen Gespräch, das eigentlich nicht angesetzt wurde. Das ergibt sich dann so, und da hat man dann halt mehr Lebensfreude, wenn man mal 'n Abend zusammen war. Denn hinterher hab' ich dann das Gefühl, das hat was gebracht, mit dem zusammen zu sein. Ob das so ein Blabla war oder da nun dies Gespräch draus wurde, das ist nicht wichtig, aber das bringt mir halt was. Wir haben keine festen Termine, das ergibt sich mal, wenn wir zusammenkommen. Oder wenn's mal zu lange ist, dann ruft man mal an, aber nicht, um sich zu verabreden: Wir waren lange nicht mehr zusammen oder so, sondern einfach: Tag, wie geht's? Ach morgen ist schönes Wetter, und wollen wir nicht wieder losfahren, oder so.

Das verstehe ich unter zwanglos, nicht äh - wir bestehen nicht aufeinander: Wir sind jetzt gute Freunde, und wir müssen immer was zusammen tun. Und wir machen auch - ich mach' auch mit anderen Leuten was, aber die haben nicht so einen Stellenwert wie dieser Freund. Mit anderen treff' ich mich regelmäßig und gehe da schwimmen und mach' so was, aber da kommt längst nicht soviel 'rüber wie mit dem einen Freund.

I.: Also da ist 'ne Sicherheit oder was Verbindliches, obwohl der Kontakt nicht so verpflichtend ist.

G.: Ja - ja, wir sehen uns manchmal 'n Monat nicht oder so.

Bildung von Freundschaft

I.: Was muß man tun, um einen guten Freund zu bekommen?

G.: Dem gegenüber ehrlich sein in allen Beziehungen, die man mit dem eingeht.

I.: Noch was, irgendwie, wie man sein müßte?

G.: Ja, man muß vor allen Dingen so bleiben können, wie man ist, und daß das akzeptiert wird von dem Freund.

I.: Und umgekehrt?

G.: Genau, daß man sich da nicht irgendwelche Auflagen gegenseitig macht, nur so und sonst gar nicht, das ist dann für mich keine Freundschaft mehr.

I.: Und warum glaubst du, daß es schwer ist, einen Freund zu finden?

G.: Weil - das dauert 'ne ganze Weile, bis man die Sicherheit von dem anderen so richtig spürt und erkennt, daß man wirklich sagen kann, was man will, ohne daß man den beleidigt. Ja, waren schon ganz schöne Machtkämpfe, ob das nicht wieder nur was ist, um dem andern zu gefallen oder sonst was, das hat schon 'ne ganze Weile, ein paar Jahre bestimmt, gedauert, bis so ein Stand erreicht wurde, daß, wenn man sich sieht, daß dann alles klar ist, ohne daß man da groß drüber redet. Und das, denke ich mir, daß das schon 'ne ganz schwere Arbeit war.

Vorstellungen vom idealen Freund

I.: Wie stellst du dir den idealen Freund vor?

G.: (lacht) Robert Redford ... Nee, hab' ich keine Vorstellung, ich finde das gut so, wie das mit dem Freund ist. Aber so 'ne Idealvorstellung hab' ich eigentlich nicht. Ich möchte das auch nicht verbessern, das wird von allein besser oder schlechter, da nehme ich auch gar keinen Einfluß drauf, ich möchte auch nicht so 'ne Beziehung zu 'nem Freund haben, wo ich sage, ach, da fehlt noch 'n

Stück, das kann man noch verbessern. Das ergibt sich. Also ich hab' keine Idealvorstellung von 'nem Freund.

I.: Also, das gemeinsame Hobby ist nicht so wichtig?

G.: Für den Freund ist das schon sehr maßgebend, aber im Normalfall denke ich, nee, ist das nicht wichtig, eher 'n Zusatz.

I.: Also, es wär' schon der Idealfall, wenn er auch noch die gleichen Interessen hätte?

G.: Ja - das wär' natürlich toll, wo man sich dann auf so 'ner Ebene trifft, nicht wegen der Freundschaft unbedingt, wir müssen mal wieder zusammen sein, weil wir Freunde sind, sondern wir müssen mal wieder zusammen sein, weil wir was Gleiches machen wollen und jeder davon begeistert ist. Und dann ist es natürlich toll, wenn man dann diese Freundschaft hat, dann macht es eben doppelt Spaß.

Höflichkeit unter Freunden

I.: Ist Höflichkeit wichtig unter guten Freunden?

G.: Also bei mir nicht unbedingt, daß man höflich miteinander umgeht, wir fahren uns auch an, aber wir - dadurch, daß wir uns kennen, können wir uns auch anschreien, aber wir wissen, wie das gemeint ist, und wir werden nie verletzend. Deswegen braucht man nicht unbedingt höflich sein. Wir gehen höflich miteinander um, das ist klar, aber das ist nicht ein Bestandteil von unserer Freundschaft.

I.: Was bedeutet Höflichkeit für dich?

G.: Na, das ist so ein Begriff. Ich bin höflich zum Briefträger oder so, weil er mir die Post bringt. Aber ich bin nicht höflich zu meinem Freund, weil er mich mag.

I.: Das ist eher was Formales, Äußerliches.

G.: Ja.

I.: Und in 'ner Freundschaft, was würde es da bedeuten?

G.: Äh ja, ich hab' vielleicht andere Vorstellungen von Höflichkeit.

I.: Ja, sag die mal.

G.: Höflichkeit ist, wenn man nett angezogen ist, sonntags, und man macht so'n Pflichtbesuch bei den Eltern, und dann ist man höflich und kleckert nicht, und man setzt sich schön - das finde ich höflich. Aber wenn ich mit 'nem Menschen 'ne Freundschaft habe, dann brauch' ich mich nicht fein anzuziehen, wenn ich zu dem hingehe, da kann ich kommen, wie ich will, mit dreckigem Hemd, und dann werde ich da akzeptiert, da brauche ich nicht höflich zu sein.

Hilfe unter Freunden

I.: Was tun gute Freunde füreinander?

G.: Füreinander einspringen. Wenn ich ihn mal brauche, kann ich ihn anrufen, und er kommt.

I.: Und was noch, also worin besteht jetzt das Besondere, was man vielleicht für den anderen tut, was man nicht für jeden tun würde, was diese Freundschaft auszeichnet?

G.: Na, ich würde nicht für jeden losrennen, wenn ich 'n Anruf kriege, und das Besondere daran ist, wenn er nee sagt, denn weiß ich genau, das geht im Moment nicht, das ist nicht nur 'ne Ausrede, weil er keine Lust hat, sondern weil es halt wirklich nicht geht.

I.: Und wie kann so 'ne Hilfe noch aussehen?

G.: Das beinhaltet alles, also da kann man Popeye-Spiele aufzählen. Also, wenn ich 'n Mann brauche zum Kühlschrank-Tragen, das war letztes Mal so um elf Uhr abends, da hab' ich angerufen, und dann ist er hergekommen, und er hat den dicken Kühlschrank hin- und hergewuchtet. Und ich wüßte nicht, wen ich sonst um elf Uhr anrufen könnte, der drauf abfährt, 'n Kühlschrank zu tragen. Und ob das nun 'n Kühlschrank ist oder ob es mir vielleicht mal nicht gut geht und ich will mit dem 'n Bier trinken oder sonstwas, also, das ist alles offen irgendwo, wie diese Hilfe aussieht.

Vertrauen in der Freundschaft

I.: Und was bedeutet Vertrauen für dich?

G.: Das wird eigentlich in so 'ner Freundschaft, die ich habe, ganz groß geschrieben, also wir reden da nicht drüber, das ist einfach da, und das ist sehr angenehm. Man weiß, daß es da ist, und ich brauch' da nicht zu überlegen, welches Wort ich jetzt benutze. Ich kann so reden, wie ich bin, und kann mich drauf verlassen, daß das, wenn es auch vielleicht um intimere Sachen geht, daß es bei dem bleibt, daß wir uns darüber austauschen können, aber nicht, daß das irgend 'ne Runde macht und daß ich das von irgend 'nem anderen dann wieder höre. Das, finde ich, das ist Vertrauen.

I.: Ist es noch was anderes?

G.: Also ich bin mir auch sicher, also das ist - zum Beispiel mit dem Motorrad. Ein nagelneues Motorrad würde ich keinem in die Hand geben, aber ihm würde ich das geben, oder ihm habe ich das gegeben und hatte noch nicht mal 'n schlechtes Gefühl, meine nagelneue Maschine aus der Hand zu geben, ja. Also, da muß 'ne ganze Menge da sein, daß man das macht.

I.: Und wie würdest du das bezeichnen, was da ist?

G.: Wie - was?

I.: Was da ist zwischen diesen beiden, also zwischen dir und deinem Freund, daß man so was macht.

G.: Ich denke mir, einfach das Gefühl, er geht genauso damit um, wie ich damit umgehen würde. Und deswegen hab' ich Vertrauen, und es ist 'ne Sicherheit da.

I.: Und warum vertraust du ihm so sehr, diesem besten Freund?

G.: Das haben die Jahre gezeigt, wo wir zusammen sind, daß er mich nie enttäuscht hat. Also das, was besprochen wurde oder - es wurde oft gar nicht besprochen, das, was eigentlich da ist zwischen uns, das wurde auch immer erfüllt, ohne daß da 'n Streit oder 'n Zank darüber entstanden ist.

Streit in der Freundschaft

I.: Streitet ihr euch, hast du dich schon mal mit einem besten Freund gestritten?

G.: Ja. Das war am Anfang, als diese Freundschaft so langsam wuchs, da kam das mal vor, und jetzt streiten wir uns gar nicht. Wir sehen uns auch relativ selten, und ich kann mir eigentlich nicht vorstellen, was jetzt 'n Grund wäre, daß wir uns streiten. Nee, deswegen ist das ja mit dieser Freundschaft so toll, wir streiten uns eigentlich nicht, weil diese Freundschaft auch besteht, wenn - ich kann mir nicht vorstellen, warum wir uns streiten sollten. Das ist auch nicht wichtig, wir müssen auch nichts miteinander machen. Und ich denke mir, so im Unterbewußten läuft das ab. Wenn so ein Streit anstehen würde: Ich möchte da lang, und er möchte da lang, würden wir erst gar nicht zusammenkommen. Da wird das schon im Vorfeld, denke ich mir, im Unterbewußten, schon geklärt, und wir treffen uns dann die Woche nicht. Wir haben uns ausgetestet, würde ich sagen, in der Phase, wo wir uns kennengelernt haben, und haben jetzt wahrscheinlich so 'n Stand erreicht, daß wir uns gar nicht mehr streiten brauchen. Wir sind so ein eingespieltes Team, kann man sagen. Wenn wir uns treffen, dann wissen wir, was wir machen, wir wissen, was dem anderen gefällt, und wir machen halt nur diese Sachen. Und von daher entstehen gar keine großartigen Konflikte, wo man sich drüber streiten könnte.

I.: Und wenn so 'n ernsthafter Streit stattgefunden hat oder wenn da einer war, wie beendet man den dann, also, was würdest du dann tun oder was erwartest du dann von dem anderen?

G.: Ich weiß nicht, was ich von dem anderen erwarte, irgendwie gingen die Streits immer so aus, daß wir zum Schluß wieder drüber gelacht haben. Und selber gemerkt haben, daß das eigentlich 'ne Nichtigkeit ist, worüber wir uns gestritten haben, und daß das gar nicht wert ist, das irgendwie auszuarbeiten. Das war halt auch vielleicht so 'n Machtkampf unter Männern mal wieder, mal beweisen oder sonst was. Ich weiß auch nicht, was dahintersteckt, aber wir haben eigentlich zum Schluß gemerkt, daß - ja, mußte mal sein, und dann war das gut.

I.: Also, der Streit hört einfach auf, ohne daß man da noch mal drüber spricht, oder?

G.: Mhm, ja, weil das so 'ne Beziehung ist ohne Ansprüche. Wenn ich jetzt Ansprüche an meinen Freund hätte, dann müßte ich das ausdiskutieren, warum wir uns gestritten haben oder warum er so 'ne Meinung hat. Und da das alles nicht da ist, brauchen wir auch so einen Streit nicht auszuwerten.

I.: Also, so ein schwerer Streit kommt gar nicht auf?

G.: Nee, das kommt nicht auf. Das ist von uns beiden 'ne freiwillige Sache, und wenn es nicht mehr freiwillig ist, dann denke ich mir, dann ist auch irgendwas mit der Freundschaft los. Und dann ist es egal, in welcher Richtung, denke ich mir, dann geht so 'ne Freundschaft auch zu Ende.

I.: Kann man aber auch befreundet sein, so freiwillig und offen, wie du sagst, und sich trotzdem manchmal streiten?

G.: In so 'ner Beziehung, wenn man mit einer Frau zusammenlebt, da kann ich mir das schon eher vorstellen. Daß man sich da bis aufs Messer streitet.

I.: Warum?

G.: Ist vielleicht so 'ne Erziehungssache, daß ich meinen Willen oder meinen Kopf oder meine Art durchsetzen will, obwohl das gar nicht wichtig ist, wenn ich's durchgesetzt habe. Also kann ich mich über diesen Triumph gar nicht freuen. Hinterher denke ich mir, das ist kindisch, sich über irgend 'ne Sache zu streiten, was so 'ne Nichtigkeit ist. Aber wenn man erstmal drauf anspricht, dann kämpft man weiter, blind weiter, und dann passiert oft so 'n Streit. Man weiß gar nicht mehr, warum man streitet, weil man von einem ins andere kommt. Aber ich denke mir, daß ist so 'ne Erziehungssache bei, jetzt, von meiner Person her als Mann sind wir dazu erzogen worden, halt immer zu gewinnen - oder so die Richtung.

Gründe für das Ende einer Freundschaft

I.: Und warum gehen manchmal Freundschaften auseinander, aus welchen Gründen hört eine Freundschaft auf?

G.: Wenn diese Freiwilligkeit aufhören würde, wenn ich irgendwelche Ansprüche stellen würde oder er Ansprüche stellen würde, dann denke ich mir, daß da die Freundschaft auslaufen würde.

I.: Was für Ansprüche?

G.: Ja dieses Vertrauen. Also, den Anspruch hab' ich schon, daß der mir Vertrauen entgegenbringt und ich ihm, aber daß das alles auf 'ner freiwilligen Basis passiert, auf 'ner freiwilligen Ebene. Und wenn durch was auch immer das nicht mehr sein würde und ich müßte sagen: Du, erzähl' das aber nicht weiter, und wenn das so laufen würde und ich müßte immer hinterhersein, daß er auch ja kein Mist macht mit meinen Sachen, was ich ihm erzähle oder was wir zusammen machen, dann denke ich mir, daß dann so 'ne Freundschaft auseinandergeht.

I.: Hört die einfach auf oder ...?

G.: Nee, ich glaube nicht, daß die einfach aufhört. Wenn man so 'ne Beziehung hat, bleibt die weiter bestehen, aber hat nicht mehr so 'ne Intensität, wie sie einmal war.

I.: Und kann ein ernsthafter Streit auch ein Grund sein, daß 'ne Freundschaft aufhört, daß jemand nicht mehr dein Freund ist?

G.: Ja, das kann durchaus möglich sein. Wenn wir uns ernsthaft streiten würden - jetzt sind wir in einer Phase, da machen wir das nicht. Aber ich denke mir, wenn das mal sein würde, also, das würde um eine sehr wichtige Sache gehen, was das sein kann, weiß ich jetzt auch nicht, aber dann denke ich mir, daß damit so Knall auf Fall so 'ne Freundschaft beendet werden könnte.

I.: Was könnte so 'n Grund sein?

G.: Das hab' ich mal erlebt, ich hab' mir mal 'ne Kamera geliehen von einem Freund, nicht von dem, sondern von einem anderen, und die ist mir dann gestohlen worden. Und die war fünf Jahre alt, hat 300 Mark mal gekostet, und die war verbeult, und die gab's im Geschäft schon für 190 neu. Und der hat drauf bestanden, 300 Mark wiederzukriegen. Da hab' ich den Fehler gemacht, ich hab' sie ihm nicht neu gekauft, weil *er* schon wieder 'ne neue gekauft hatte. Ich hätte ins Geschäft gehen sollen und die für 190 kaufen sollen. Ich hab' ihm die 300 Mark auf den Tisch gepackt, und da war für mich die Freundschaft erledigt. Der hat mich enttäuscht, also, das hätte ich nicht von ihm erwartet, wir sind durch Europa getrampt und haben weiß ich von 'n paar Mark gelebt und waren aufeinander angewiesen und haben uns quasi zusammengeschweißt. Und dann, als es uns gut ging, quasi, da spielt dann das Geld auf einmal so 'ne wahnsinnig große Rolle. Aber dann, als wir wieder hier in Berlin waren und wir haben uns mal wieder getroffen, und da fing das dann an mit dieser Kamera, daß er da 300 Mark haben wollte, und das fand ich unverschämt.

I.: Gibt's Freunde, die du mal hattest, mit denen du aber heute nicht mehr zusammen bist?

G.: Ja.

I.: Und warum seid ihr nicht mehr zusammen?

G.: Teilweise sind die einfach weggezogen, also so 'ne örtliche Trennung, und teilweise andere Interessenschwerpunkte - oder die haben andere Interessenschwerpunkte gefunden, womit ich überhaupt nichts anfangen konnte, und das so langsam ausgeklungen ist. Ich wollte da dann nicht mitmachen, und wir waren auch nicht böse oder sind auch nicht im Streit auseinandergegangen. Man hat sich auseinandergelebt, weil jeder seine Interessen gemacht hat. Und dann ist das auch so ein Zeitproblem. Das Interesse an dem anderen Menschen, das verliert sich ja auch. Also, ich hab' auch soviel zu tun, daß ich mich nicht um so viele Freunde oder Menschen kümmern könnte. Ich hab' 'n Freund, 'ne Freundin und hab' noch andere Sachen zu tun. Und wenn ich jetzt noch drei, vier andere Freunde hätte, dann wär' ich ja nur unterwegs. Hört sich zwar komisch an, aber ich halte mir *einen* Freund, und der reicht mir, und damit ist das, was ich von Freundschaft haben will oder auch kriege, abgedeckt. Und das paßt so in meinen Lebensrhythmus und Tagesablauf.

Freundschaft und Liebe

I.: Worin besteht der Unterschied einer Freundschaft zu einer Liebesbeziehung?

G.: Daß da noch die Sexualität mit dazukommt.

I.: Ist das der einzige Unterschied, oder sind da von der Qualität oder von der Intensität noch mehr Unterschiede? Von der Art der Beziehung her?

G.: Naja, daß man eventuell zusammenwohnt, das wär' auch noch 'n Unterschied. Aber sonst denke ich mir, daß da kein großer Unterschied ist.

I.: Aber es ist doch noch was anderes, so 'ne Liebesbeziehung?

G.: Ach, für mich ist die insofern anders, weil ich damit täglich zu tun habe, mit dieser Liebesbeziehung, weil meine Freundin halt, weil wir zusammenwohnen. Wir müssen uns täglich auseinandersetzen mit uns. Halt auch praktische Sachen und so, und diese Freundschaft, die ich habe, da braucht man sich über solche Sachen nicht auseinanderzusetzen. Da kommt man und hat eigentlich nur immer Sonntag, wenn man zusammen ist. Und so 'ne Liebesbeziehung, da lebt man ja auch im Alltag zusammen.

Treue

I.: Und was bedeutet Treue für dich?

G.: Treue ist ein schönes Wort. Da hab' ich mal dran geglaubt. Aber die Erfahrung hat's mich anders gelehrt. Ich finde es schön, wenn 'ne Treue da ist und man sich drauf verlassen kann. Aber andererseits hab' ich auch gemerkt, man kann noch so treu sein oder sonstwas, da können immer irgendwelche Umstände eintreten, daß die Treue gebrochen wird oder so.

Typ I: geringe Ansprüche an Personalisierung der Freundschaft (b): anspruchslos-gesellig

Wilfried: 48 Jahre, Geograph in Ostberlin. Er ist zum zweiten Mal verheiratet und hat mehrere Kinder aus beiden Ehen.

I.: Haben Sie einen besten Freund oder sehr gute Freundschaftsbeziehungen?

W.: Ich würde sagen: sehr gute Freundschaftsbeziehungen. Das sind meistenteils Familien und eigentlich so mehr oder weniger beide Partner. Und insgesamt, würd' ich sagen, sind es dann drei Männer und drei Frauen.

Gründe für die Freundschaft

I.: Und was würden Sie sagen, aus welchen Gründen sind sie so gut miteinander befreundet?

W.: Ja, da gibt es natürlich verschiedene Arten des Zustandekommens des Verhältnisses, zum Beispiel in einem Fall konkret über gemeinsame Arbeitsaufgaben, liegt schon längere Zeit zurück. Im anderen Fall war es über die Freizeit und Beschäftigung oder Betätigung mit dem Freizeitsport Schach, mit meiner Frau, das ist sozusagen das zweite Verhältnis. Und im dritten Fall sind das auch Bekannte, die über die Arbeit, nicht im Institut, sondern aus der Zeit davor.

I.: Und jetzt persönliche Gründe auch noch, jetzt Freundschaften zu haben, gute Freundschaften?

W.: Ja, vielleicht kann ich mal an der einen Stelle ergänzen, im konkreten Fall ist es auch noch so, daß ich eine sehr gute Beziehung habe zu einem Kollegen aus dem Arbeitsmilieu, speziell aus dem Fachbereich. Hier sind es Fragen, sagen wir mal, die allgemeiner Art sind, die uns zusammenführen, also politisch-humanistische Fragen, die komplex sind: Moral, Ethik usw., im Zusammenhang gerade mit den Ereignissen der ehemaligen DDR.

I.: Also auch persönliche Gründe, die sie jetzt verbinden?

W.: Ja, das freundschaftliche Verhältnis besteht nicht nur seit 1989, sondern war schon davor entstanden, eben aus dem Grunde heraus, wenn man so sagen will, gemeinsamer Werteorientierungen, unter anderem auch Ablehnungen von bestimmten Erscheinungen der politischen Kultur und Moral usw., die damals gängig waren.

Bedeutung von Freundschaft

I.: Und für Sie ganz persönlich ist es wichtig, gute Freunde zu haben?

W.: Ich würde sage, ja. Die sind wichtige Bezugspersonen, weil sehr verständlich ein größerer Teil der Lebenszeit auch Arbeitszeit ist und natürlich auch eine gewisse Zeit auch Freizeit, wo nicht nur der Bezug zur Familie existiert, sondern über den Familienrahmen hinaus bestimmte Dinge anstehen. Kurzfahrten, Wochenende oder Urlaub, jetzt geplant gemeinsam.

I.: Warum finden Sie es so wichtig, gute Freunde zu haben?

W.: Das ist nach meinem Verständnis nicht eine Frage der Rationalität, sondern des emotionalen Bedürfnisses, der emotionalen Sphäre. Von dieser Seite her ist diese Frage nicht so rational zu beantworten, ich würde sie eher emotional beantworten, das heißt, andersrum gesehen, würde ich es so sehen, daß gerade eigentlich diese Komponente eine größere Rolle spielt als zum Beispiel eben das Hilfesuchen bei bestimmten ganz konkreten Aufgaben, wo ich sozusagen möglicherweise vielleicht nicht konkret weiß oder mir Rat suchen würde. Das ist nicht das Vordergründige an der Stelle, da gehe ich eben davon aus, daß ich diesen Problemkreis relativ allein oder selbständig lösen kann, sondern das ist mehr sozusagen dieser Ausgleich darüber hinaus. Also, nicht so sehr das konkrete Bedürfnis, jetzt hier gewissermaßen zur Bewerkstelligung gewisser Aufgaben eine Hilfestellung zu haben, sondern es ist eben dieser Rahmen darüber hinaus. Es ist mehr der emotionale Background.

I.: Und wenn Sie sich so zurückerinnern, am Anfang, um jemanden zum Freund zu gewinnen, was muß man da tun, oder wie zeigt man sich, oder wie ist der andere, daß man das Bedürfnis verspürt, sich mit dem näher anzufreunden?

W.: Ja, als Freund zu gewinnen ist eine Formulierung, die ich nicht so ganz unterbringen kann, weil ich ja nicht zielgerichtet Freunde gesucht habe und jetzt sage, jetzt wird es mal Zeit oder hier ist ein Defizit, ein personelles, zahlenmäßiges oder sonst irgendwie, sondern der Zugang ist eben anders, daß man über die Kontakte von sich heraus die Feststellung trifft, das ist ein gutes Verhältnis, und da braucht man nicht intensiv dran zu arbeiten, sondern es ist ein Verhältnis, wo ein größerer Verständigungsbereich besteht, der nicht immer wieder abgecheckt werden muß, sondern der sich einfach so ergibt, indem man eben miteinander gut kommunizieren kann. Es sind natürlich, wenn ich meine Situation betrachte, Stellungnahmen, Wertungen zu bestimmten Ereignissen oder zu bestimmten Verhaltensweisen, sozialen Verhaltensweisen usw., die man eben gut findet. Beispielsweise gibt es Normen, in der Freizeitgestaltung gibt es natürlich eine sehr große Skala von Möglichkeiten, da kriegt man selektiv sofort mit, der hat in etwa die gleichen Vorstellungen oder auch nicht, und damit entscheiden sich viele Dinge, weil ja damit auch die Fragen des Gesprächs, der Kommunikation - selbstverständlich von den eigenen Interessen gelenkt - auf den Punkt kommen. Und wenn man die entsprechende Rückantwort bekommt, ist es natürlich positiv, wenn nicht, ist es natürlich nicht so positiv, dann kommt es zu keinem intensiveren Gespräch.

Vorstellungen vom idealen Freund

I.: Im Idealfall, wie stellen Sie sich die ideale Freundin, den idealen Freund vor?

W.: Au, ich glaub', ich bin wirklich ein bißchen aus diesem Alter 'raus, um diese Idealfälle beschreiben zu können. In Klischeevorstellungen müßte ich mich da begeben, wenn ich das so einfach benennen sollte. Die Frage müßte wahrscheinlich etwas anders noch gestellt sein. Den Idealfall kann ich in dem Sinne nicht beschreiben. Ja, sicher, es gibt natürlich Eigenschaften, und diese Eigenschaften projiziert man aus seinem eigenen Wertverständnis heraus und hat dann die entsprechende Erwartungshaltung, und da gibt es gewisse Zuverlässigkeit, wenn mal nachgefragt wird, obwohl dieses Nachfragen nach bestimmten Freundschaftsdiensten von mir möglichst vermieden wird. Es sind vielleicht eher die unerwarteten Überraschungen, die angenehmen, kleinen Hilfeleistungen, Angebote oder sonstige Dinge, womit man nicht gerechnet hat und dann plötzlich doch das Angebot kommt, hier etwas zu tun, beizustehen oder Hilfe zu leisten. Das sind z. B. sehr nützliche Dinge, das Angebot von sich heraus, das aktive Angebot der Hilfeleistung, ohne daß nachgefragt werden muß. Wenn man, auf Deutsch gesagt, nicht erkennt, daß hier das aktive Handeln an der Stelle einfach ein Gebot wäre, sondern das erst provozieren müßte, dann ist es schon irgendwie keine sehr gute Sache. Also, für mich ist das mehr eine Frage, daß man eben einschätzt. Die wenig demonstrative Hilfeleistung, die eben einfach mal so überraschend angeboten wird.

I.: Gibt es Fähigkeiten, die die anderen haben?

W.: Daß ein Thema, das man vielleicht anspricht, vom anderen entsprechend angenommen und notfalls intensiviert, präzisiert, noch ausgebaut wird, noch Gedanken hinzukommen. Das aktive Eingehen im Gespräch würde ich schon als 'ne wesentliche Komponente dafür halten. Also nicht bloß zuhören und abhören, aber schon abwesend zu sein. Die Kommunikation, das würde ich schon für wichtig halten. Und so kommen dann natürlich noch ein paar Eigenschaften, Elemente dazu ...

I.: Welche wären das denn?

W.: Jetzt so ganz bewußt nicht. Das sind dann aber auch etwa solche Sachen, die ich jetzt im Moment nicht benennen kann, die man vielleicht als Defizit bei sich selber verspürt und sagt, das finde ich angenehm, wenn das jemand so kann.

Höflichkeit in der Freundschaft

I.: Und Höflichkeit ...

W.: Ja, unbedingt.

I.: Wie sieht das aus, zwischen Ihnen und Ihren Freunden?

W.: Einfach so, daß bestimmte Dinge, auch wenn sie selbstverständlich sind, in Anführungsstrichen, nicht als solche reaktionslos angenommen werden, wenn z. B. Hilfeleistungen oder sowas sind, sondern daß zum Beispiel von der Umgangsform bestimmte Momente erhalten bleiben müssen, die die Wertschätzung zum Ausdruck bringen und nicht die Dinge als selbstverständlich: hab' ich ja erwartet, brauch' ich kein Wort mehr drüber verlieren. Diese Form der Höflichkeit ist schon von Bedeutung.

I.: Also schließt sie respektvolles Umgehen ein?

W.: Ja. Also, wenn irgend jemand etwas mitgebracht hat, weil er weiß, daß man selbst Interesse oder Bedarf hat, daß man selbstverständlich danach fragt: Was willst du denn dafür, oder kann ich dir etwas anderes dafür mitbringen? In dem Sinne nicht sagen: Okay, gib her.

Hilfe unter Freunden

I.: Was tun gute Freunde füreinander?

W.: Naja, das sind eigentlich so 'ne Art Vertrauensangelegenheiten, so daß man wirklich bestimmte Dinge nicht buchhaltermäßig sich notiert, quittiert oder sonst irgendwas. Brauchst du was, hier, gib es mir dann wieder, brauchste nichts für schreiben, keine Quittung oder sonstwas. Wenn aber jemand sagt: Soll ich dir das bestätigen, daß die Dinge nicht selbstverständlich werden, daß man dann sagt: Ach Unsinn, ist doch selbstverständlich oder so. Das sagt man dann schon, aber ich erwarte dann, daß eben die Form, diese respektvolle Höflichkeit dabei nicht untergegangen ist.

I.: Also, dieses Füreinander in der Freundschaft schließt nicht nur praktische Sachen ein, sondern auch, wie man miteinander umgeht, wie man miteinander spricht?

W.: Ja, sicher. Gerade die Sprache.

I.: Welche Themen werden da besonders behandelt?

W.: Das hatte ich schon versucht, am Anfang anzudeuten, das sind so Fragen, die aus dem eigenen sozialen Wertesystem herauskommen. Fragen eben von Hilfeleistungen, sowohl Fragen aus dem familiären Bereich, das sind natürlich Fragen, die einen nationalen Rahmen betreffen, und Fragen, die internationale Probleme mit angreifen, Solidarität, solche Sachen, Haltungen ...

I.: Auch gesellschaftspolitische Probleme?

W.: Ja, selbstverständlich.

Vertrauen in der Freundschaft

I.: Vertrauen bedeutet für Sie viel in der Freundschaft?

W.: Ja, doch.

I.: Inwiefern, was ist da so wichtig dran, wie entsteht das Vertrauen mit den Freunden?

W.: Naja, es ist sicherlich, genau wie die gesamte Entwicklung der Freundschaft einem Entwicklungsprozeß unterworfen ist, ist keine Frage von einem Tag auf den anderen, sondern ist eben ein Erfahrungsbereich, und aus diesem ergeben sich dann eben die Vertrauensbereiche. So wie der Erfahrungsbereich steigt und sich positiv erweitert, so erweitern sich denn auch die Vertrauensbereiche, die man dann einbezieht in dieses Verhältnis. Irgendwo hat man natürlich im Inneren seine eigenen Dinge, mit denen man nicht nach außen tritt, aber in so einem Verhältnis sind es dann relativ wenig Sachen, die man vor anderen verbirgt, prinzipiell, sondern da öffnet man sich natürlich schon etwas mehr. Mehr oder weniger. Männer haben da ja sowieso eine andere Definition. Ich, hab' jedenfalls erlebt durch meinen Beruf, wie das bei Frauen ist. Und da ist es etwas schwieriger bei Männern. Die Bereitschaft, sich zu öffnen, ist im allgemeinen nicht so entwickelt, das ist alles etwas komplizierter usw. Also, da drückt man sich nicht sofort an die Brüste, ist klar, aber in der Freundschaftsbeziehung werden diese Vertrauensbereiche etwas geöffnet.

Streit unter Freunden

I.: Und streiten Sie sich, haben Sie sich schon mal mit guten Freunden gestritten?

W.: Relativ selten. Ich muß sagen, ich bin ein Typ, der versucht, Streitfälle zu umgehen. Ob das immer die entsprechende günstige Konfliktlösung ist, aber das ist in meiner Haut angelegt, daß ich versuche, die streitbaren Fälle auszuklammern, das versuche ich nach Möglichkeit nicht zu haben. Wenn ich aber, ganz allgemein gesprochen, frontal aufgefordert werde, von einer Minute auf die andere, unerwartet, dann ist diese Hemmschwelle nicht mehr da, dann reagiere ich auch entsprechend direkt.

I.: Wie reagieren Sie dann, wie streiten Sie sich unter Freunden?

W.: Unter Freunden habe ich diesen Streit oder diese Situation seltener, fast gar nicht gehabt. Das sind dann Situationen, die tatsächlich entweder im Familienbereich aufgetreten sind, oder das ist natürlich im Arbeitsbereich, speziell in unserer Situation in den letzten zwei, drei Jahren, da sind solche Situationen gewesen, daß ich dann 'rausgefordert war, urplötzlich auf 'nen ganz knallharten Vorwurf ganz konkret knallhart wieder zu antworten. Wenn es dann wirklich so ist, dann scheue ich die Auseinandersetzung überhaupt nicht, dann geh' ich auch offensiv 'ran. Aber mit Freundschaften versuche ich diese Situation möglichst zu umfahren. Ja, also, wie gesagt, bei den Beziehungspersonen, die ich genannt hatte, kommt es eigentlich so gut wie nicht vor. Es gibt dann zwar mal so 'ne Art Verstimmung, und man spricht dann bestimmte Themen nicht an, oder ich spreche bestimmte Themen nicht an, und dann hat sich das nach 'ner gewissen Zeit mehr oder weniger selbst beruhigt usw.

I.: Also, Ihr Streit äußert sich mehr so im Rückzug, indem Sie ein Thema einfach nicht mehr ansprechen? Das ist dann so das Signal, da ist was?

W.: Ja. Es ist ja so, daß die Freundschaften ihren bestimmten Bereich in der Lebensführung ausmachen und ihren Platz haben, aber sie nehmen ja nicht die ganze Aktivität ein und überdecken sie auch nicht völlig. Es ist ja so, daß man sich in der Familie abstimmt und sagt, naja, dann machen wir das eben allein, wenn da andere Dinge dazwischen gekommen sind oder sowas. Und da hat man natürlich seinen Rückhalt, seine Welt noch mit, obwohl der entscheidende Bezugspunkt fehlt. Und Freundschaften sind ja mehr oder weniger darum gruppiert, würd' ich sagen, sind ja nicht die ganz zentrale Sphäre, sondern sie sind zwar wichtige, aber für mich nicht die alles entscheidende Sphäre.

I.: Also, der Streit ist dann eher ein sprachloser, aber trotzdem ist dann vielleicht eine schlechte Stimmung im Raum. Was würden Sie dann tun oder auch erwarten, damit es wieder harmonisch ist?

W.: Eigentlich, wie ich selber auch im wesentlichen reagiere. Man hat dann Erwartungshaltungen, daß denn die Sache ad acta gelegt wird, in dem Sinne kein Thema mehr ist. Dinge, die nicht auch für die künftige Gestaltung Bedeutung haben, ein Ereignis was, wenn's vorbei ist, ist's vorbei, dann braucht man's nicht noch mal reaktivieren, dann ist das einfach vorbeigegangen. Nicht nach hinten schauen, ich schau' dann eher nach vorne. Ich sehe die Sache so: Ein Streit oder die Notwendigkeit des Streits hängt proportional ab von der Notwendigkeit der emotionalen Bindung, die man da hat. Wenn Beziehungen oder Streitpunkte sind, wo keine besondere emotionale Bindung erforderlich ist, dann braucht man sich auch nicht so intensiv darüber zu streiten.

I.: Da muß man sich auch nicht wieder versöhnen?

W.: Da ist es vorbei. Wenn vielleicht die Freundschaft sagt, was der da angestellt hat oder die oder das oder jenes, das machst du ganz falsch oder so, dann kann ich natürlich mir das anhören, muß aber kein intensives Gespräch über diesen Beziehungsaspekt führen. Wenn ich weiß, er sieht die Sache etwas anders, und ich sehe die Sache etwas anders, haben wir also da abgegrenzte Formen, wie die Reaktion in diesem Fall sein sollte. Und wenn er sagt, mach 's so, und ich mach' dann doch, was ich für richtig halte, dann kann ich mich darüber austauschen, ist aber in dem Sinne kein Streitpunkt.

I.: Würden Sie sagen, man kann befreundet sein und sich trotzdem manchmal streiten?

W.: Ich würde dann eher das Rückzugsgefecht wählen, wie man so sagt.

Gründe für das Ende einer Freundschaft

I.: Und gibt es Freunde, die Sie mal hatten, mit denen Sie heute aber gar nicht mehr zusammen sind?

W.: Ja.

I.: Können Sie da mal schildern, aus welchen Gründen diese Freundschaft auseinandergegangen ist?

W.: Eigentlich, wenn ich das aus meiner egoistischen Sicht versuche zu beschreiben, daraus, daß von seiner Seite nicht mehr genügend signalisiert wurde, daß er diese Beziehung weiterhin auf diesem Niveau erhalten wollte. Konkret sah es so aus, ich hatte wirklich per Zufall schon im Kindesalter jemanden kennengelernt, und durch viele Zufälle hatten wir dann einen langen gemeinsamen Weg mit Schule usw., und bei der Armee ging es dann auseinander. Obwohl die räumliche Nähe da war, was ja auch ein ganz großer Zufall war, kam es dann zum Abbröckeln der gemeinsamen Aktivitäten, des Gedankenaustausches, des Gemeinsam-irgendwas-Machens usw.

I.: Könnten Sie sich noch andere Gründe denken, zum Beispiel heftige Streitereien oder unterschiedliche Grundauffassungen?

W.: Nein, bei mir nicht, weil diese Dinge schon vorher abgetastet sind.

Freundschaft und Liebe

I.: Besteht für Sie ein Unterschied - und wenn ja, in welcher Form - zwischen Freundschafts- und Liebesbeziehungen?

W.: An irgendeiner Stelle gibt es da natürlich Berührungskomponenten, überdekken sich die Sachen usw., überdecken sich die Felder. Es sind für mich keine völlig getrennten zwei Geschichten. Nee, das sind nicht ganz andere Beziehungen. Nach meinem Empfinden sind da durchaus Vermischungen drin.

I.: Die Liebesbeziehung hat da noch mal eine Sonderstellung oder ist einfach nur intensiver, oder das sind andere Gefühle oder mehr, wie ist das?

W.: Sagen wir mal so, bei Freundschaften versuche ich solche Dinge nach Möglichkeit nicht in den Vordergrund zu lassen.

I.: Die Gefühle?

W.: So Liebesbeziehungen, in der Richtung. Weil aus den verschiedensten Gründen heraus natürlich großer Konfliktraum angelegt ist, logischerweise, und ...

I.: Aber man hat ja auch zu Freunden, auch wenn das, von Ihnen aus gesehen, Männer sind, eine Gefühlsbeziehung. Wenn Sie das jetzt vergleichen, einfach nur mehr Gefühle oder qualitativ anders?

W.: Ich erfasse jetzt nicht, was Sie darunter verstehen und meinen.

I.: Ich möchte jetzt wissen, was Sie darunter verstehen.

W.: Für mich ist die Frage in der Beantwortung natürlich etwas komplizierter. Wenn ich sage, ich habe eine Freundschaft zu einem Kollegen, dann ist das eben ein Gefühl der Achtung, der Solidarität, der Hilfsbereitschaft, des Verstehens, des Sich-Helfens. Aber das würde ich in diesem Fall nun wirklich abgekoppelt sehen von Liebesbeziehungen. Bei einer Frau ist natürlich die Frage etwas anders, da kann es durchaus sein, daß sich die Dinge etwas vermengen, da kommt die Komponente einfach mit hinein.

I.: Und Verliebtsein und Liebe, unterscheiden Sie das nochmal?

W.: Ja.

I.: Versuchen Sie, das ein bißchen zu erläutern.

W.: Äh, Liebe ist das, was man auch unausgesprochen usw. füreinander tut, und wie man Haltungen erwartet und gibt, sagen wir mal, und so weiter und so fort, Liebe ist eine gewisse tiefe Verwurzelung auch der Frage der eigenen Persönlichkeit, des Sich-Wohlfühlens, ist sozusagen ein Rückzugsreservoir. Sie geht mehr in die Tiefe 'rein, während Verliebtsein sicherlich eine Sache ist, die bei weitem nicht so tief angesiedelt ist und doch ein Zustand ist, wo Anfang und Ende sozusagen schon vorprogrammiert sind.

I.: Auch von zweien, oder ist das mehr einseitig?

W.: Vom zweiten kann ich nicht so reden. Für mich ist das, ich würde das schon unterscheiden. Klar, es kann durchaus ein Gefühl sein, was einen sehr schnell und sehr schön und sehr viel in Anspruch nimmt, aber irgendwo hat es eben diesen Charakter.

Treue

I.: Was bedeutet Treue für Sie in der Liebesbeziehung?

W.: Treue ist für mich eine ganz wichtige Sache, die ständig immer eingefordert wird, die sozusagen immer wieder ungefragt nachgewiesen werden muß, nicht daß man unter einem Druck steht und den nachweisen muß. Also, ich sehe das so, daß die Frage Treue irgendwo auch 'ne individuelle Ausformung hat und nicht ein Begriff ist, den man definitiv packen und irgendwo hinlegen kann.

I.: Wie ist das bei Ihnen individuell? Wenn man sagt, ich bin treu, was umschließt das für Sie?

W.: Also es schließt durchaus die Möglichkeit ein, daß bei einem sogenannten Seitensprung deshalb die Problematik nicht, die Beziehung nicht auseinanderfällt.

I.: Auch von der Partnerin aus?

W.: Auch von der Partnerin aus, das ist dann 'ne Sache, die weh tut, aber sie begründet sich auf mehr als fixiert auf körperliche Treue nur.

I.: Also, Treue ist dann so ein Vertrauensverhältnis, sich auf den anderen verlassen, daß man in seinem Leben eine wichtige Rolle spielt?

W.: Ja, eigentlich nicht eine wichtige Rolle, eigentlich *die* Rolle.

I.: Das ist das zentrale an dem Gefühl der Treue?

W.: Ja.

Typ II: mittlere Ansprüche an Personalisierung der Freundschaft

Kerstin: 23 Jahre, Pädagogik-Studentin aus Ostberlin, alleinlebend.

I.: Haben Sie eine beste Freundin oder beste Freunde, gute Freunde, sehr gute Freunde?

K.: Ich hab' zwei Freundinnen, die ich schon sehr lange kenne, wir sind schon zusammen zur Schule gegangen. Ansonsten hab' ich auch welche vom Studium her, sehr gute Freunde.

I.: Würden Sie die auch unter die besten mit einbeziehen, oder sind die besten Freundschaftsbeziehungen die zu den beiden Freundinnen?

K.: Die neueren Freunde würde ich auch zu den sehr guten Freunden rechnen. Man kann das nicht so in Kategorien abhandeln, weil jede Beziehung für jeden Menschen sich irgendwie anders gestaltet, also man muß sich auch drauf einstellen. Mit jedem Menschen hat man eine andere Art von Vertraulichkeit. Mit Menschen, die man schon sehr lange kennt, viele gemeinsame Erlebnisse hat, man kann sich ungezwungener verhalten, als man es mit auch sehr guten Freunden tun würde, die man aber noch nicht so sehr gut kennt.

I.: Die aus der Uni, sind das Frauen oder Männer?

K.: Zwei sehr gute Freundinnen. Und mit den Männern ..., wir haben zwar auch ein freundschaftliches Verhältnis, nur daß es komplizierter ist, mit 'nem Mann so ein sehr enges Freundschaftsverhältnis einzugehen, also ein platonisches. An einer Stelle geht das dann irgendwie nicht mehr weiter, ich kann nicht mit einem Mann so vertraut reden wie mit 'ner Frau.

Gründe für eine Freundschaft

I.: Aus welchen Gründen sind Sie so gut befreundet?

K.: Da spielen natürlich erstmal gleiche Interessen 'ne Rolle. Die beiden Freundinnen, die ich jetzt hier kennengelernt hab' an der Uni, mit denen hab' ich zusammen Theater gespielt. Dann kommen natürlich Übereinstimmungen in der Weltanschauung dazu, nicht vollkommen, aber in grundlegenden Fragen. Mit der engeren Freundin hab' ich in der gleichen Straße gewohnt, und wir haben sehr viel Zeit zusammen verbracht. Physische oder geographische Nähe kam noch dazu, und Sympathie, das kann man nicht begründen.

Bedeutung von Freundschaft

I.: Warum ist das wichtig, 'ne Freundin zu haben?

K.: Das ist für mich 'ne grundlegende Sache, um mich wohlzufühlen. Ich würd' mich völlig einsam fühlen ohne Freunde. Vielleicht spielt dabei auch eine Rolle, daß ich allein lebe. Ich weiß nicht, wie das mit Leuten ist, die 'ne Familie haben. Aber selbst wenn man Ehepaare beobachtet, die zwar zusammenleben und auch Kinder haben, kann man doch sehen, daß die Beziehung lockerer ist, wenn sie noch andere Freunde in der Partnerschaft haben. Also, ich finde das sehr wichtig, einfach sich mit anderen austauschen zu können, mit anderen reden zu können, über meine Probleme, auch Freude zu teilen, irgendwie auch emotionale Zuwendung zu spüren, daß jemand sich für einen interessiert, für einen da ist.

Freundschaftsbildung

I.: Um eine gute Freundin zu bekommen, wie gibt man sich da, was macht auch der andere, daß man sich mit ihm anfreunden möchte?

K.: Das hab' ich noch nie so bewußt erlebt. Sicher, man versucht erstmal, seine besten Seiten zu zeigen, also charakterlich. Zum Beispiel könnte man jemandem helfen und versuchen, an solche Gelegenheiten anzuknüpfen; oder gemeinsam irgendwo hingehen, Film ansehen, der einen gemeinsam interessiert, und auf der Basis könnte man dann weiterarbeiten. Man würde auch versuchen, außer charakterlichen Vorzügen intellektuelle Fähigkeiten zu zeigen. Man würde sich zu Anfang sehr viel Mühe geben, irgendwie interessant zu wirken. Tut man später immer noch, aber es läßt doch etwas nach, wenn man erstmal weiß, die Sache ist jetzt fest, nicht mehr so leicht umkehrbar.

I.: Ist es leicht oder schwer, eine gute Freundin zu finden?

K.: Also, es war nicht schwer. Es ist schwer, die Freundschaft zu erhalten, man kommt ja dann an Stellen, wo es auch Krisen gibt. Manchmal ist es viel komplizierter, die Sache wieder ins Lot zu bringen, als was Neues anzufangen.

Vorstellungen vom idealen Freund

I.: Und im Idealfall, wie stellen Sie sich die Freundin vor?

K.: Keine Vorstellung.

I.: Aber vielleicht doch Eigenschaften, die Ihre besten Freundinnen haben, die Sie sehr schätzen?

K.: Ehrlichkeit, und ich glaube, das ist das einzige.

I.: Noch Eigenschaften oder Fähigkeiten, die für Sie wichtig sind?

K.: Keine, die ein Freund unbedingt haben müßte, außer Ehrlichkeit, ansonsten ... Also ich bin eigentlich zufrieden mit meinen Freunden, so wie die sind.

I.: Was heißt denn das: wie die sind?

K.: An jeder Person schätze ich irgendwas anderes. Meine Freundin Claudia, zum Beispiel, die lebt nicht mehr in Berlin, sie ist eben sehr lebenslustig und ein unheimlich energetischer Mensch und sehr interessiert an politischen Dingen. Sie studiert Biologie, ist sehr umweltbewußt, und was ich an ihr immer beneidet habe, war, daß sie völlig in ihrer Arbeit aufgehen kann, auf eine Art, ein sehr harmonisches Leben zu führen.

Höflichkeit unter Freunden

I.: Höflichkeit zwischen guten Freunden, ist das wichtig?

K.: Ja, es ist schon so, daß man einen vertrauten Umgang hat und gewisse Etikette einfach wegfallen, aber ein gewisses Maß an Höflichkeit, ist, glaub' ich, schon erforderlich, weil das ja auch Respekt für die andere Person zeigt.

I.: Eine bestimmte Form von Höflichkeit spielt auch in der Freundschaft eine Rolle? Vielleicht haben Sie mal ein Beispiel, was das denn ist?

K.: Daß man sich auch an bestimmte Regeln halten muß, nicht überall 'reinplatzen kann in das Leben des anderen. Ich empfinde das nicht unbedingt als Schaffung von Distanz, weil jeder seine Intimsphäre hat, die man nicht verletzen kann.

Hilfe unter Freunden

I.: Und was tun gute Freunde füreinander?

K.: Was tun wir füreineinander? Soll ich jetzt den Inhalt unserer Freundschaften beschreiben? Man sieht sich jedenfalls regelmäßig, also das ist die Grundlage. Teilweise arbeiten wir auch zusammen, also für das Studium, man hilft sich in praktischen Dingen. Mit sehr guten Freundinnen besprechen wir Sachen, die sich jetzt hier, also das ist jetzt in diesen Jahren besonders aktuell, Probleme, die sich auf der Arbeit oder an der Uni ergeben, solche Sachen, private Probleme, und Dinge, die ich in der Familie habe. Dann kann man sich ganz alltägliche Dinge erzählen, oder wir sprechen über Literatur, Kultur, die jetzt mit unseren Studien zusammenhängen.

I.: Was schön ist und was schwierig ist?

K.: Ja, beides. Es kommt vor, daß wir manchmal einen Abend dasitzen und schon ganz depressiv sind, so viele Probleme gewälzt haben. Aber man kann eben auch wiedermal nur 'rumalbern, zusammen kochen oder irgendso'ne Sachen machen. Das einzige, was wir nicht so ausführlich besprechen, was ich auch selber nicht machen möchte, sind unsere Beziehungen zu Männern, man kann mal darüber sprechen, aber es ist auf keinen Fall ein Hauptthema.

I.: Aber man könnte, wenn es wichtig wäre, das mit der Freundin besprechen?

K.: Man könnte, ja.

Vertrauen in der Freundschaft

I.: Und was bedeutet Vertrauen für Sie in der Freundschaft?

K.: Das ist eine grundlegende Sache, daß man weiß, was man dem anderen mitteilt. Man öffnet sich auch, wenn man so Sachen über sich erzählt, daß das vertraulich behandelt wird, daß der andere das nicht benutzt, irgendwo weitererzählt, wo ich das nicht unbedingt möchte, daß es jemand weiß oder auch nicht benutzt, um mich dann wieder zu verletzen, anzugreifen. Und Vertrauen bedeutet, daß ich auch mal wegfahren kann, meinen Wohnungsschlüssel einer Freundin geben. Alles, was sich auf Eigentum bezieht, also solche materiellen Sachen spielen da keine Rolle.

I.: Wie kommt das, daß Sie Ihren besten Freunden so sehr vertrauen?

K.: Das war schon immer so. Mit der Voraussetzung gehe ich eigentlich 'ran an eine Freundschaft. Also, ich bin nicht grundlegend mißtrauisch, erst wenn ich merke, wenn ich irgendwie ein Erlebnis hatte, was in die andere Richtung geht, dann würde ich vorsichtiger werden, aber erstmal grundlegend glaube ich an das Gute im Menschen.

Streit unter Freunden

I.: Und streiten Sie sich, haben Sie sich schon mal mit guten Freunden gestritten?

K.: Ja.

I.: Und wie sieht das aus, was passiert da?

K.: Also, es geht eigentlich meistens noch recht gesittet zu.

I.: Nicht laut oder heftig?

K.: Doch manchmal, aber selten eigentlich. Wir schreien uns nicht an und schmeißen auch keine Teller. Sicherlich wird man auch manchmal etwas heftiger oder wütender, aber wir versuchen eigentlich, wenn wir merken, es ist irgendwas in der Luft, das auszudiskutieren oder 'rauszufinden - meistens ist es ja nur ein Mißverständnis - wo das liegt.

I.: Gibt es dann auch so einen Rückzug, daß man dann stiller irgendwie wird, reservierter?

K.: Für 'ne Weile schon, aber nicht lange. Das dauert vielleicht ein zwei Wochen. Kommt drauf an, wie groß der Streit war. Aber sicherlich, solche Sachen hinterlassen auch immer irgendwie, so 'n Streit kann Mißverständnisse ausräumen, manchmal vergißt man's dann. Wenn die Zeit vergeht, ist das einfach aus'm Gedächtnis gestrichen. Manche Dinge bleiben dann doch noch im Hinterkopf.

I.: Wenn es ernsthafter war, um was ging das dann, was sind da die Gründe?

K.: Also oft, am öftesten sind das Sachen, wie man sich verhält. Also, daß ich denke, ich wurde jetzt nicht behandelt, wie ich's verdient hab', oder ich selber hatte schlechte Laune. Ich mein', das kommt ja mal vor. Hab' die dann ausgelassen an meinen Freundinnen. Charakterliche Schwächen kann man 'ne ganze Weile tolerieren, aber irgendwann geht's einem doch über die Hutschnur, wenn man eben viel Zeit miteinander verbringt. Wenn wir zum Beispiel zusammen in Urlaub fahren, vier Wochen, und dann von früh bis spät zusammen sind, das wird auch schwierig dann. Einmal ging es auch um weltanschauliche Fragen, das ist schon 'ne Weile her.

I.: Man gerät dann aneinander aufgrund der verschiedenen Charaktere oder Lebensstile oder aufgrund von Themen, die jetzt ausgestritten werden müssen? Alles oder nur die Themen?

K.: Natürlich nur die Themen. Letztlich kann ich ja keinen verändern. Also, es ging damals darum, wie man sein Leben führen muß, welche Ziele man im Leben sieht oder im Beruf. Also, ich wollte damals mein Studium einfach schmeißen, ich wollte Lehrer werden und hatte keine Lust mehr, und da hat mir die eine Freundin, Claudia, große Vorwürfe gemacht, man könne doch nicht so rumhängen und sich 'ne Öko-Nische suchen.

I.: Was Sie vorhin schon sagten, das sind dann so Krisen oder Phasen, und da gerät man eben auch mit den Freunden aneinander?

K.: Ja, aber da kann ich nur dieses Thema mit ihr ausdiskutieren. Trotz allem werden da grundsätzliche Unterschiede wahrscheinlich immer da sein.

I.: Und wie verträgt man sich dann wieder, um so einen etwas ernsthafteren Streit zu beenden? Was würden Sie vielleicht tun, oder was erwarten Sie auch von den Freunden?

K.: Naja, also wenn wir darüber gesprochen haben oder uns fertiggestritten haben, dann muß ja soweit die Sache erstmal ausgeklärt sein. Dann braucht man vielleicht noch ein bißchen Zeit, um sich wieder zu akklimatisieren, zu beruhigen, so emotional, und dann, denk' ich, geht das ganz normal wieder weiter. Also, erste Grundlage ist vielleicht, wenn man sich dann 'nen Witz erzählt oder so, wo man zusammen wieder lachen kann über 'ne Sache, also da würde nichts Besonderes passieren, glaub' ich.

I.: Man kann sich relativ leicht wieder einigen, wenn die Freundschaftsbeziehung gut ist?

K.: Ja.

I.: Und generell, kann man befreundet sein und sich trotzdem streiten?

K.: Ja, ich kann mich an gar keine Freundschaft erinnern, wo ich mich noch nicht gestritten hätte.

I.: Es gehört irgendwie dazu?

K.: Wahrscheinlich, denn wenn man eine intensive Beziehung zu anderen Menschen hat, ergeben sich immer Differenzen. Ich glaube, wenn man sich nicht streitet, nicht, daß das heißt, daß man so super tolerant ist, man versucht dann vielleicht gewisse Dinge auch zu überspielen oder zu ignorieren.

I.: Kann es auch positive Aspekte haben, die Auseinandersetzung mit 'nem Freund?

K.: Ja.

I.: Inwiefern?

K.: Also, es hat 'nen erzieherischen Effekt gehabt auf mich, was jetzt auch charakterliche Sachen betrifft. Wenn ein Freund oder 'ne Freundin mich drauf aufmerksam macht: So wie du dich da verhältst, das geht nicht, da ist die und die Eigenschaft, die ist einfach nervend. Das ist jetzt nicht nur 'ne Sache, die einen anderen Menschen stört, sondern vielleicht generell meine Person beeinträchtigt, dann ist das für mich schon sehr hilfreich. Ich ändere das natürlich nicht sofort, wenn mir jemand sagt: Ey, du bist ein Morgenmuffel, kannst du nicht etwas freundlicher sein? Aber über Streit und die Situation, daß erstmal die Beziehung gefährdet ist, organisiert sich das eigentlich, daß man merkt, jetzt hast du die Beziehung zu jemanden, den du eigentlich gern hast, gefährdet, und eigentlich möchtest du ja die Beziehung weiterhin führen, und da mußt du jetzt etwas tun, um dich zu verändern, dich so verhalten, daß du akzeptiert wirst.

Gründe für das Ende einer Freundschaft

I.: Und gibt es Freunde oder Freundinnen, die Sie mal hatten, mit denen Sie heute nicht mehr befreundet sind?

K.: Ja. Das hat sich dann auch teilweise einfach auseinandergelebt. Zum Beispiel hatte ich mal eine Freundin, Monika, wir haben uns eigentlich sehr gut verstanden. Wir sind zusammen zur Schule gegangen, dann hab' ich eben Abitur gemacht, studiert, und sie ist Kindergärtnerin geworden, hat dann eben geheiratet. Also, das war das letzte, was ich von ihr gehört habe, wir haben uns zufällig beim Einkaufen getroffen. Ich hab' also festgestellt, da war nichts, keine gemeinsame Basis mehr, so daß ich auch nicht mehr zu ihr gegangen bin, um sie zu besuchen, oder hatte einfach kein Bedürfnis mehr, sie zu sehen. Also daß sich Freundschaften manchmal dann auseinanderleben, ist normal. Das ist dann auch nicht schmerzhaft oder so. Aber ich glaub' auch daran, daß man Freundschaften auch sehr lange, vielleicht ein ganzes Leben erhalten kann.

I.: Kann es auch andere Gründe geben, warum jemand nicht mehr Ihr Freund ist, zum Beispiel ein sehr heftiger Streit?

K.: Nee.

I.: Das können Sie sich nicht vorstellen?

K.: Nee, ich hab' auch noch niemanden kennengelernt, mit dem man sich nur streitet, mit dem würde ich mich nicht anfreunden.

Freundschaft und Liebe

I.: Und besteht für Sie ein Unterschied zwischen einer Liebesbeziehung und einer Freundschaftsbeziehung?

K.: Ja.

I.: Inwiefern, was ist da ähnlich, was ist ganz anders?

K.: Ja, sicherlich nichts ganz anderes. Also, es funktioniert teilweise nach dem gleichen Prinzip, aber eine Freundschaftsbeziehung ist eben doch nicht so stark emotional determiniert, da gibt's dann doch Grenzen, daß der Mensch um sich herum Abgrenzungen schafft. Und da geht man auch nicht drüber hinaus, will man vielleicht auch gar nicht, weil man den anderen Menschen nicht so intim kennenlernt.

I.: Die Intimität im Gefühl und auch im Umgang ist so ein entschiedener Unterschied?

K.: Es ist nicht grundsätzlich unterschiedlich, aber es ist eben nicht so stark ausgeprägt, in 'ner Freundschaft. Aber sonst finde ich, das Muster nach dem es funktioniert, ist sehr ähnlich.

I.: Machen Sie noch einen Unterschied zwischen Verliebtsein und Liebe?

K.: Nee.

I.: Ist es für Sie dasselbe Gefühl, oder ist da noch mal 'ne Abstufung drin?

K.: Da mach' ich eigentlich keine Abstufung.

I.: Ist eben nur ein anderes Wort?

K.: Naja, es ist schon ein gewisser Unterschied. Liebe klingt irgendwie noch intensiver oder ist noch intensiver, aber es ist schon sehr ähnlich.

Treue

I.: Und Treue in dem Zusammenhang und Vertrauen in der Liebesbeziehung, was bedeutet das?

K.: Na, was soll ich dazu sagen, wir haben unsere traditionellen Vorstellungen davon.

I.: Gelten die für Sie und Ihre Liebesbeziehung auch?

K.: Ja, eigentlich möchte ich schon, daß diese Prinzipien eingehalten werden. Von meiner Seite würde es schon, denk' ich, eingehalten werden.

I.: Was sind das für Prinzipien?

K.: Daß, wenn man sich einen Partner aussucht, man möglichst auch bei diesem bleibt, nicht ein ganzes Leben, aber eben diese Zeit, die ich mich da festlege.

I.: Emotional oder mehr, daß man keine anderen erotischen Beziehungen anstrebt?

K.: Emotional ist sicher das Wesentliche, aber das andere hängt damit zusammen, ist für mich daran geknüpft. Ich würde wahrscheinlich nicht jetzt sexuelle Beziehungen suchen ohne Emotionalität.

I.: Das würden Sie auch verlangen von dem Partner, es voraussetzen?

K.: Ja, ich meine, ich würde es begrüßen. Ich würde wahrscheinlich nicht so schrecklich wütend, böse sein, wenn er es mal verletzt, solange der emotionale Zusammenhalt noch da ist.

Typ III: hohe Ansprüche an Personalisierung der Freundschaft

Bärbel: 34 Jahre, Therapeutin in Westberlin, alleinlebend, ein Kind.

I.: Hast du einen besten Freund oder Freundin?

B.: Ja, mehrere.

I.: Sind die weiblich oder männlich?

B.: Hauptsächlich weiblich, also auch männliche Freunde, gute Freunde.

Gründe für eine Freundschaft

I.: Und aus welchen Gründen seid ihr Freunde?

B.: Weil wir gemeinsam viel machen, also, wir arbeiten zusammen, und wir sind therapeutisch tätig und machen viele Seminare zusammen, und das hat uns sehr intensiv und eng zusammengebracht, so auf menschlicher Basis.

I.: Noch andere Gründe?

B.: Ja, die sind einfach meine Wellenlänge. So wie ich lebe, so leben sie auch.

I.: Sympathie auch?

B.: Ja, Sympathie auch, ja. Ich fühle mich aufgehoben bei ihnen. Ich kann so sein, wie ich will. Ich bin so, wie ich bin, in deren Gegenwart.

Bedeutung von Freundschaft

I.: Warum findest du es wichtig, gute Freunde zu haben?

B.: Ich kann mich mit ihnen austauschen, ich fühle mich nicht allein. Das ist das wichtigste.

I.: Wie sieht dieser Austausch aus? Was macht man da?

B.: Ich kann kommen, wann ich will, und ich kann meine Probleme mit ihnen bereden. Ich kann auch mit ihnen feiern, Feste feiern.

I.: Und warum findest du das so wichtig?

B.: Mich auszutauschen. Das erleichtert mich. Ich brauche es nicht allein mit mir herumzutragen.

I.: Woran kannst du erkennen, ob dir jemand ein guter Freund sein wird?

B.: Ja, indem ich das Gefühl habe, er oder sie ist menschlich, so wie ich mir das vorstelle. Menschlich im Sinne von, ja, offen, bereit zuzuhören, einfach auch gemeinsame Interessen zu entwickeln oder auszuphantasieren, auszuspinnen.

I.: Offen sein, kannst du das noch näher erklären?

B.: Ja, auch offen zu sein zu den eigenen Gefühlen.

I.: Heißt das, daß man direkt sagt, was man denkt, oder ist es auch was anderes?

B.: Auch was anderes, also, einmal direkt sagen, was man denkt, und zum anderen, ja, vielleicht bin ich da auch zu therapeutisch, so bei sich auch gucken und zu sich selbst auch offen sein. Offen sein, zu ergründen, zu erforschen, Schwächen zu sehen, Schwächen anzuerkennen, versuchen, damit zu leben.

Vorstellungen vom idealen Freund

I.: Wie stellst du dir den idealen Freund vor? Wie müßte der sein, wenn du dir das wünschen könntest?

B.: Freundin, Freund, das ist unterschiedlich. Männer und Frauen, komischerweise differenziere ich da ein bißchen. Beim idealen Freund stelle ich mir vor, daß ich mit ihr oder ihm alles bequatschen kann, was mir so auf der Seele liegt, wenn es auch das Blödeste ist. Mit dem ich mich auch streiten kann, das ist ganz wichtig, streiten kann und wieder vertragen kann, wo ich schlecht gelaunt sein darf, kann. Ja, wo ich einfach so sein kann, wie ich bin mit meinen Schwächen, mit meinen Fehlern.

I.: Welche bestimmten Eigenschaften oder Fähigkeiten sollte dieser Mensch haben?

B.: Einfach nur er selbst, so wie sie oder er ist. Auch mit Schwächen und Fehlern. Zuhören können, das finde ich schon wichtig, zuhören können.

I.: Noch andere Eigenschaften oder Fähigkeiten?

B.: Nicht so schnell beleidigt sein. Also, ich habe eine Freundin, die kenne ich über 15 Jahre, wir sehen und hören uns oft über ein halbes Jahr nicht, und wenn wir uns dann sehen oder hören, dann gibt es keine Vorwürfe, also so diese Vorwürfe: Ach, du hast dich nicht gemeldet, sondern es ist einfach so, wie es ist, toll und schön, und wir freuen uns, daß wir wieder was voneinander hören. Also, daß jeder trotzdem seinen Weg gehen kann. Noch Eigenschaften? Ja, lebendig, fröhlich, witzig.

Höflichkeit unter Freunden

I.: Ist Höflichkeit wichtig?

B.: Was meinst du mit Höflichkeit?

I.: Was verstehst du unter Höflichkeit?

B.: Oje!

I.: Was bedeutet es für dich? Und ist es wichtig zwischen guten Freunden?

B.: Also, da habe ich Schwierigkeiten. Höflich, Höflichkeit, das ist für mich sehr, sehr eng mit meiner Erziehung verbunden. Diese Art von Höflichkeit, die muß mein Freund oder Freundin nicht haben. Das hat mich zu sehr eingeschränkt, und das möchte ich auch nicht von meinen Freunden.

I.: Kannst du die noch ein bißchen näher beschreiben? So Umgangsform oder was?

B.: Ja, so freundlich sein, keine Grenzen überschreiten, immer fragen für alles, was man haben möchte, darf ich mal den Saft haben - so Kleinigkeiten.

I.: Aber umgekehrt, was würde jetzt Höflichsein unter Freunden bedeuten?

B.: Verbindlichkeit, das finde ich an sich sehr wichtig. Höflich, ja, vielleicht nur so ein Respektieren, also ich möchte respektiert werden, vielleicht ist das auch höflich.

Hilfe unter Freunden

I.: Was tun gute Freunde füreinander?

B.: Was tun gute Freunde füreinander. Sie sind einfach echt, sie sind einfach nur da. Doch, sie haben Interesse, sie sind neugierig, wie es dir geht. Sie haben Interesse an dir selber, oder ich habe Interesse an ihnen, persönliches Interesse.

I.: Und was kann sich noch so an Sachen ergeben, die man dann für den anderen tut? Aus diesem Interesse heraus?

B.: Zum Beispiel auch verreisen würde ich nur mit Freunden. Mit denen auch gemeinsam ein Stück leben. ... Ich würde sie teilnehmen lassen an meinem Leben.

I.: Spielt Hilfe eine Rolle?

B.: Hilfe, ja. Ja, spielt eine große Rolle.

I.: Wie würde so eine Hilfe aussehen unter guten Freunden, was wäre eine Hilfe?

B.: Das kommt darauf an, was, wo, ja Hilfe in jeder Beziehung, soweit es möglich ist zu helfen. Also, sei es, sagen wir man psychische Hilfe, wenn es dem Freund schlecht geht, oder umgekehrt, wenn es mir nicht gut geht. Einfach reden ist ja schon, und das Zuhören ist ja auch schon eine Hilfe. ... Und auch so Hilfe bei zum Beispiel Krankheit, da erlebe ich es sehr oft, daß die Freunde kommen, dich besuchen oder vielleicht auch was für dich tun, dich versorgen, einfach da sind.

I.: Du sagtest, Zuhören oder Miteinander-Reden könne auch eine Hilfe sein?

B.: Ja, weil, wenn du Probleme hast und das ist so verknotet und du weißt nicht, wie du weiterkommst, weil du keine Lösung siehst oder Schwierigkeiten siehst, dann ist es sehr erleichternd, wenn du es einfach erzählen kannst und der andere hört zu. Indem du es artikulierst, löst sich oft ein Knoten. Oder manchmal ist es so, daß dann die Freunde Ratschläge geben, die oft unheimlich gut sind. Also, aus der Distanz. Freunde haben oftmals mehr Distanz zu der Situation, die du selbst nicht hast. Und insofern ist das Zuhören auch kreativ.

Vertrauen in der Freundschaft

I.: Was bedeutet Vertrauen für dich?

B.: Vertrauen, ja, sehr viel, also das finde ich sehr wichtig, Vertrauen. Also, daß ich eben auch weiß, daß ich alles erzählen kann und daß nicht alles so in den Wind verpufft wird, also weitererzählt wird. Ich find', das ist ein sehr starkes Gefühl. Das ist doch sehr schön, gebraucht zu werden, was Sicheres, also so. Ja, also, manchmal finde ich das Gebraucht-Werden, daß ich so gebraucht werde, so ganz schön, ja, daß ich ernst genommen werde. Vertrauen ist Ernst-genommen-Werden.

I.: Und warum vertraust du deinen besten Freunden?

B.: Weil ich das Gefühl habe, sie nehmen mich ernst.

I.: Und woher kommt dieses Gefühl?

B.: Ja, irgendwie, oftmals auch mitfühlen, also, sich in mich hineinversetzen können.

I.: Und ist das von Anfang an da?

B.: Das ist unterschiedlich, es gibt Menschen, da ist es von Anfang an da. Aber meistens entwickelt sich das Vertrauen so, das braucht nur ein bißchen Zeit.

I.: Und wie entwickelt sich dies, wie kriegt man das 'raus?

B.: Ich denke, indem ich die Erfahrung gemacht habe, daß ich was erzähle und gemerkt habe, ich kann dieser Frau vertrauen, daß sie, ja, zugehört hat, daß sie vielleicht auch was gesagt hat, daß sie mich versteht.

I.: Was vertraust du deinen Freunden an?

B.: Ach, fast alles. Meine Probleme, meine Schattenseiten, tiefen Schattenseiten, so, wo ich selber oft nicht zufrieden bin, was ich nicht sehen will, wo ich anderen vielleicht auch mit weh tue, und Verhalten, was ich selbst schwer akzeptieren kann.

Streit unter Freunden

I.: Streitet ihr euch manchmal, hast du dich schon mal mit dem besten Freund gestritten?

B.: Ja, auja!

I.: Und wie sieht das aus, wenn ihr euch ernsthaft streitet, erstmal so äußerlich?

B.: Das hat sich auch erst entwickelt, diese Streiterei. Erst war es so Unsicherheit, Vergnatztheit, Zurückgezogenheit, so Sich-Zurückziehen und, bäh, Schmollen. Jetzt ist der Streit offener geworden, es ist laut, wir können uns auch anbrüllen.

I.: Und dann trennt man sich?

B.: Meistens habe ich die Erfahrung gemacht, wenn wir dann laut geworden sind und direkt gesagt haben, was uns stört, ja, worüber wir uns auch gestritten haben, dann müssen wir auch meistens wieder lachen. Also, mit Trennen eigentlich nicht, das habe ich noch nicht erlebt.

I.: Und was sind die Gründe so für so einen ernsthafteren Streit?

B.: Ja, Gründe waren mal Konkurrenz, Konkurrenz war mal Anlaß für einen Streit, oder bestimmte Verhaltensweisen, die ich manchmal nicht akzeptieren will oder nicht verstehen will. Wenn mir so Dinge auf den Wecker gehen bei dem anderen.

I.: Was wäre für dich jetzt so ein Grund für so einen ernsthaften Streit auch mit guten Freunden?

B.: Ja, also, zum Beispiel Vertrauen zu brechen, also jemand anderem etwas zu erzählen, das wäre ein Grund für einen Streit. Also, wenn ich dem Freund oder der Freundin etwas anvertraut hätte und sie würde es weitererzählen, da wäre ich ziemlich sauer.

I.: Noch so Verhaltensweisen, was wäre noch so ein Grund zum Streiten?

B.: Ja, also, wenn ich nicht ernst genommen werde. Wenn mir was wichtig ist und der andere sagt, ach, das ist blöd, das so abtut.

I.: Was muß man tun, um so einen ernsthaften Streit zu beenden? Was würdest du tun, und was erwartest du?

B.: Ich würde meiner Freundin sagen, daß mir das nicht gefällt und daß mich das betroffen macht. Und wenn sie das nicht ernst nimmt, dann würde ich sie anschreien. Meistens ist es dann so, dann eskaliert das und dann, naja, irgendwie ist das für mich wichtig, daß das eskaliert, damit die ganze Wut, die sich dann aufgestaut hat, 'rauskommt. Natürlich ist das auch eine Verletzung für den anderen. Ich verletze den anderen, aber wenn das 'raus ist, dann werde ich auch ruhiger, kann auch eher darüber nachdenken, über das, was ich gesagt habe. Also, ich kann das so ein bißchen relativieren. Und das spreche ich dann schon an, dann gibt es einen Austausch, ja, eine Auseinandersetzung darüber.

I.: Und was erwartest du von dem andern Menschen in so einer Streitsituation, wie sollte er sein?

B.: Ja, daß er sich dann auch wieder mit mir redet. Das ist die Hoffnung.

I.: Wer sollte da auf wen zugehen?

B.: Naja, wenn ich sehr verletzend gewesen bin, dann finde ich schon ganz gut, daß ich auf sie oder ihn zugehe. Also, wenn ich da so ganz böse Worte gebraucht habe, dann würde ich schon auf die Freundin zugehen. Es passiert auch, daß ich so sauer bin ... nee, das habe ich mit besten Freunden nicht erlebt. Meistens passiert es gleichzeitig, daß ich dann, wenn ich dann sage, ach Gott, naja, mh, und es ist so ein Wechselspiel.

I.: Kann man befreundet sein und sich trotzdem streiten?

B.: Ja. Ach, das finde ich wunderbar, das habe ich früher nicht gekonnt. Warum das geht? Weil, das reinigt die Luft, das schafft Klarheit, Klarheit in der Freundschaft, auch Offenheit. Und, äh, ja so - warum ist das gut?

I.: Ja, warum ist das vereinbar mit der Freundschaft?

B.: Ja, weil sie oder er mich mag und mich akzeptiert. Und dann kann ich mich auch streiten und das ist ja nur eine Seite, das ist ja nicht alles. Der Streit beherrscht ja nicht die Freundschaft.

I.: Aber im Streit verletzt man sich ja auch, hast du gesagt. Inwiefern ist das jetzt vereinbar mit diesem freundschaftlichen Gefühl, was ja auch sehr stark ist?

B.: Es ist aber stärker meistens als der Streit.

I.: Der kann dem nichts anhaben?

B.: Nein, bei besten Freunden eigentlich nicht.

Gründe für das Ende einer Freundschaft

I.: Warum gehen denn manchmal Freundschaften auseinander? Aus welchen Gründen hört eine Freundschaft auf?

B.: Also oftmals dadurch, daß man verschiedene Wege geht. Man entwickelt sich einfach in verschiedenen Richtungen und hat sich dann einfach nichts mehr zu sagen.

I.: Ist das jetzt räumlich auch?

B.: Räumlich, ja, oftmals ist es räumlich, oder auch Interessensverbindungen sind dann nicht mehr so stark. Obwohl, bei besten Freunden habe ich das nicht erlebt, eben, da geht es auch, trotz der verschiedenen Entwicklungen ist da ein sehr starkes Gefühl.

I.: Also, gute Freundschaft könnte man auch über eine größere Distanz halten?

B.: Ja, bin ich sicher.

I.: Also, das wäre nicht der Grund, warum eine Freundschaft auseinandergehen würde?

B.: Nee, überhaupt nicht. Nee, gerade das, das ist auch meine eigene Erfahrung. Meine beste Freundin wohnt nicht in Berlin, und, wie gesagt, wir sehen uns selten, und ab und zu telefonieren wir, und trotzdem ist dieses tiefe Gefühl da.

I.: Aber was wären die Gründe, daß eine Freundschaft, die sich so entwickelt hat, auch wieder aufhört?

B.: Wenn ich mir das jetzt vorstelle. Also, wenn sie jetzt heiraten würde, einen ganz doofen Mann, mit dem ich jetzt nicht auskäme, und sie hätte dann keine Zeit mehr für mich, ja, sie würde sich vollkommen neu orientieren, einem anderen Menschen gegenüber, also so näher, also, wenn diese Intensität nachläßt, sagen wir mal von ihrer Seite jetzt, dann würde sich das auseinander dividieren. Ich denke, das hat auch was mit Zeit zu tun.

I.: Kann ein Streit auch ein Grund sein, warum jemand nicht mehr dein Freund ist? Wenn ein Streit ernsthaft ist und es wieder zum Streit kommt, daß die Freundschaft auseinandergeht?

B.: Also, bei besten Freunden habe ich das noch nicht erlebt. Vielleicht bin ich zu optimistisch. Ich glaube, eigentlich nicht. Wenn es eine gute, tiefe Freundschaft ist, dann ist eigentlich ein Streit kein Grund. Ich kann sagen, daß die besten Freunde mich über Jahre hinweg begleiten und umgekehrt.

I.: Und gibt es Freunde, die du mal hattest und mit denen du heute nicht mehr zusammen bist?

B.: Da kann ich aber nicht sagen, daß es sehr gute Freunde waren. Da würde ich eher sagen, das waren Freunde, mit denen ich ein Stück gemeinsam gemacht habe oder aber vielleicht auch zusammen gelebt habe, ja, aber wo ich nicht sagen kann, das waren sehr gute Freunde.

I.: Und warum ist das auseinandergegangen dann?

B.: Einmal, weil ich nach Berlin gekommen bin, ja, zum zweiten, daß ich in einer Familie wohne, ein Kind habe, so Kleinfamilie. Ich habe mich anders orientiert, mir waren andere Dinge wichtiger. Weil ich mich gelöst habe, meistens habe ich mich gelöst.

Freundschaft und Liebe

I.: Worin besteht der Unterschied einer Freundschaft zu einer Liebesbeziehung?

B.: Bei der Liebesbeziehung, ja, da kommt noch die Sexualität 'rein, die ist sehr wichtig bei einer Liebesbeziehung, die ist sehr wichtig. Sexualität mit einer Freundin nicht, also schon erotische Gefühle, so Kuschelgefühle, aber sexuelle Gefühle nicht. Und manchmal meine ich, daß ich den Freunden mehr erzählen kann, als ich den Liebesbeziehungen erzählen kann.

I.: Gibt es da noch mehr Unterschiede?

B.: Ich verhalte mich in einer Liebesbeziehung doch viel verletzlicher, oder ich persönlich mache mich von einer Liebesbeziehung oft viel abhängiger, also, ich werde sehr kindlich oft. In einer Freundschaft fühle ich mich gleichberechtigt. Also, da gibt es oft so Differenzen, daß ich da zurückfalle in alte, diese alte Vater-Mutter-Geschichte. Dieses tägliche Zusammenleben in einer Liebesbeziehung, ach so, na gut, ich spreche jetzt von der Ehe, gut, das ist dann noch mal was anderes. Also, dieser Alltag, der ist schon mal anders, ja.

I.: Und machst du einen Unterschied zwischen Verliebtsein und Liebe?

B.: Ja.

I.: Kannst du mir den mal sagen?

B.: Verliebtsein ist eine Euphorie, eine Euphorie, wo ich vielleicht auch träume und alles sehr schön finde, die Sonne scheint, ich fühle mich wohl, mein Herz schlägt aufgeregt, es ist neu, Verliebtheit ist neu, es ist neu und ein Kennenlernen so. Wer ist der andere, das zu ergründen, ach, ist auch ein Spiel, finde ich. Und eine Liebe, die ist abgerundeter, ist abgeschliffener, die hat mehr, mehr Tiefen.

I.: Beides gegenseitig? Oder ...

B.: Nein, das eine kann aus dem anderen entstehen.

Treue

I.: Was bedeutet Treue für dich?

B.: Oh Gott, ja, mh, ist für mich sehr wichtig.

I.: Und was ist Treue? Ist das in einer Freundschaft und in der Liebe dasselbe?

B.: In der Liebe ist Treue, daß der andere zu mir steht, also, daß er Ja sagt zu mir. Was dann passiert, ist dann eine andere Geschichte, aber so dieses Ja-Sagen und Dazu-Stehen, Sich-dazu-Bekennen. Und bei Freunden ist Treue eigentlich auch ein Dazu-Stehen zu der Freundschaft, ist eigentlich ähnlich. Ja.